スペリングの
英語史

サイモン・ホロビン

堀田隆一 訳

Does
Spelling
Matter?
Simon Horobin

早川書房

スペリングの英語史

日本語版翻訳権独占
早 川 書 房

© 2017 Hayakawa Publishing, Inc.

DOES SPELLING MATTER?

by

Simon Horobin

Copyright © 2013 by

Simon Horobin

Translated by

Ryuichi Hotta

Originally published in English in 2013

First published 2017 in Japan by

Hayakawa Publishing, Inc.

This book is published in Japan by

direct arrangement with

Oxford University Press.

Hayakawa Publishing, Inc. is solely responsible for this translation from

the original work and Oxford University Press shall have no liability for any

errors, omissions or inaccuracies or ambiguities in such translation or for

any losses caused by reliance thereon.

装幀／吉野 愛

「よく聞いてね。'seasick'（船酔いした）をどう綴るか言ってほしいの」ルーセンブルムさんはようやく言った。

「喜んで言いましょう、S-e-e-s-i-k です」ピッピは言った。

　ルーセンブルムさんはいやみたらしく笑って、こう言った。

「あら、スペリングの本では違うみたいだけど」

「それなら、わたしの綴り方をきいて、本当に良かったわね」ピッピは言った。「S-e-e-s-i-k というのが、わたしのいつもの綴り方よ。これで悪いことは一度も起きていないわ」

アストリッド・リンドグレーン『ピッピ 南の島へ』

（アメリカ版、1959年）

スペリングを学ぶ楽しさと苦しさを私と分かちあってくれたルーシーと
レイチェルに捧げる。

日本版への序文

　本書 *Does Spelling Matter?* の日本版への序文を書けることを嬉しく思っています。私の本が日本語に翻訳されるということは、たいへん光栄なことです。出版社および本書を苦労して訳してくださった堀田隆一教授に対し、深く感謝します。とりわけ本書を日本語へ訳すことを提案してくださった髙宮利行教授に、深い感謝の意を表します。髙宮教授なしには、この日本版もありえませんでした。

　英語のスペリングは、私にとって長年にわたり非常に魅力的なテーマでした。この関心を日本の読者と共有できるということに、わくわくしています。私はこれまで何度か日本を訪れる機会に恵まれました。美しい都市や地方を巡り、人々の温かいもてなしを受け、魅惑的な日本語を見聞きし、おおいに楽しんできました。英語話者として育ち、フランス語やドイツ語などのヨーロッパの諸言語を学んできた私にとって、日本語の文字の美しさは驚くべきものであり、その書体と英語のアルファベット体系の差異には興味をそそられます。第2章では異なる書記体系を支えるさまざまな原理について検討していますので、本書を読む日本の読者には、日本語の文字が英語のスペリングに使われているアルファベット体系といかに異なっているかを考えていただけると、おもしろいのではないかと思います。

　1582年に、ロンドンのマーチャント・テイラーズ・スクールの校長リチャード・マルカスターは、英語の使用範囲が限られている

ことについて次のように述べています。「われわれの英語［中略］は使用範囲が狭い。この島の外まで伸びていくことはなく、島内ですら完全に覆っているとはいえない」。マルカスターの時代には500万〜700万人が英語を話していましたが、今日その数は4億5000万人ほどにまで増加したと見積もられています。世界中で話されている英語の諸形態は、発音、語彙、文法の点できわめて多様ですが、スペリング体系はきわだって一様のままです。異なるのは主として、アメリカ英語とイギリス英語にみられるわずかな違い、たとえば color/colour, center/centre などにとどまっており、この違いの起源については第7章で論じているとおりです。しかし、この一貫したスペリングの習慣は、正確さや一貫性よりも素早く簡潔なコミュニケーションが求められるようになったデジタル技術の時代には維持されていくのでしょうか。われわれは、標準的な英語のスペリングから離反し、正しさにあまりこだわらない態度が現われてきたのを目の当たりにしているのでしょうか。これは前向きの発展であり、書き言葉がさらに多様になっていくことを反映しているものなのでしょうか。それとも、もしかするとコミュニケーションが崩壊しはじめており、競合する英語の規範が現われている合図なのでしょうか。最終章では、英語の書き言葉の未来に関するこのような興味をそそる問題などを取り上げています。

　なによりも私が望むことは、英語のスペリングは英語を読み書きするのに無秩序で役に立たないものに思われるかもしれないけれども、実は思っているよりも秩序だっていると、本書の読者に気づいていただくことです。この体系の背後にある秩序を理解すれば、英語の読み書きに習熟する重要なステップを踏んだことになります。すらすらと英語を読み書きできるようになるには大量の暗記が必要ですが、スペリング体系の背後にある原理を理解すれば、この暗記がずっと簡単で納得いくものになる可能性があります。英語のスペリングを支える秩序と規則を正しく理解するには、その歴史に踏み

込んでいき、書き言葉として1500年をこえて発展してきた経緯を考察する必要があります。これ自体が非常に興味深い話題です。われわれは言語の歴史について学ぶことで、より知識に裏うちされた、より優れた今日の英語使用者になれるのだと、私は信じています。

●図一覧

図2.1	ベルの英語に応用した視話法	43
図3.1	フランクス小箱に記されている場面	58
図3.2	リンディスファーン福音書	60
図3.3	『ベーオウルフ』写本	86
図6.1	ショー・アルファベットの書き方	201
図6.2	初等教育アルファベット	205
図7.1	ベンジャミン・フランクリンの改革アルファベット	213

発音記号

◎子音

/t/ tip
/d/ dip
/k/ cat
/g/ got
/f/ fly
/v/ very
/θ/ thank
/ð/ then
/s/ sat
/z/ zip
/ʃ/ ship
/ʒ/ beige
/h/ hand
/x/ スコットランド英語の loch
/tʃ/ chat
/dʒ/ edge
/m/ man
/n/ not
/ŋ/ ring（南イングランド方言）
/w/ won
/l/ lip
/r/ run
/j/ yes

◎母音

/i/ happy
/i:/ sheep
/ɪ/ kit
/y/ フランス語の tu
/e:/ café
/ɛ/ dress
/ɛ:/ フランス語の faire
/æ/ cat
/ə/ admit
/ø/ フランス語の peuple
/u:/ food
/ʊ/ good
/o:/ スコットランド英語／一般アメ
　　リカ英語の coat
/ɔ:/ thought
/ʌ/ sun
/ɒ/ hot
/eɪ/ day
/əʊ/ 南イングランド方言の coat

目　次

日本版への序文
7

図一覧
10

発音記号
11

1　序章
15

2　種々の書記体系
32

3　起源
54

4　侵略と改正
93

5　ルネサンスと改革
125

6　スペリングの固定化
163

7　アメリカ式スペリング
208

8　スペリングの現在と未来
238

読書案内
280

参考文献
284

訳者あとがき
290

語句索引
296

1 序　章

「正書法は退屈だ。それは秩序を愛し、保守党に投票し、いつ
も犬をひもにつないでおく年配の人たちの話題である」

(ザウアー＆グリュック、1995年、p.69)

　この引用では綴字〔スペリング〕は年配の保守党を支持する犬の飼い主のみが関
心を寄せるものだと主張されているが、スペリングは何世紀ものあ
いだ熱い議論が交わされてきたし、今日〔こんにち〕も激しい論議を引き起こし
つづけている話題である。18世紀に、サミュエル・ジョンソン博
士の『英語辞典』*Dictionary*（1755年）の後援者だったチェスタ
ーフィールド卿は、スペリングに精通していることはいかなる誇り
ある紳士にとっても絶対に不可欠であると論じた。

　　次におまえからきた手紙のもう1つの部分、正書法（訳注：
　　正しい綴字法〔ていじほう〕）のことに言い及ぼう。もっとも、ひどいスペリ
　　ングを正書法と呼べるならの話だが。おまえは induce（誘
　　導する）のことをENDUCEと綴っており、grandeur（壮大）を
　　grandUREと綴っている。この2つの間違いは、うちの女中で
　　も犯す者はほとんどいないだろう。おまえに述べておかなけれ
　　ばならないが、正書法とは、その言葉の真の意味において、文
　　人にとって、つまり紳士にとって絶対に必要なものであり、誤
　　ったスペリング1つで終生嘲笑されつづけるかもしれないこと
　　なのだ。私はWHOLESOME（健全な）を w なしで綴ったせい
　　で、ずっと物笑いの種となっていたある立派な人を知っている。

（『息子への書簡集』1750年11月19日）

　これは極端で古くさい見解のように聞こえるかもしれないが、政治歴の汚点となる綴り間違いを犯してしまった元アメリカ合衆国副大統領ダン・クエールにとってはそうではないだろう。1992年、彼はニュージャージーのある学校で開かれたスペリング競技会の司会を務めた。そこで彼はフラッシュカードに書かれた単語を読み上げ、それを子供たちが黒板に書くということになっていた。彼が読み上げるよう出された単語の1つに *potato*（ジャガイモ）があり、12歳のウィリアム・フィゲロア少年はその単語を黒板に正しく書いた。クエールは「おしかったね。最後に 'e' をつけなきゃ」と指摘した。少年は先に書いたものを訂正し、従順に追加の <e> を加えた。しかし、*potato* のスペリングの末尾には <e> などないのだ。複数形の *potatoes* では <e> を加えるが、単数形にはない。

　この誤りによりダン・クエールは世界的な嘲笑の的となり、そのへまはアメリカとイギリス中でトップニュースとなった。数日後、ウィリアム・フィゲロア（今やポテト少年として知られていた）は、デイヴィッド・レターマンの番組で話をするなかで、クエールが間違っているとはわかっていたが、副大統領の指示には従うべきだと思ったと言った。彼はクエールを馬鹿にして、副大統領になるのに大学に行く必要があるのかなとまで言った。この大失敗は、《シンプソンズ》のある回でもネタにされ、バート・シンプソンが黒板に「potatoe ではなく potato」と書いていた。ダン・クエールは明らかにこの事件を彼の政治人生における決定的瞬間であると考えたことだろう。というのは、彼とジョージ・H・W・ブッシュ（父）は5カ月もたたないうちに選挙戦で負け、職を追われたからだ。彼が2001年に失敗することになった大統領選挙へ打って出る際に、最大の障害となったものは「potato 要因」と呼ばれた。彼は自叙伝の1章をまるまるこの事件に割きながら、フラッシュカードに書かれていたスペリングが間違っていたと言い張り、またメディアの取

り上げ方に不満を述べた。しかし、これはダン・クエールの最初のスペリングの大失敗ではなかった。伝えられているところによると、1989年のクエール家のクリスマスカードに 'May our nation continue to be the beakon of hope to the world'（われわれの国が世界の希望のかがり火でありつづけますように）という標語が書かれていたが、*beacon*（かがり火）ではなく誤って *beakon* と綴られていたという。

potato事件は、綴り間違いが今日どのように扱われているかを示す好例である。正しいスペリングは知性と道徳心と一般的な信用を示す指標として見られる傾向がある。正しく綴ることができない人は無知でだらしない人であるとみなされ、なるほどそのような人に自由世界の運営を委任するわけにはいかないのだろう。しかし、非常に知性があり、かつ綴り下手であるというのは100％ありうることである——正確に綴ることができ、かつそれほど利発ではないという場合が100％ありうるのとまったく同じように。結局、正しいスペリングというのは本当のところは知性の問題であるのと同じくらい丸暗記の問題なのである。ダン・クエールの例では、この失策がメディアに注目されたのは、綴り間違いと同じくらいpotatoという単語そのものが一因となっているのだろう。クエール自身はその事件について「人々が私のことをどのようにみなしているかを完璧に示しているもののように思えた」と述べた。しかし、彼はその綴り間違いを弁護して、これはかつて許容されていた異綴りだったということ、複数形には現に <e> があるのだと指摘することもしようとすればできたのである。さらに、それは非常によくある綴り間違いでもある。インターネットの検索エンジンでそれを試して、どれだけの検索例が得られるか見てほしい。

2001年に似たような失策が大見出しで報じられた。当時のイギリスの首相トニー・ブレアが、短信で *tomorrow*（明日）を3度誤ったスペリングで書いていたのだ。"新しい労働党"の広報担当者たちはこれをもみ消そうと典型的な方策を試み、彼の派手な書き癖の

せいで、誤解を招くような余分な輪が付け足されてしまったなどとしたが、首相はついに「'tomorrow' のスペリングは苦手だった」と白状した。

> 広報担当者により、［中略］単に私の書き癖なのだと示唆しようとする非常に説得力のない試みがなされた。残念ながら、私は完全に降参し、誤っていたのは確かに私のスペリングのほうであると言わざるをえない。
> （http://news.bbc.co.uk/1/hi/uk_politics/1670484.stm）

しかし綴り間違いにどのような意味があるというのだろうか。われわれは世界の指導者たちが *potato* や *tomorrow* のような語を綴ることができない事態に気を揉むべきなのだろうか。スペリングは、政治的指導者の能力判定に妥当といえるほど知性と道徳心の指標として信頼に足るものだろうか。

われわれの偉大な文筆家たちですら、そのスペリングの癖を非難されることをまぬかれない。ジェーン・オースティンの未刊原稿のオンライン版の編集者がオースティンの文体や句読法への姿勢について加えた論評が発端となり、オースティンの綴り下手に驚かされたと表明する一連のセンセーショナルな記事が書かれた。2010年10月23日には、「ジェーン・オースティンは優れた作家だった――しかしそのスペリングはひどかった」（《インディペンデント》紙）や「ジェーン・オースティンはいかにスペリングが下手だったか」（《デイリー・メール》紙）と題する記事が掲載された。オースティンの低いとされたスペリング能力の話題は大西洋を越えてまでも大きなニュースとなり、CBSニュースでは「ジェーン・オースティンは正しく綴れなかった」というヘッドラインで報道された。この反応についてたいへんおもしろい点の1つは、報道記者たちが文体についての論評を無視し、代わりにスペリングや句読法という比較的些細な問題に焦点を当てたことだ。そのような些末なことは

18

重要だろうか。結局のところ、出版する予定のない原稿だったのだ。われわれが正しいスペリングという概念に強迫観念を抱いており、それを知性と教育の重要な指標と判断しているとしても、その同じ基準を19世紀初頭にものしていた作家に当てはめるのは適切だろうか。さらに、スペリングの基準は時を経て変化してきたのであって、今日われわれが不正確とみなしているものも過去には許容されるとみなされていたかもしれないのだ。

　しかし、スペリングの正確さが恣意的で見当違いの社会的尺度と思われるかもしれないとしても、スペリングの正確さの重要性を支持する経済上の主張がある。さまざまなオンライン・ビジネスを運営している起業家チャールズ・ダンカムは、ウェブサイトの綴り間違いは顧客を失うケースに直結し、潜在的にオンライン・ビジネスの収益に甚大な損失をもたらしうることを示唆している（BBCニュース、2011年7月11日）。その理由は、消費者は綴り間違いを不正なウェブサイトである可能性を示す警告ととらえて、ライバル関係にあるウェブサイトへ移動してしまうからだ。ダンカムは彼のウェブサイトの1つに訪問する客1人当たりの収益を計測したところ、1つの綴り間違いを正すと収益が倍増することを発見した。このような主張を受けて、オックスフォード大学インターネット研究所の所長ウィリアム・ダットン教授はこの結論を支持し、インターネットの分野、とりわけ電子メールやフェイスブックなどの分野においては綴り間違いが比較的許容されるが、商業サイトでは綴り間違いがあると信頼性に対する懸念が高まると述べた。下手なスペリングは、いわゆる「フィッシング」といわれる潜在的に詐欺的な電子メールを感知するのに有効であるとアドバイスされることを考えれば、ウェブサイト上の綴り間違いに対してオンラインの消費者が抱く懸念は理解できる。偽リンクやなりすまし電子メールアドレスといった技術的な問題と並んで、そのようなリストに含まれるのは「親愛なるお客様へ」のような典型的な挨拶の使用であるとか、誤った文法やスペリングである。これは偶然そうなのかもしれないし、ある

いはもしかしたら *pass.wrd* や *passw0rd*（パスワード）のような奇妙なスペリングを使うことでスパムフィルターを出し抜こうとする故意の試みであるかもしれない。というわけで、教訓は明らかである。もし収益の上がるオンライン小売会社を経営したいのなら、あるいは電子メールスパム犯罪者として成功したいのなら、正しいスペリングは不可欠だということだ。

　下手なスペリングが現代社会では強く非難される傾向がある一方で、正確なスペリングは、スペリング競技会が成功していることからわかるように、高く評価される美徳である。アメリカでのスペリング競技会の著しい人気は、ワシントンDCのグランド・ハイアット・ホテルで開催されるスクリップス全国スペリング競技会に結集している。そこでは地域のスペリング競技会に参加する約1千万人から選ばれた265人の子供たちが、全賞金金額2万ドルを目指して競いあうのだ。競技はESPN局を通じて生放送され、勝者は一夜にして有名人になり、たいてい数多くの対談番組に出たり、さらには大統領と面会したりもする。第1ラウンドは、素早く効率的に人数を減らすために準備されたランダムな25語のスペリングの筆記試験だ。第2ラウンドは口頭の課題で始まり、競技者たちは1文字1文字単語のスペリングを唱えなければならない。このラウンドでは、主催者の作った小冊子で約3800語を含む『パイデイア』*Paideia* として知られるものから単語が出題される。出題元となるこの単語リストは、なかなかの規模ではあるが、それでも限定されてはいるので、多くの競技者は小冊子を丸々暗記してしまう。そのような見事な暗記力はのちのラウンドを生き残っていくのに必要不可欠ではあるが、競技者たちはもはや『パイデイア』の暗記だけに頼ることはできない。最強の綴り手は、おびただしい不規則なスペリングを暗記するのと同じくらい、語根と語源についても広範な理解を持ち合わせていなければならないのだ。

　しかし、単語自体は、競技者がのちの人生でそれほど書かないであろう単語であることが多い。スクリップス・スペリング競技会の

ウェブサイトに掲載されている優勝を決定づけた語の一覧には、
autochthonous（2004年）（原住の）, *appoggiatura*（2005年）（前打
音）, *Ursprache*（2006年）（祖語）, *serrefine*（2007年）（止血小鉗
子）, *guerdon*（2008年）（褒賞）, *Laodicean*（2009年）（宗教に関心
の薄い）, *stromuhr*（2010年）（血流計）のようなあまり知られてい
ない語が含まれている。そのような難解な語は、映画『スヌーピー
とチャーリー』*A Boy Named Charlie Brown* でチャーリー・ブラ
ウンがスクリップス・スペリング競技会から脱落することになった
ときの語に比べるとはるかに厄介である。チャーリー・ブラウンは、
学校のスペリング競技会でまたとない成功の瞬間をつかんで優勝し
たあと、全国競技会では *beagle*（ビーグル犬）を b-e-a-g-e-l と誤っ
て綴ってしまい完敗したのだった。もちろん彼の飼い犬スヌーピー
がビーグル犬であるだけになおさら恥ずかしい間違いだった。スク
リップス・スペリング競技会は1925年に始まった。最近の勝利決
定語と最初期の勝者を有名人に仕立て上げた語とを比較すると、
違いは驚くほどだ。1925年にフランク・ニューハウザーは、
gladiolus（グラジオラス）を正しく綴って競技会を制した。続く勝利
決定語には、*fracas*（騒ぎ）, *knack*（コツ）, *torsion*（ねじれ）,
intelligible（理解できる）のような比較的素直なスペリングが含まれ
ていた。正書法からさほどはずれていないうえに、これらの単語は
競技者たちが聞いたことがあり、特別な勉強をしなくとも綴れそう
な単語であるという点で、最近の勝利決定語とは異なっている。最
近の勝利決定語はいずれも一般的なものとは考えられない。すべて
外国語に由来し、専門的で技術的な場面で使用されるものである。
appoggiatura（前打音）はイタリア語に由来する音楽用語であり、
serrefine（止血小鉗子）は外科用の留め具を表わすフランス語に由来
する医学用語であるし、一方 *Ursprache*（祖語）は「原言語」を意
味するドイツ語の歴史言語学用語である。*stromuhr*（血流計）は、
動脈を流れる血液の量と速度を計測するための道具で、2010年の
勝者アナミカ・ヴェーラマニが正しく綴ったが、『オックスフォー

ド英語辞典』*Oxford English Dictionary*（OED）にも収録されていないほど専門的な語だ。

この人気の高いアメリカの競技会のBBC版は、BBC1で放送された《ハード・スペル》*Hard Spell*（難綴字）という番組だ。10万人のイギリスの生徒たちが《ハード・スペル》チャンピオンの称号を勝ち取るべく競いあう番組である。姉妹篇《スター・スペル》*Star Spell*（スターの綴り字）では主役は20人の有名人で、イギリスのスペリングのスターとなるべく互いに競いあうというものだった。2004年の《ハード・スペル》競技会の勝者は、13歳のガヤトリ・クマールで、*troglodyte*（穴居人）, *disequilibrium*（不均衡）, *nyctophobia*（暗所恐怖症）, *subpoena*（召喚状）のような語を見事に綴り、*dachshund*（ダックスフント）のスペリングでつまずいた決勝戦の相手ニーシャ・トマスを破ったのだった。そのようなあまり知られていない単語を綴ることができるというのは確かに驚くべき偉業だが、この技能がのちの人生でパーティーのネタとして以外にはたしてどれだけ役立つのだろうか。当然のことだが、これらの単語の綴り方を知っているというのは、その意味を理解していたり、それを正しい文脈で使いこなせたりすることとはかなり違うのである。クマールはBBCの勝者インタビューで、準備にあたって学習したのは大量の専門的な植物、食物、医学用語であると語り、スペリングの偉業にはすぐれた暗記力が重要であることを強調した。

スクリップス・スペリング競技会は、英語のスペリング体系とその特異性および変則性を無言のうちに支持しているという理由で、きまって正書法に対する抗議の対象となる。2010年に抗議者たちは、全身黄色と黒のミツバチ（訳注：beeには「ミツバチ」のほかに「競技会」の意味もある）のコスチュームで現われ、スペリング改革を求めるちらしを配っていた。また、着けていたバッジには、'enuf is enuf, but enough is too much'（enuf で十分、enough では多すぎる）, 'I'm thru with through'（through はもう終わり）, 'I laff at laugh'（laugh には笑います）と書かれていた。この抗議者たちが正しいの

だろうか。不必要に複雑なスペリング体系を維持し、現在行なわれているように正しいスペリングを尊重しているのは本当に妥当なのだろうか。次の語は、英語で最もよくスペリングを間違えられる語の例である：*accommodate*（収容する）, *embarrassment*（当惑）, *occasionally*（時折）, *supersede*（取って代わる）, *separate*（切り離す）, *desiccate*（乾燥させる）。オックスフォードの学部生にこの話題で講義するときには、これらの語を読み上げ、正しいスペリングを書かせてみるようにしている。いかに多くの学生がこれらのありふれた単語の少なくとも半分を綴りそこなうことか、驚くほどである。

　読者のなかには、これは、A－レベル（訳注：イギリスの高校の卒業資格）取得者が増えすぎて、全体の学力レベルが低下した証拠だとみなす向きもあるかもしれない。しかし、このことからもスペリングが知性を測る指標としては必ずしも信頼に足るものではないとわかるのではないだろうか。なんといっても、オックスフォード大学の学部生は、全国の同年代集団のなかで最高成績を収めた者たちなのである。多くの知性ある人々が英語のスペリングと奮闘している一方で、比較的簡単に習得できる人々もいる。正しい綴り方を学ぶには、数多くの普通でない特異なスペリング形態を覚えなければならない。この種の丸暗記が他の人々よりもたまたま得意な人々がいるということである。マーク・トウェインが1875年にコネチカット州ハートフォードで開かれたスペリング競技会の開会式の演説で挑発的に述べたように、「正しいスペリングは教えられる、しかも誰にでも教えられると考えている人がいるが、それは誤りだ。スペリングの能力は、詩や音楽や美術のように、人に生まれついているものである。それは、天賦のものであり、才能である。この才能を高くもっている人は、印刷された語を一度みるだけでよく、それでその語は永遠に記憶に焼き付くのだ。それを忘れることはありえない。この才能をもっていない人は、多かれ少なかれ（スペリングの不規則性ゆえに）でたらめ（ライク・サンダー）に綴らなければならず、正書法の雷（サンダー）がたまたま落ちるたびに辞書を繰る羽目になるのだ」

英語のスペリングの不規則性や変則性と奮闘したことのある人であれば、トウェインの見解にある程度は共感するだろう。今日、子供たちは、単語のひとつひとつの文字に対応する音を声に出してから、それを一緒にまとめて単語を完成させる「シンセティック・フォニックス」として知られる方法を用いて読み方を学習している。このやり方は、個々の文字が素直に音に対応する場合、たとえば *cat*（猫）, *dog*（犬）, *big*（大きい）などのような単語についてはうまくいく。しかし、文字と音の関係はしばしばこれよりも込み入っている。たとえば、<a> の文字を *cat* の音に対応させる単純規則は、*apple*（リンゴ）や *van*（ワゴン車）のような単語にはよいが、*hate*（憎む）, *admit*（認める）, *car*（車）などの単語の <a> についてはどうだろうか。文字 <c> は *cat, castle*（城）のような単語では硬い音 /k/ をもっているが、その文字は *city*（都市）のように /s/ 音を示すこともできるし、*cheese*（チーズ）のような語で <h> が後続するときには /tʃ/ に対応するスペリングともなる。文字 <g> は *goat*（山羊）では硬い音 /g/ をもつが、*gentle*（優しい）では軟らかい音 /dʒ/ をもち、*though*（けれども）という語ではまったく音価をもたない。音が個々の文字に対応づけられるという体系の原理は、英語では二重字、すなわち1音を表わす2文字の組を使用することによりさらに崩壊する。たとえば、*ship*（船）の /ʃ/ 音は <sh> と綴られ、*thanks*（感謝）の /θ/ 音は <th> と綴られ、*chips*（かけら）の /tʃ/ 音は <ch> と綴られる。1つの母音が2文字で綴られることもあり、たとえば *meat*（肉）では長母音の /iː/ が <ea> と綴られる。それとは別に <ea> の二重字は、*hear*（聞く）や *gear*（ギア）という語のように、2つの母音の組み合わせ、いわゆる「二重母音」を表わすこともあるし、ときには *tear*（涙；引き裂く）や *read*（読む；読んだ）のように2つのまったく異なる発音を与えられ、2つのまったく異なる語となる例もある。/ks/ と発音される <x> のように1つの文字が複数の音を表わすこともある一方で、少なくとも南イングランド方言発音では2文字の <ng> は音声学的に /ŋ/ と表記される1つの音を表わす。こ

の最後の例は、スペリングと音との関係についてさらなる問題、すなわち方言の発音の問題をも提起している。というのは、南イングランド方言では *sing* の語尾を /ŋ/ と発音するが、北部方言では2つの音素で/ŋg/ と発音する。同様に、*have*（持っている）や *hope*（望む）のような語の語頭の <h> はいくつかの南部方言では /h/ 音に対応するが、英語の多くの方言の発音では「hの脱落」として知られているように語頭の /h/ が省かれる傾向がある。反対の状況を示すものとして、*card*（カード）や *car* のように母音の後に <r> が現われる語がある。ここでは、文字 <r> は大部分のイングランド方言話者にとってなんの音にも対応しないが、スコットランド方言、アイルランド方言、多くの北アメリカ方言、その他の「r を響かせる」方言の発音では <r> は発音される。事態をさらに複雑にしているのは、英語のスペリングが表音文字の原則をさらに崩し、どの話者にとっても音価をもたない文字をいくつか採用していることである。*knight*（騎士）の<k> と <gh> や *lamb*（子羊）の <b> というケースである。*wife*（妻）の語末の <e> はそれ自身の音価をもたないが、先行する母音字 <i> の音を示すという目的を果たしている。同じことは、*cut*（切る）と *cute*（かわいい）の発音の比較によっても見て取れるだろう。罠と変則に満ちた体系に納得できず、ジョージ・バーナード・ショーは、en**ough**（十分な），w**o**men（女性たち），mo**ti**on（運動）のようなスペリングからの類推で、*fish*（魚）という語は *ghoti* と綴ることもできるという有名な主張をした。

　こうした多くの不規則性やスペリングと発音の一貫性のない関係ゆえに、英語のスペリングは英語の読み方を学習する子供たちのハンデになっていると主張する教育者もいた。対照的に、フィンランド語やスペイン語のようにスペリングと発音の関係がもっと素直な言語で読み方を学習している子供たちは、明らかに有利であると考えられる。このことから、文字と発音をより緊密な関係に据えるべく、英語のスペリングを改革しようという声が次々と挙がってきた。早くも1908年には設立されていたスペリング簡略化協会、現在の

英語スペリング協会は、読み書き能力を改善する手段として英語のスペリングを改革すべきだと声高に訴える運動組織でありつづけている。学習者の負担軽減のために綴り方を変えるという動きとは別に、試験の答案を採点する際に綴り間違いを無視しようという提案もなされた。そうすれば、学生は偏屈な英語のスペリングゆえに不利をこうむることがなくなるというわけだ。大学の講師からは、学部の試験にみられるよくある綴り間違いは採点の過程では無視しようという提案すら出されてきた。そのような提案は、言語的な基準が神聖不可侵であると信じている人々のあいだに、相当な反感を引き起こすこととなった。《スコットランド・オン・サンデー》紙は大学教育で綴り間違いを目こぼしするという提案に対して次のように応じた。

答えは3語で十分だ。世界。地獄。手押し車（訳注：世界は手押し車に乗って地獄へ突き進んでいる、すなわち「急速に堕落する」の意）。われわれが知っている文明に絶望するということは、それほど頻繁にはない［中略］。しかし大学の講師が学生の20の最もよくある綴り間違いを目こぼしすると提案するとなると、この世の終わりへと舵が切られたのかと恐れを抱く。
（《スコットランド・オン・サンデー》紙、2008年8月17日）

　リン・トラスの著わした句読法の誤用に対する非寛容を説いた手引き書『パンクなパンダのパンクチュエーション　無敵の英語句読法ガイド』*Eats, Shoots and Leaves*（2003年）が世界的に大当たりしたことは、言語的な正しさに対する規範主義的な態度の程度をさらに示すものである。中性所有格代名詞 *its* と省略の *it's* を混同して単純にアポストロフィをつけ間違えるミスは、とりわけ懲罰に値する罪であるとみなされる。

これ以上判りやすい規則はないでしょ。it'sとitsを混同するのは句読法使用の世界の中でも最悪の違反行為なのよ。博士号を

1　序　章

持っていようと、ヘンリー・ジェイムズの作品を全部、しかも
2回ずつ読んでいようと関係ない。Good food at it's best〔旬の
食材使用の料理〕などと相変わらず書き続けるつもりなら、雷に
撃たれ、滅多切りに斬り刻まれ、墓標もない墓に放り込まれる
べきね。
（トラス、2003年、p.43 – 4〔『パンクなパンダのパンクチュエーション』
　　　　　　　　今井邦彦訳、大修館書店、2005年、p.54〕）

　しかし、よくある綴り間違いをそのようにこき下ろすことは、本
当に正当なのだろうか。its と it's がよく混同される理由は理解しや
すい。これらが英語のスペリングにおけるアポストロフィの2つの
主たる使い方のバッティングを体現しているからだ。it's の場合に
は、アポストロフィは can't（〜できない）, won't（〜するつもりはない）,
he'll（彼は〜だろう）などのように省略の標識として機能している。
しかし、アポストロフィは the boy's book（その少年の本）や Rachel's
dolly（レイチェルのお人形さん）のように所有の標識としても使われ
るのであり、それゆえに中性の所有格 its もアポストロフィをもつ
のが当然だと考えるのも無理からぬことなのだ。アポストロフィを
どんな場合に付けるかが不確かとなれば、ますます省略することに
もなり、its mine（それはわたしのものだ）のような例が出ることにな
るし、同様に決して現われることのなかった環境にアポストロフィ
が挿入される例、たとえば複数形の -s 語尾の前にアポストロフィ
が付けられる「八百屋のアポストロフィ」の例も出ることになる。
そのように呼ばれるのは、apple's（リンゴたち）, pear's（洋なしたち）,
orange's（オレンジたち）という八百屋の値札によくあると考えられ
ているからだ。キース・ウォーターハウスが著書『われわれの英語
を英語に』English our English（1991年）で述べているように、
「八百屋は、どういうわけか、アポストロフィを惜しみなく用いる。
banana's（バナナたち）, tomatoe's（トマトたち）（あるいは tom's）,
orange's（オレンジたち）等々のように。おそらくこれは外来種の蜘

27

蛛のように、果物箱に入ってやってきたものではないか」(p.43)。

しかし、混同を招く込み入った例外はいくらかあるかもしれないが、英語のスペリングは本当にそんなに理解しがたいものだろうか。少数の基本的な規則を習得し、それを適用すればよいという問題にすぎないのではないだろうか。綴り間違いを罰しないという提案は、われわれの教育システムが広範囲にわたって堕落していることを示す、さらなる証拠としかみなしえないのだろうか。実際、英語のスペリングの規則を記述することは、多数の例外や特異な点を考えれば、非常に難しい。ほとんどの人々は「e の前は i、ただし c の後を除いて」という規則に気づいているが、この規則は実際には英語の頻出1万語のうちの11語に適用されるにすぎない。この規則は *believe*（信じる）と *receive*（受け取る）のように同じ音が異なるスペリングで綴られる語を正しく綴るのには確かに役に立つが、*siege*（包囲）と *seize*（つかむ）を区別するわけではない。ほかの例外としては、*protein*（タンパク質）や *caffeine*（カフェイン）のような語、*Keith*（キース）や *Sheila*（シーラ）のような人名があるし、<ei> が異なる音を表わしている *beige*（ベージュ）, *eight*（8）のような語、あるいは *policies*（政策）のように複数形語尾に用いられている語、*society*（社会）のように二重母音を表わしている語、さらに *ancient*（古代の）や *efficient*（能率のよい）のように <c> が /ʃ/ 音を表わしている語がある。したがって、英語のスペリングの最もよく知られている規則も適用範囲が限られており、多数の問題をはらんだ例外とともにあるということがわかる。

似たような困難により、スペリングの規則を考案しようとする他の試みも頓挫する。一例として、接尾辞が付加されるときに語尾において <y> が <i> へと切り替わることを考えてみよう。『ペンギン・ライターズ・ガイド：あなたのスペリングを改善する』*Penguin Writers' Guide: Improve Your Spelling*（2005年）では、その位置に関するさまざまな変化を考慮に入れた6つの独立した規則を打ち立てている。それは、<y> に先行しているのが母音か子音

か、接尾辞の始まりが <a, e, o> か <i> か子音か、接尾辞の終わりが <s> かどうか次第であるという。これにより、なぜ *carry*（運ぶ）が *carried*（運んだ）や *carrier*（運搬人）に変わるのに *carrying*（運ぶこと）では <y> が保たれるのかの説明が可能となる。ただし（*shier* ではなく）*shyer*（内気な人）のような例外にまでは目が届かず、一方で *dryer*（乾燥機）と *drier*（乾燥機）は両方とも容認されるのだ。また、*betray*（裏切る）/*betrayed*（裏切った）, *play*（遊ぶ）/*played*（遊んだ）のように母音が先行する場合は <y> が保たれることは説明されるが、*lay*（横たえる）/*laid*（横たえた）, *pay*（支払う）/*paid*（支払った）のような例外は説明がつかない。子音に関して定式化されている規則も同様に複雑だ。語末の /s/ 音のスペリングは <c> か <s> かを予測するのに、『ペンギン・ライターズ・ガイド』は一連の有用な指針を打ち立てており、それらのスペリングのいくつかは予測可能となっているが、多くの同様のスペリングがとにかく予測不可能であることを認めている。これらの一般則には、<c> は *advice*（助言）, *choice*（選択）のようにある種の母音の後に用いられるとか、<s> はたとえば *house*（家）のように他の母音の後で用いられるといった観察が含まれている。<ant> や <ent> で終わる形容詞に関連する名詞は、たとえば、*dominant*（優勢な）/*dominance*（優勢）, *evident*（明白な）/*evidence*（証拠）のように <c> で綴られる。この手引き書はまた、形容詞は *dense*（密集した）や *worse*（より悪い）の例のように一般的に <s> をもつが、ただし*nice*（すてきな）, *fierce*（獰猛な）, *scarce*（乏しい）のような例外もある、と述べている。しかし、そのような語の大半はそれとわかるパターンにはまったく従わず、単に個別に暗記しなければならない。子供たちの好きな記憶法のように、スペリングを学ぶ上でのさまざまな補助手段がある。これらの方法は、間違えやすい語のスペリングを子供たちに暗記させるのには役立つ。たとえば、**B**ig **E**lephants **C**an **A**lways **U**nderstand **S**mall **E**lephants（大きな象は小さな象をつねに理解できる）という記憶法は、*because*（〜だから）のスペリングを思い出すヒントとなる。

しかし、これはスペリングの規則ではなく、個々の単語をうまく綴る上で役立つにすぎない。

　しかし、スペリングを簡単に身につける人もいるとマーク・トウェインが述べたのは正しいとしても、また現行の体系が不規則だらけで、英語のスペリングの不規則性や例外をすべて取り込めるような規則の定式化が難しいというのが真実だとしても、英語の歴史を参照してこのような不規則性を「説明」することは少なくとも可能である。英語のスペリングがなぜそれほどまでに予測不可能なのか。その理由は、語彙が他の言語に由来する多くの語から成り立っており、それらの語がもともとのスペリングのままで受容されてきたからである。これらの語の語源や借用元の言語を理解することは、それを綴る際にも有用である。たとえば、*desiccate*（乾燥させる）と*supersede*（取って代わる）とがラテン語の単語 *siccare*（乾燥させる）と *sedere*（座る）に由来すると知っていれば、綴り間違いの多いこの2つの単語のスペリングを説明しやすくなる。そして、それよりもいくぶん単純だが、トニー・ブレアの失敗の事例でいえば、*tomorrow*（明日）は前置詞 *to*（〜に）と名詞 *morrow*（朝）から成り立っていると知っていれば、この語についても綴り間違いが減るだろう。この本の目標の1つは、スペリング体系の諸起源と発展を説明すること、すなわち、いかにしてわれわれにとって奇妙で不合理に見えるかもしれない体系が長々とした歴史の過程の結果であるとわかるかを示すことである。本書は、不得意なスペリングを改善したい熱心な綴り手のための独習本ではなく、英語のスペリングがなぜ現在のようになっているのかを説明する試みである。英語のスペリングの一貫性のなさと複雑さを嘆くのではなく、それらの特徴がどのように発展し、英語の魅力的な歴史についてわれわれに何を語りかけているのかを示したいと思う。現在のスペリングが学びやすくなるよう英語のスペリング改革の方法を提案するのではなく、われわれの豊かな言語遺産の証として、過去の文学と結びつけるものとして、スペリングを保持していくことの重要性を述べていくつ

30

1　序　章

もりである。

2 種々の書記体系

　英語のスペリングの歴史を詳細に検討しはじめる前に、英語のスペリングに使われているアルファベットという書記体系の性質を考察することは有用だろう。前章では、英語のスペリング体系の基本原則は、しばしば複雑なやり方でではあるが音が文字に対応していることだと述べた。本章では、この音と文字との関係の性質についてもっと詳細に考察したい。しかしその前に、このアルファベットの原則がいかにして生じたか、さらに、書記記号が別の発話上の単位、あるいは語や概念をまるごと表わしうる他の種類の書記体系とアルファベットが、どのような関係にあるかを見ることから始めるのが有用だろう。

　最初期の書記体系は絵文字に基づいていた。絵文字では、古代エジプトのヒエログリフの書記体系にみられるように、絵が動物、鳥、体の部位、太陽、月を表象していた。古代エジプトのヒエログリフは一連の子音群を表わす多くの記号からなっており、それは母音を記録する記号がないという点で、われわれの英語アルファベットとは異なっている。標準的な配列として確立された記号体系という意味でのアルファベットはなかったが、現代のエジプト学者たちは古代エジプト語を学ぶ現代の学生の便宜をはかるために、最もよく使われる代表的な記号を24個ほど集めてきた。この24個の記号はそれぞれ特有の子音群を表わす音声記号として用いられていたが、一方で対象物それ自身を表わす「表意記号」として機能していた多くの記号も他に存在した。多くの場合、語はこの2つの方法を組み合わせることによって表わされうる。すなわち、語の発音を示す一連

の音声記号と、解読を助けるためにそれに続く、対象物そのものを描写する「意味分類識別記号」（決定詞）である。

　古代エジプト語とその書記体系は時を経て相当に変化した。紀元前7世紀には、ヒエログリフの書体の筆記体的発達を表わす新しい「民衆文字」が現われた。これはヒエログリフおよびギリシア語と並んでロゼッタストーンに刻まれた3種類の文字のうちの1つである。ロゼッタストーンとは、花崗岩の断片からなる銘板で、フランスの学者たちが1799年に発見したことが発端となり、最終的にはヒエログリフの解読につながった代物である。銘板に保存されている本文は土地所有権に関する法令であり、文学や文化という観点では大きな関心をひかないが、その言語学的な重要性は甚大である。ギリシア語と民衆文字の本文にみつかるプトレマイオス王など人名の表記を、ヒエログリフの本文の対応する表記と比較することによって、フランスの文献学者ジャン＝フランソワ・シャンポリオンは時間はかかったが一連の記号と音の対応関係を整理できた。これを突破口として、他のヒエログリフの碑文との比較を通じてさらに発見を積み上げていくことにより、シャンポリオンは記号が音と意味の両方を表わしうるという大発見をなすに至り、のちにその発見を『ヒエログリフ体系概論』*Précis du système hiéroglyphique*（1824年）で公表した。民衆文字が記録されているケースは、紀元450年のものと推定される碑文におけるものが最後である。紀元2世紀までには、古代エジプト語はギリシア文字を用いて書かれはじめたが、そのためにはギリシア文字はギリシア語には存在しないが古代エジプト語には存在する音を含めるべく拡張する必要があった。この問題を解決するために、関連するヒエログリフの文字を改変した形が導入された。結果としてできた文字は、コプト文字として知られるようになった。

　この古代エジプトの書記法の概要からわかるのは、当初の絵文字的な書記体系が時を経ていかに変化したかということである。ある特定の物を描写することから始まった記号が日増しに様式化し、そ

33

の図像はもはやそれが表わす対象物とはさほど似ていないものとなった。この過程を示すもう1つの良い例は、粘土板に押しつけられた一連の楔の跡からなる楔形文字（英語Cuneiform）である。ラテン語 cuneus（くさび）に由来する名前はここから来ている。楔で示される形そのものは前段階の絵文字体系に由来しているが、その絵文字がのちに様式化し楔による抽象的な体系を生み出したのだった。さらなる発展により、個々の記号は対象物それ自身ではなくその物の名前を表わすようになり、これによって書記記号が発話上の単位に対応する表音文字体系の概念が導入された。表音文字体系の初期の例は、構成単位としての各文字が個々の音ではなく音節に対応するという意味で音節文字だった。線文字Bという書記体系は、クレタ島のクノッソスで発見された大量の粘土板に刻まれている文字だが、初期の音節文字の一例である。線文字Bはそれ自身が今日線文字Aとして知られるさらに前の書記体系から発達したものであり、その線文字Aは紀元前二千年紀にクレタ島で使われていた未知の言語を書くために発達したものである。この言語を記録に残る他の語族と関連づけようとする試みがなされてきたが、「ミノア語」と称されるこの言語には既知の現存する同起源言語はなく、線文字Aで書かれた本文はいまなお解読されていない。線文字Bは、1950年代にマイケル・ヴェントリスという建築家によってついに解読された。線文字Bをギリシア語と関連づけようとする以前からの試みは失敗に終わったが、ヴェントリスはその文字がミュケーナイ（ミケーネ）・ギリシア語として知られる太古のギリシア語を書き記すのに用いられたことを見事に示したのだった。各文字は、今日のように個々の音を表わすのではなく、ma, da, na, po, to, ko など子音とそれに続く母音からなる音節を反映している。線文字Bの本文自体は、大部分が会計に関わる銘板の寄せ集めにすぎず、保管されていた神殿が焼け落ちたときに粘土が焼けて偶然保存されたものだが、ヴェントリスの才気煥発たる解読により、ミュケーナイ文明のギリシアの人々の生活に新たな光が当てられるようになった。

書記法の発展を絵文字からアルファベット体系への推移として特徴づけてきたが、絵文字はいまなお中国語など世界の多くの言語に使われていると強調しておくことは重要である——もっとも、中国語の書記法ははるかに複雑であり、表音的な要素も含んではいるが。実際、現代英語ですら、数詞の1, 2, 3やアンパサンド＆（and を表わす）、ポンド記号£、電子メールの＠（at を表わす）のようにある概念を表わすのに表語文字（音ではなく有意味な単位を表わす記号）に頼っている。これらの記号は、アルファベットを用いて音声的に表記しようとすればもっとずっと厄介となる概念を表わすための便利な速記法的な手段でありつづけている。百十万二百四十七・五のような複雑な数を1100247.5 のように単純に数字で書き表わすのではなくスペリングで書くと、はるかにくどいものとなるさまを考えてみてほしい。表語文字体系が表音文字体系よりも有利なのは、異なる言語の話者も利用できることである。アラビア数字を使用しているどの言語の話者でも、1, 2, 3のような数を理解できる。たとえそれを *one, two, three*（英語で1、2、3）, *un, deux, trois*（フランス語で1、2、3）, *eins, zwei, drei*（ドイツ語で1、2、3）などのいずれで呼ぼうともである。私は日本で鉄道時刻表を見せられたときに、この点の本質に気づいたことを思い出す。つまり、電車が止まるさまざまな駅の名前についてはまったく理解できなかったが、時刻そのものは難なく理解できたのである。

　書記体系の歴史を論じるなかで、英語のスペリング体系は、文字記号が分節音に対応づけられるという意味で、表音文字的であると述べてきた。しかし、話し言葉と書き言葉の関係はまったく単純なものではないから、英語のスペリングの歴史全体を詳細に検討する前に、この関係の性質について考慮しておくことは重要である。表音文字体系の背後にある原則は、文字記号あるいは「文字素」が「音素」として知られる発話上の個々の単位を表わすというものだ。たとえば、<cot>（小屋、寝台）という文字素列は音素列 /kɒt/ を表わす。最初の音を /r/ に変えれば、語の意味が変わるのだから、別

の文字 <r> が必要となる。山形かっこ < > は文字素を表記するのに用い、斜線 / / は音素を表記するのに用いている。これはかなり明快に思われるかもしれないが、書記体系では発話上のすべての区別が記録されるわけではないことを知っておくことが大切である。たとえば、音素 /r/ を発音する、あるいは実現する方法はさまざまである。イングランド北部方言の話者、とりわけリーズやリヴァプールでは歯茎単顫動音 [ɾ] を用いるが、主として北東部では、異なる発音、「ノーサンブリアの喉音」として知られる有声口蓋垂摩擦音 [ʁ] が聞かれる。これらの異なる実現形は、語の意味を変えるわけではないという点で「異音」（代替音）である。ここでおわかりのとおり異音は角かっこ [ ] を用いて表記するのを通例とする。異音は意味には影響を与えないので、異音の差異は表音文字体系では符号化されない。原理的にはそのような差を符号化すること、たとえば国際音声字母（発音記号。IPA）に含まれる [ɾ, ʁ] のような記号を用いるなどすることは可能だが、これだとなんの恩恵も得られないのに複雑さを増すだけになってしまう。書記体系の重要な原則の1つは、伝達において効率的でなければならないということ、すなわち伝達上有意味な特徴のみを符号化すべきだということである。個々の話者が *rot*（腐敗）という語をどのように発音するかは、文章を読む際にはほとんど重要ではない。最重要の区別は、その語が *rot* なのか *cot* なのかという点である。

　文字と発音の関係の複雑な性質については、数世紀にわたって議論されてきた。中世におけるこの問題についての認識は、*littera*（文字）の理論を発展させたラテン語文法家、ドナトゥスとプリスキアヌスによる書物に基づいている。アエリウス・ドナトゥスは4世紀半ばの文法と修辞学の教師であり、その弟子たちのなかにはウルガタ聖書を訳した聖ヒエロニムスがいた。ドナトゥスの文法書『小技法』*Ars minor*（4世紀）と『大技法』*Ars maior*（4世紀）は中世では規範的な読み物であり、あらゆる文法教科書が「ドネット」の名で知られるようになったほどである。カエサリアのプリスキア

ヌスは、一般には単にプリスキアヌスとして知られるが、紀元6世紀初頭に活躍し、520年頃に『文法の基礎』*Institutiones grammaticae* として知られる重要な文法書を書いた。プリスキアヌスの著作は、後のアングロサクソンの修道僧アルフリックによる『英語による文法抜粋』*Excerptiones de arte grammatica anglice* という、古英語で書かれた見習い修道僧のためのラテン語文法の基礎となっている。プリスキアヌスは、彼が「声」と呼ぶもの（ラテン語の *vox*）の記述から始め、この範疇_{はんちゅう}を articulate（分節可能音）, inarticulate（分節不可能音）, literate（文字化可能音）, illiterate（文字化不可能音）という4つの異なる種類へと分割した。それから、*littera*（文字）の定義に移り、*littera* という名称は、文字どおりには「読みの道」、すなわち人々が読む際に通る道を表わす *legitura* に由来するものとしながら、個々に書くことのできる音という定義を与えている。文字に関する章で、ドナトゥスはラテン語を書くのに用いられる文字とその種々の機能を一覧表にし、文字の3つの属性、すなわち字名（*nomen*）、字形（*figura*）、効力（*potestas*）の定義で章を締めくくっている。アルフリックは、自らの文法書でこの理論を英語へ翻訳する際に、この概念に *nama*（名前）, *hīw*（形）, *miht*（力）という訳を当て、次のように説明した。'Nama: hū hē gehātēn byð (a, b, c); hīw: hū hē gesceapēn byð; miht: hwæt hē mæge betwux ōðrum stafum.'これは、「名前：どのように呼ばれるか；形：どのような形か；力：他の文字との関連でどのような効力があるか」と訳せる。このやり方は、文字の用法、つまり文字と結びつけられている1つあるいは複数の効力と、文字の形態そのものとを区別することを可能とする点で、スペリング体系について考える際に有用な方法である。

　ある字形はいくつの効力と関わりうるかという問題もまた、とりわけ各字形を1つの効力へと対応づけるべく英語を改革しようとしてきた人々により、多く議論の対象とされてきた。中世における文字に対する認識はまた、文字とその効力についての分析を、字形そ

のものの考察と切り離すことを可能にする点でも有用である。字形とはそれぞれの文字の形のことであり、専門的には、字の形態と書体の発達を扱う古代の筆蹟の学問、「古書体学」として知られる別個の学問分野の扱う範囲となる。この理論の枠組みにより、われわれは、現代英語で /s/ と /z/ の効力に対応しうる文字 <s> と、その文字が関連づけられているさまざまな字形——たとえば初期近代の印刷本にみられる長い s と呼ばれる <<ʃ>> や中世の写字生が用いたシグマ形の << σ >> や現代のコンピュータの異なるフォントによる <<s, s, s>>——とを区別することができる。ここまでの例からおわかりのとおり、文字を表わすのに山形かっこを、効力には角かっこを、字形を特定するには二重山形かっこを用いることにする。

littera に関する古典の教えが暗示するのは、そこでは文字と音の関係がぼやけていることだ。そのようにぼやけていることは、*letter*（文字）という語が、書かれた形態にしか関連づけられないという現代的な用法においては不適切だろう。しかし、古代では *littera* はある種の普遍的なアルファベット、各文字が1つの効力に対応するような類のものと考えられていた。このことがわかるのは、ローマの文法家クウィンティリアヌスの発言による。彼はラテン語には、<u> という単一の文字が母音と子音を両方表わすような *seruus*（奴隷）や *uulgus*（民衆）といった語では /w/ 音を表わすのに必要な文字が欠けていると指摘した。中世の写字生はこの理論的な方法には従わず、文字をさまざまな効力を表わすのに用いるという点で、ローマ人よりずっと気前が良かった。しかし、この概念は近代初期に、正しい発音に関心をもつ正音学者の何人かや、ジョン・ハートのようなスペリング改革者によって再考されることになった。ジョン・ハートは、第4章でみるように、各文字が理想的には単一の音に対応すべきだとする古典の理論に沿うように英語のスペリングを改訂しようと試みた人物である。プリスキアヌスは、*littera* と言語音を峻別しようと試みて *littera* と *elementa*（要素）を区別したが、2つはしばしば他の人によって、ときにはプリスキアヌス本

人にすら混同されている。1640年になっても、学校教師であり『英語正書法』*Orthoepia Anglicana* というスペリング教本の著者であったサイモン・デインズは「語源の観点から、すなわち言葉の厳密な意味に従えば、文字とは、語を書き表わすものとしての記号あるいは符号にすぎない。そしてそれゆえに文字は、古代ラテン語研究者たちによって、符号であるという意味での文字と、話し言葉の第1の基礎あるいは原理としての要素とに分けられた。しかし、この細かい区分は一般には混同して受け入れられており、両方が無差別に文字と称されているので、これに従うことにしたい」と述べている（1640年、p.2）。チャールズ・バトラーは1633年に「記号でない文字」という言い方をしているが、これは明らかに書記記号ではなく発音を指すものだろう。一方、ジョンソン博士は1755年の『英語辞典』で *letter* の定義を「音節の要素の1つ；アルファベットの記号」としており、発音と書記の両方の要素を融合させているようにみえる。発音と書記記号を区別する方法はほかにも、書記に *letter* を、発音に *voice*（声）を用いたジョン・ハートの流儀もあった。

　文字とそれが表わす発音の関係、あるいは字形と効力の関係の恣意的な性質について述べてきたが、両者がなんらかのわかりやすい方法で関連づけられるような書記体系を考案しようとする試みは、さまざまな改革者によりなされてきた。この関係を合理化する1つの方法は、文字の名前とその効力との関係を推論しようとすることだった。この関係は明らかな場合もあるが、いくつかの場合にはきわめてわかりづらい。たとえばアレクサンダー・トップは『オリーブの葉』*The Oliue Leafe*（1603年）で、<h> と <y> の文字の「きわめて不適切な」名前を批判している。というのは、*aitch* や *wy* という名前と /h/ や /j/ の音との間には対応関係がないからだ。文字の名前はその音を表わしているべきだという考え方は、1633年のチャールズ・バトラーの *double-u* という名前に対する、「字形の名前であって効力の名前ではない」とする批判にも表われている。この考え方は『大改訂・正しい綴字』*Right Spelling Very Much*

*Improved*と題する1704年の著作でも依然として支持されており、そこでは「われわれの文字はその音と効力に応じた名前をもつべきだ」と述べている。名前と効力を一致させようとする試みとしてかなり極端な例としては、1703年の『英語スペリングについての雑誌、あるいは批評』*Magazine, Or, Animadversions on the English Spelling*という本の著者で、G・Wというイニシャルで通っている人物によるものがあり、彼は文字の用法を、その名前に反映させる修正をしようとした。たとえば、文字 <h> は *aitch* という名前を反映すべく新しい音価 /tʃ/ を付与され、文字 <g> は /dʒ/ を表わすべく用いられたが、そのために著書は /h/ と /g/ の音価を反映する新しい記号を考案しなければならなかった。今日読み方を習う子供たちが文字の名前によってではなく /æ, b, k/ のように音によって文字を覚えることを考えても、そのような名前の効用は明らかである。/eɪ/, /biː/, /siː/ のような文字の名前を用いてアルファベットを学ぶのは、読み方の学習においては、ずっと役に立たないだろう。

　字形と効力のこの不整合による困難を克服すべく、アルファベットを考案するという試みもなされてきた。17世紀には幾人かの学者たちが、母語がなんであれあらゆる人に理解可能な普遍的な書記体系を作ろうと試みた。この試みを動機づけていたものは、部分的にはラテン・アルファベットに対する不満だった。ラテン・アルファベットは文字数が十分でなく、またさまざまなヨーロッパの言語で異なった用いられ方がなされているゆえに、目的を果たせていないと感じられていたのだ。17世紀にはまた、母語でものを書く学者が増えてきて、学問の普遍的な言語としてのラテン語が失われた時期でもあった。結果として、知識の普及を妨げる言語の壁が生み出されることになった。文字記号が音ではなく概念を表わすような普遍的な書記体系を作れば、学者たちもどの言語で書かれた著作も読めるようになり、この問題は克服できるのではないかと思われた。このような普遍的な書記体系の追求を部分的に駆り立てていたものは、「古代エジプトのヒエログリフの体系は対象物を指示するため

に使われる名前を表わすのではなく対象物の本質と意味を表わすために考案されたものである」という誤った信念だった。普遍的な書記体系の支持者のなかには中国語の書記体系に発想を得た者もいたが、これは必要となる文字が多くなることと、文字の形とそれによって表わされる概念との対応関係がないとして批判するものもあった。ジョン・ウィルキンズは『真の文字と哲学的言語に関する小論』*An Essay towards a Real Character* (1668年、p.375) で、「字形とそれが表わす文字の性質とのあいだにある種の適切性、あるいは対応関係があるべきだ」と述べてこの関係が望ましいとの見解を示し、「生来の記号」が文字によって表わされるようなアルファベットを考案しようと試みた。普遍的な書記体系の可能性を示唆するもう1つの例として、1588年のティモシー・ブライトによる『短い、素早い、秘密の文字書記法』*Characterie: An Arte of Shorte, Swifte and Secrete Writing by Character*のように、16世紀にいくつか現われた速記法がある。アルファベットに基づくものではあったが、ブライトの速記法を使う人はすべての語について 'charactericall'（文字的なもの）と呼ばれる記号を覚えなければならなかった。そのような体系には多数の記号が必要となるため、すべての語が対応する記号をいちいちもっているわけではない。記号が欠けている場合には、使用者は類義語の記号を参照し、意図している語の傍らに最初の文字を補っておく必要があった。たとえば、*abandon*（見捨てる）という語を表わすのに、使用者は *forsake*（見放す）の記号を使うが、傍らに <a> を付加しなければならないといったふうだ。もし問題の語に類義語がみつからなければ、その場合には対義語を選ぶことになってしまうのだが、間違いなくこれは重大な誤解の可能性をはらんだ方法となるだろう。そのような体系の考案に従事した学者の多くは数学の訓練を受けていたので、代数の記法やアラビア数字も影響力のある要素だった。

　音をもっと直接的な方法で表わし、やはり普遍的な体系として機能しうる書記体系を考案しようという試みもあった。電話を発明し

たアレクサンダー・グレアム・ベルの父、アレクサンダー・メルヴィル・ベルが1867年に「自訳式生理的文字」Visible Speech（視話法）を発表した。それは、単一のアルファベットを用いて世界のすべての言語を書き表わすことを可能にする意図で考案された。このアルファベットは音声学の詳細な理解に基づいており、そこから、「記号と音との完璧な類似」が得られるようにすべてのありうる音が表わせるアルファベットが考案されたのである。ベルによれば、そのような体系の影響の大きさと潜在的な利点は並外れたものだという。つまり、あらゆる国の読み書きできない人々にたった2、3日で自分の言語を読めるように教育することができるし、目の見えない人も読め、聾啞者もしゃべれるようになり、「人類統一の言葉の寺院が、遠い将来かもしれないが、いずれ地球上に建てられる」よう普遍的な言語を築くことができるのだと。視話法の基礎にあるのは、有意味な言語音は、'radical'（基礎記号）と呼ばれる比較的少ない数の、表わされる音となんらかの形式的な関係をもつ記号で表現することができるという考え方だ。たとえば、/h/ 音は喉を開いて発せられるので O と書かれ、喉を狭くして発せられる音は 0 と書かれ、喉を閉じた状態は X で示される。それから、このような基礎記号は、鼻音化の有無や声帯振動の有無などのさらなる音声特徴を表わすために改変される。母音の場合には、J の文字に似た1つの記号が、後ろから、あるいは前から書かれたり、上下反転されたり、斜線で2分割されたりするのを組み合わせて、舌の高、低、中、前、後、これらの位置の組み合わせや、唇の丸めの有無を示すのである。

　このように視話法のいくつかの特徴をごく手短で部分的に説明しただけでも、かなり複雑で、仕組みを理解するのに高度な音声学の知識が必要であることを示すには十分だろう。英語の表記に応用するに当たって、ベルは音の性質とその適切な表記法について権威のあいだで意見の不一致が起こることは避けられないと認識している。彼の出した解決案は、その体系を「何人かの公認の人々に」適用し、

2 種々の書記体系

The following are the Physiological Symbols for the English elements of Speech.

CONSONANTS.

ɒ p in pea.　ʊ t in tea.　ɑ k in key.　ʊ r in train.
ɵ b in bay.　ʊ d in day.　ɵ g in gay.　ω r in rain.
ƃ m in some.　ω n in son.　ɛ ng in sung.　ɔ h in hue.
ɜ f in fine.　ω th in thigh.　ω l in cloud.　ɷ y in you.
ɜ v in vie.　ω th in thy.　ω l in loud.　ʊ h in hop.
ɔ wh in whey.　ʊ s in hiss.　∩ sh in rush.　.　.　.　.
ɜ w in way.　ʊ s in his.　ℝ ge in rouge.　.　.　.　.

VOWELS.

ſ ee in eel.　ſ i in ill.　ſ e in shell.　ſ a in shall.
ſ oo in pool.　ſ u in pull.　ſ a in all.　ſ o in doll.
ſ a in father.　ſ a in ask.　ſ u in curl.　ſ u in dull.

GLIDES.

ʔ w as in now.　ʔʔ r as in sir.　ʔ y as in may.　ı a as in near.

DIPHTHONGS.

ʔſ i in mine.　ſʔ a in mane.　ſʔ ow in now.　ſʔ ow in know.
ſʔ oy in boy.

Illustration of the Physiological Alphabet.

The commissioners of the International Exhibition of 1876 have granted
an award for the Physiological Alphabet devised by Professor A
Melville・Bell. of Brantford. Ontario.

図2.1 ベルの英語に応用した視話法（public domain）
（図中の文章などの意味：
以下は、英語の音声に対する生理学的記号である。
子音
母音
渡り音
二重母音
生理学的アルファベットの実例
1876年の国際博覧会の委員会は、オンタリオ州ブラントフォードの
Ａ・メルヴィル・ベル教授の考案した生理学的アルファベットに賞を授与した。）

「その2、3人の選ばれた話者の独立した発音を比較して、視話法を印刷するためにアルファベットを固定化すること」だった。ベルは英語の音に精通している利点を活かし、他の「各土地の」アルファベットが従うことのできる「標準英語アルファベット」を提案した。図2.1は、視話法の原理を英語に応用しようとしたこの試みの

43

結果である。ここでは、左右に丸みを帯びた M に似た記号が *you*
（あなた〔がた〕）の /j/ 音を表わすこと、またその記号は発音される
際の舌の位置を表わすように考案されていることがわかるだろう。
左右に丸みを帯びた W のような逆向きの記号は、舌の両側が上げ
られる /l/ の音を示す。この後に、ベルは読み書きできない人々に
視話法を用いて読み方を教えるために利用できる一連の練習課題を
与えている。

　より直接に音声特徴を表記すべく考案された人工的なアルファベ
ットの例には、ほかにも J・R・R・トールキンが『指輪物語』*The
Lord of the Rings*（1954-55年〔瀬田貞二訳、評論社〕）でさまざまな
考案言語を書き表わすために開発した書記体系がある。次章でみる
ように、トールキンは『ホビットの冒険』*The Hobbit*（1937年〔瀬
田貞二訳、岩波書店〕）ではアングロサクソンのルーン文字を用いた
が、『指輪物語』では、彼自身の考案したアルファベットを導入し
た。トールキンは若い頃からアルファベットの考案を始めていた。
1919年には、ヘブライ語とギリシア語とピットマン式速記法の混
合したものに似たアルファベットで日記をつけはじめていた。トー
ルキンは、親友でともに中世研究家であった C・S・ルイスの死後
すぐにつけはじめた日記において、新たなアルファベット考案に復
帰した。このときのものは、異なる音価をあてがった慣習的な文字、
音声記号、自分のファンタジー小説のために発明した文字のいくつ
かを混在させたものだった。トールキンはこれを「新英語アルファ
ベット」と呼び、「例の馬鹿男バーナード・ショーの遺贈した賞金
を競った人々の提案したおかしなアルファベット」にかなりの改善
を加えたものと考えた。

　『指輪物語』での考案言語を書き表わすために用いられたアルフ
ァベットは、この著作の追補Eで説明されている。トールキンはこ
の発明文字とその用法を記述するだけではなく、歴史も与えている。
その第3紀の諸々の書体と文字は、ローマン・アルファベットのよ
うに、共通の起源をもっており、非常に古いものである。ローマン

・アルファベットのように、それらはまた子音文字に起源を有するが、『指輪物語』で見られる碑文の時代までには完全なアルファベット化をなしとげていた。この文字は2種類のアルファベットからなるが、1つは「文字」を意味するテングワールで、もう1つは「ルーン」を意味するケアタールあるいはキアスである。この2種類の区別は、アングロサクソンのルーン文字とローマ字との使い分けを反映しており、テングワールはペンか毛筆で書くのに使われ、キアスは硬い表面に刻むのに特別に考案されたものである。キアスはルーン文字のように、当初は名前や碑文を木や石の表面にひっかいて記すのに限定して用いられていた。時を経て、キアスは広まり人やドワーフやオークのようなさまざまな人種に受け入れられ、彼らはそれを自分たちの言語の詳細に合わせて適用したが、これはまさにゲルマン語派のルーン文字に生じたのと同じようなことだった。

　テングワールの革新的な特徴は、各文字の形が音声特徴を記録するように考案されていたことだ。つまり、テングワールで書かれた語は、それがどの言語で書かれたものであるかを実際に知らずとも、発音できる。現代のヨーロッパ諸語を書き表わすのにローマン・アルファベットが広く用いられているために、英語話者がスペイン語、フランス語、ドイツ語などで書かれた語を、そのいずれの言語も知らないままに発音するのはそれなりに容易である。しかし、アラビア語で書かれた文章をアラビア文字の知識のないままに読み上げようとする状況を想像すれば、テングワールの書記体系のもつ潜在的な利点を評価することができるだろう。ローマン・アルファベットとは異なり、テングワールの文字の形は、関連する音のあいだのつながりを目立たせるよう意図的に考案されている。ローマン・アルファベットの文字配列はそれが表わす音とはほとんど無関係だが、テングワールでは文字はその音価に従って編成されている。トールキンはローマン・アルファベットのもつこれらの欠点について明らかに批判的であり、テングワールの革新的な特徴について次のように述べている。「この文字は起源的には『アルファベット』ではな

い、つまりそれぞれ独自の音価をもち、字形をも機能をも指し示さない伝統的な配列で列挙された、一連のでたらめな文字ではない」と。彼は、ローマ・アルファベットのうち、テングワール文字の使用者にとって理解可能な特徴は、<P> と <B> の関係くらいしかないとさらに指摘する。ただし、両文字は互いに隣りあって現われるわけでも、<F>, <M>, <V> の近くに現われるわけでもなく、このことはテングワールの使用者には「ばかげた」ものに映ったろうがとも指摘している。この発言からは、理想的なアルファベットの原則とは何かに関してトールキンがどう考えていたのかうかがえる。<P> と <B> は形態と形において密接に関連している文字である。<P> は幹と1つの曲線部から構成されているが、<B> にはもう1つ曲線部が追加されている。この字形上の関係は音声的な関連を映し出している。/b/ と /p/ の音は「両唇破裂音」と呼ばれる音で、上下の両唇を用いて呼気が出されるときに小さな破裂を起こす音である。両音の違いは声の有無にあり、/b/ は「有声」、つまり声帯が振動するが、/p/ は声帯が振動しないので無声である。ローマン・アルファベットの <P> と <B> に例証されるこの諸原則が、テングワールの構造の背後にある。テングワールでは、基本文字は1本の直線と一連の曲線部からなり、関連する字形はアルファベットにおいて互いに近い位置に現われる。文字の名前は、クウェンヤ語での用法に基づいており、各名称は、ローマ・アルファベットの由来となっているフェニキア文字でそうだったように、一般に問題の音で始まる現実にある語となっている。たとえば、*tinco* は「金属」を意味し、*parma* は「本」、*calma* は「ランプ」、*quesse* は「羽根」を意味する。字形と音価の関係はキアスではそれよりもずっとでたらめではあるが、のちの発展段階では、テングワールに影響され、いくつかの音声学的原則が採用されてはいる。たとえば、枝を文字に加えると有声化の印となったり、幹の両側に枝を加えると有声化と鼻音化の両方を表わす印となったりする。

　先に、英語、フランス語、ドイツ語、スペイン語、その他のヨー

ロッパ諸語の話者ならば、ローマン・アルファベットを共通に使用しているため、互いの言語を発音するのにほとんど困難を感じないと示唆した。しかし、英語、フランス語、ドイツ語、スペイン語の書記体系は、とりわけアラビア語や中国語のような言語と比較すれば、相当似通っていることは確かに真実だが、同一であるかのようにいえば間違いだろう。これらの言語はすべて同じアルファベットを使用しているが、必ずしもそれを同じように使っているわけではない。たとえば、英語の <w> の文字はドイツ語では /v/ と発音されるが、一方 <v> の文字は /f/ 音を表わすのに使われる。文字 <j> には、とりわけ多様で異なる使用法がヨーロッパ諸語のあいだにみられる。英語ではこの文字は jam（ジャム）の最初で /dʒ/ 音を表わすのに使われるが、ドイツ語では（英語 yacht〔ヨット〕の <y> のように）/j/ の音を表わし、フランス語では（英語 beige〔ベージュ〕の <g> のように）/ʒ/ の音を表わす。また、スペイン語では /x/ の発音（スコットランド英語 loch〔湖〕の <ch> に近いが英語では用いられない音）を表わす。

　これらの例により、われわれは念頭に置かねばならない書記体系に関するもう1つの重要な原則、すなわち音素と文字素の関係は慣習的なものであるという原則に至る。音素 /k/ が <d> のようななんらかの他の文字素ではなく文字素 <k> によって表わされるべきだとする内在的な理由はない。音素 /æ/ を文字 <o> で表わし、/t/ を <g> で表わし、結果として /kæt/ という語が <dog> と綴られるということも同様にありうる。いくつかの英単語において音素 /k/ が文字素 <c> によって表わされるが、一方で <c> は city などにおいて音素 /s/ を表わすのにも用いられれば、時には ciabatta（チャバタ〔イタリアのパンの1種〕）のように /tʃ/ をも表わすということを思い起こすと、文字と音との慣習的な関係はもっと明白になるだろう。英語における <c> と <k> の文字の使用法からさらにわかるのは、個々の音素が個々の文字素に対応づけられるという原則は理想であり、必ずしも実際に従っているものではないということだ。この理

由は、歴史を通じて英語が、異なる慣習に従った他の諸言語から単語を借りてきたからである。*city*（都市）という単語はフランス語からの借用語であり、そのため /s/ 音を表わすのに <c> を用いるフランス語の習慣を採用しており、*ciabatta* はイタリア語からの借用語であることから、/tʃ/ に <c> を用いるイタリア語の慣習を保持している。したがって、個々の音素が個々の文字素に対応づけされるという原則に乱れが生じる 1 つの原因として、他言語から語を借用し、そのもともとのスペリング形態はもとのまま据えおかれるということが挙げられる。原則に乱れが生じるもう 1 つの原因は音変化である。これを最もよく表わす例は、現代英語のスペリングにおいて、*knight*（騎士）における <k> や <gh> のように、多くの語に発音されない文字素が含まれている場合をみるとわかる。このような文字素はかつては発音されたが、以来発音されなくなり、結果として現代英語のスペリングに多くの黙字が含まれるようになっている。そこまでよくあるわけではないが、発音の変化がスペリングによって引き起こされ、両者がより平行的な関係となることもある。語源的スペリングとして中英語の *aventure*（冒険）に代わって *adventure* が、中英語の *ost*（主人）に代わって *host* が導入されたことで、これらの語の発音が変化した。この種の変化はまた、*waistcoat*（チョッキ）や *forehead*（ひたい）という語の現在の発音（/weɪstkət/, /fɔːhɛd/）がスペリングに影響されて古い発音 /wɛskət/ と（*horrid*〔恐ろしい〕と脚韻を踏む）/fɒrɪd/ に取って代わった例にもみられる。しかし、一般的には、英語のスペリングは音素が文字素に対応づけられる表音文字体系であると述べても間違いではないが、この基本原則には多くの例外が存在する。本書の課題の 1 つは、なぜこのような例外が生じたかの種々の理由と、例外をなくすためになされてきたさまざまな試みを考察することである。

　先に挙げた *knight* にみられる現代英語におけるスペリングと発音の例が提起するのは、発話と書記の関係についての問題である。スペリング体系は当初は発話を反映するために考案されたのかもし

48

れないが、もはや現代英語の発音を忠実に記録するものとはなっていないことは明らかである。しかし、これはスペリング体系の標準化の結果であり、比較的最近の現象である。より以前の時期には、発話と書記の関係はずっと緊密だった。たとえば、中世のテキストでは、「石」'stone' に対する異なる発音を反映しているようにみえる *ston* や *stan* といったスペリングのように、同じ単語に異なるスペリングがみつかるのが普通だった。しかし、ここで注意すべきなのは、すべての異綴りが異なる発音を示しているとは限らないということだ。中英語の *shall*（〜だろう）と *schall* のスペリングの違いが発音の区別を表してはいないと思われるように、スペリングの変異は純粋に文字素上の意味を担っているにすぎないかもしれない。中英語の異なる方言は個々の音素を反映するのに異なる文字素、あるいは文字素の組み合わせを用いているかもしれないが、それは必ずしも異なる発音を示すとは限らない。同様の状況は、現代の *colour*（色）と *color* の区別にみられ、そこでは前者はイギリス英語のスペリング、後者はアメリカ英語のスペリングだが、対応する発音の違いはない。書き言葉を用いて発話を再建するのに伴うさらなる困難は、スペリング上の違いが発音の違いを示しているようにみえる場合があったとしても、その違いがどのようなものかを正確に決めたりは必ずしもできないということだ。先に引き合いに出した中英語の「石」のスペリング *stan* と *ston* の事例では、このスペリングが母音の異なる発音を表わしているということは、それなりの確信をもって言える。しかし、この他にもスペリングの違いで発音の違いを示唆しているようにみえて、その音声がいかなるものだったかずっと不明確な例がある。たとえば 'shall' に相当する *xal* や *sӡal* というスペリングを取り上げよう。このスペリングは異なる発音を反映しているようにみえるが、正確にはどんな発音だろうか。少なからず存在するこのようなケースは、われわれには分析する基盤としてスペリングの証拠しかないのだから、これらの発音を再建することは端的に不可能である。

スペリング体系がどの程度発音を反映しているかは、「アルファベットの深さ」の原則として知られる。浅い正書法とはスペリングと発音の関係が近密であるものを指し、深い正書法ではその関係はより間接的である。正書法が時とともにだんだん深くなること、すなわち発音が変化するにつれて発話と書記の関係が変わるということは、すべての正書法の1つの特徴である。英語の正書法は比較的深いが、フィンランド語は比較的浅い。これは部分的には歴史の偶然である。英語のスペリングは15世紀に固定化されはじめたが、フィンランド語の正書法は19世紀になるまで標準化されることはなかった。この差が示しているのは、英語のスペリングがフィンランド語のスペリングよりも不規則である大きな理由としては、標準変種の歴史に関係がある、ということだ。つまり、いかに英語のスペリングが発展してきたかという問題には、英語の標準書き言葉変種の変遷とそれに対する人々の態度が重要となってくる。英語のスペリングの発達を詳しく見る前に、標準スペリングとは何か、そしてそれは何のためにあるのかを考察するのが有用だろう。

　われわれが英語のスペリングについて語るとき、単一の固定化した統一的な体系のことを扱っているのだという前提がある。これはもちろん現代英語のスペリングについてはおおかたそのとおりだが、この状況の人為的な性質を認識しておくことは重要である。現代英語は、ほとんどすべての語が単一の正しいスペリングを有するという点で体系として定まったスペリングを用いて書かれているが、いつもこのような状況だったわけではない。後の章で英語のスペリングの歴史を振り返っていく際に、スペリングの諸標準が現われては消えてきた様子と現代のわれわれの標準が形成されてきた長々とした過程をみることになる。われわれは標準的なスペリング体系があるのがあたりまえになっているので、それがいつでも存在したこと、そしてそれに支えられている個々のスペリングはなんらかの点で内在的に正しいということを信じてしまいたくなる。しかし、これから見ていくように、標準的なスペリング体系の絶対的な必要性とい

50

うものはないのだ。実際、英語の歴史にも標準などまったくなかった時期があった。

　われわれの現代標準スペリング体系が生まれた過程を考察する前に、標準語の機能について考えてみよう。標準語を定義づける重要な特徴は、その均一性と変化への抵抗である。これが意味するのは、今日使われているスペリングは将来も同じでありつづけ、それによって今から数世紀ののちにも英語話者は今日書かれた作品をまだ読めると確約してくれるということだ。標準語はまた「超地域性」をもつべきであり、すなわちある特定の地域と結びつけられるべきではない。この点で標準語は、たとえばヨークシャー方言という特定の地域と関連づけられた言語変種である方言とは異なる。今日ヨークシャーで育った子供は地元の訛りで話すことを習得し、その方言に限定された文法特性や語彙を用いるかもしれないが、その子供は、デヴォン、バーミンガム、ロンドンで育った子供と同じ標準的なスペリング体系を用いて書くことを学ぶのがふつうだ。標準語のさらなる特徴は、それが「洗練されている」ことである。つまり、標準語はさまざまな異なる言語的機能で用いられるということだ。たとえば、われわれの標準的な英語のスペリング体系は単に学校で子供たちに教えられるだけではなく、政府や法律制度にも、またすべての出版物でも用いられ、これらすべてに使用されることにより、唯一の規範としてのスペリングが長期にわたり認められ、維持されやすくなっているのである。標準語にさらに要求されるのは「成文化」であり、すなわちその特性が文法書や辞書のような権威ある出版物のなかで記されなければならない。

　標準英語のもつこのような特徴はすべて機能的である。つまり、その使用法に関わっている。育ちにかかわらず、みなが用いる唯一の体系があることにより、意思疎通の最大効率が確保しやすくなっているという点で、これらの特徴はそもそも実用的である。したがって、正しい綴り方を学ぶということは、この一般に認められている意思伝達法に参与する資格を得る手段にほかならない。つまり、

このスペリング体系で書かれたテキストを読めること、そして同じスペリング体系で訓練を受けた者に理解してもらえるように書けることがその資格となるのだ。しかし、もちろん標準語には別の社会言語学的な側面、すなわち威信の価値および正しさや「適切な用法」を連想させる側面がある。標準英語は地方変種よりも内在的に威信ある変種だという見解が、われわれの社会には深く埋め込まれている。しかし、これは間違いなく現代的な見解である。英語のスペリングの歴史を振り返るとき、われわれは標準化に対する異なる見方に出くわすことになるだろうし、こうした正しさや威信という概念が英語のスペリングに対するわれわれの態度にすり込まれてきた過程をたどることになるだろう。

　今日、言語使用に対して非常に規範的な見解が支配的となっているものの、標準英語の文法や発音の伝統的な規則のなかには脅威にさらされているものもある。'to boldly go'（果敢にも進む）という有名な例にあるように 'to' と動詞のあいだに副詞を置く分離不定詞の用法は間違いであるという見解（訳注：to go boldly が正しいとされていた）は、だんだんと失われてきている。*house*（家）, *hand*（手）, *how*（どのようにして）などの語の発音において語頭の /h/ を省略する、いわゆる「hの脱落」の傾向は一般に好ましくないものとされているが、ほとんどすべての英語の方言でよく見られる特徴となっているし、口語においては特に普通に聞かれる。英語のスペリングの規則は、よりたやすく維持され監視されるという点で、標準英語の文法や発音の規則とは異なっている。ほとんどの場合に、ある単語を綴るのに唯一の正しい綴り方が相変わらずあるし、それは辞書を引けば簡単に確認できる。対照的に、標準英語の発音、いわゆるRP（Received Pronunciation〔容認発音〕）を定義づけ、維持するのははるかに難しい。特定の地域と結びつけられていない点で、また社会的な威信を保持している点で、RPは標準的な発音ではあるが、標準英語のスペリングのような固定性と統一性を欠いている。今日多くの人々がRPを話すが、その訛りの変異は著しく、結果として音

声学者は上流階級のRP (U‒RP)、主流RP、（RPを母語の発音としてもたない人々によって話される）借用RP、RPに似ているが同じではない発音を含む近似RPとを区別している。このような範疇の内部にすら、さまざまな社会言語学的、音声学的な要因によって、相当な揺れがみられる。もう1つ困難なのは、いかにしてRPを定義するかという問題だ。ある発音が正しいときとそうでないときを、どのように判断すればよいのか。スペリングの場合にはあるような、頼れる権威がないのだ。スペリングは事実上、言語使用について最もたやすく定義し、規制することのできる側面であり、したがって規範主義者の注目を最もひきやすい分野である。個人の発音を非難することは比較的難しいけれども、綴り間違いに照準を合わせるのはずっとたやすい。しかし、スペリングに目を光らせることは比較的たやすいとはいえども、誤ったスペリング、あるいは別の綴り方は、Eメール、インスタントメッセージ、携帯メールなどのネットでのコミュニケーションにおいてはとりわけよく見られるようになってきている。これらの異綴りのなかには *cheque*（小切手）の代わりに *check, judgment*（裁判、判断）の代わりに *judgement* を用いるなどアメリカ式スペリングの影響を示しているようにみえるものもあれば、*tho*（けれども〔though〕）, *thru*（～を通り抜けて〔through〕）などのように、ネットでのコミュニケーションの矢継ぎ早のやりとりにはよりふさわしい省略や短縮の例もある。これは、英語のスペリングが堕落しつつあり、困難を経て確立され入念にチェックされてきた標準がついに落ち目にあることを意味するのだろうか。スペリングが今日いかに用いられているのかという問題、そしてインターネット時代が英語のスペリング標準の終焉を予兆しているのかどうかという問題は、本書の最終章での話題となる。

3　起　源

　古英語とはアングロサクソン人の用いた英語の変種を表わすのに用いられる用語である。それはおよそ紀元650年から1100年のあいだに書かれた写本と碑文に残る言語である。古英語期には、2つの書記体系が用いられていた。ルーン文字として知られるゲルマン諸語に用いられたより古い体系と、紀元597年に聖アウグスティヌスの宣教を受けてアングロサクソン人がキリスト教化した結果採用されたラテン・アルファベットである。2つの書記体系が異なる機能で併用されていた時期もあったが、より古いルーン文字は、のちにローマン・アルファベット（訳注：ラテン・アルファベットのこと）に置換された。J・R・R・トールキンの作品を何か読んだ経験があれば、ルーン・アルファベットのことは知っているだろう。前章でみたように、トールキンが『指輪物語』3部作のなかで発明したアルファベットはアングロサクソン人のルーン文字を基礎としていた。しかし、『ホビットの冒険』では彼はアングロサクソンのルーン文字体系を改変せずにそのまま用いている。

　ルーン文字は、木や石や金属のような硬い素材に刻みつけることを意図した、短い直線からなる一連の文字である。ルーン文字体系は最初はスカンディナヴィアで発達し、紀元5世紀にブリテン島へ移住したゲルマン諸部族によってイングランドに持ち込まれた。このスカンディナヴィア諸語の体系は、「アルファベット」という英単語が究極の派生元であるギリシア語の文字体系の最初の2文字アルファとベータに基づいているのと同様に、最初の6文字からなる'futhark'(fuþark)という名称で知られている。しかし、イングラ

54

ンドで採用されたルーン文字体系はもともとはスカンディナヴィア諸語の体系だったが、数々の発達と変形が生じ、独特なイングランド的な字形をもつに至った。似たような発展はフリジア（現代のオランダ領内）で見つかるルーン碑文にも確認されており、フリジアでの発達がイングランドに輸出されたのか、逆方向の影響があったのかは定かではない。より古い段階のルーン文字体系が経た改変には2種類あった。第1の発展例は純粋に各記号の見栄えに関するものであり、それが表わす音とは関係なかった。これを示すよい例は、北ゲルマン諸語では典型的に横棒1本のみの ᚻ で表わされた *h* の例だ。アングロサクソンのルーン碑文では、典型的に2本の横棒をもった ᚺ という形の発展形が示されている。もう1つの発展例はルーンの *k* を表わすルーン文字に関するものだ。最初期の碑文ではこれは ᚲ と表わされていたが、のちに ᚳ へと発展した。アングロサクソンのルーン文字 ᚲ がこの異形からさらに発展したものであることは明らかである。

　第2の種類の改変は、アングロサクソンの言語と、それと親戚関係にある北ゲルマン諸語とを分けた発音変化の結果としてのものである。これを最もよく例証するのは、スカンディナヴィアでの *a* を表わすルーン文字 ᚨ で、ゲルマン語で「神」を表わす単語 *ansuz* の名前を与えられた文字のたどった運命である。古英語および古英語と親戚関係にある古フリジア語では、この文字の表わす音はさまざまな変化をたどった。/n/ や /m/ の鼻子音が後続するところでは、'o' の音で発音された。この変化を取り込むために、そのルーン文字の形は ᚩ へと変えられた。このルーン文字はスカンディナヴィアで ᚨ と4番めの位置で置き換わったので、結果としてアングロサクソンのルーン・アルファベットは、スカンディナヴィア地域でいう 'futhark' ではなく 'futhork' として知られるようになった。鼻子音が後続しない位置では、舌を口の後部へ後退させて発音されていた 'a' 音は、舌が口の前部へと前舌化した。この2つの発音の区別を理解するには、現代の RP 発音における *bath*（入浴、/bɑːθ/）と

cat（猫、/kæt/）の *a* を比べてみるとよい。この変化はすべての 'a'
音に作用したわけではなく、後舌の発音はいくつかの環境で保持さ
れることとなり、結果として 'a' 音に対してスカンディナヴィアで
はただ1つのルーン文字があったところに2つの異なるルーン文字
が必要とされるようになった。これらのさまざまな変化を取り込む
ために、アングロサクソンのルーン文字の使い手は受け継いだルー
ン文字にさらなる改変をほどこした。アングロサクソンの futhork
では、ルーン文字 ᚠ は前舌化した母音に用いられ、*æsc* 'ash-tree'
（トネリコの木）として知られるようになった一方で、*ac* 'oak'（オー
クの木）として知られる後舌低母音のためには新しいルーン文字 ᚪ
が考案された。この2つのルーン文字はアルファベットの最後に加
えられた。

　アングロサクソン人に影響を及ぼした、音変化により引き起こさ
れたもう1つの発展は、一群の子音の発音に関するものである。す
なわち、現代英語の *king*（王）や *get*（手に入れる）のような語にみ
られる /k/ と /g/ の音のことだ。古英語では、これらの音は後続す
る母音によって、異なる発音を発達させた。両音は後舌母音、すな
わち舌が口の後部に位置している状態で発音される音が後続すると
きには、元のままだった。しかし、舌が口の前部に位置する前舌母
音が後続するときには、現代英語の *church*（教会）や *year*（年）の
最初の音のように /tʃ/ と /j/ と発音されはじめた。今日、この音変
化の効果は、*church* のような現代英語の単語を、ドイツ語 *kirche*
（教会）など大陸のゲルマン諸語の同根語、あるいはスコットラン
ド英語の *kirk*（教会）（スカンディナヴィア起源からの派生。ノル
ウェー語とデンマーク語の *kirke* も参照）と比べてみればわかるだ
ろう。これらの異なる発音を区別するために、アングロサクソンの
ルーン文字の使い手は2つの新しいルーン文字記号、ᚳ と ᚷ を導入
した。この新しい記号は後ろ寄りの発音 /k/ と /g/ を表わし、伝統
的な記号は新しい前寄りの発音 /tʃ/ と /j/ のために用いられた。

　これらの変化は、本書を通じて触れることになる、英語のスペリ

ングが何世紀もかけて発達してきた方法についてのいくつかの重要な主題を要約している。変化のなかには音声的に動機づけられているもの、つまり英語の発音の変化に即応すべくなされた改変もあれば、横線1本ではなく横棒2本のルーン文字 ᚻ のような、ほとんど流行の変化にすぎないようにみえるものもある。このような変化はそれ自身はほとんど無意味のように思われるかもしれないが、英語のスペリング体系の見栄えにはなんらかの重要な貢献をなすのであり、それに独自性を与えたり、異なる言語に用いられる同族のスペリング体系と区別したりする。

　ルーン文字は、単純な意思伝達の手段として、日用品に所有者の印をつけたり、記念碑文を書いたり、また魔法のおまじないを記録するなどのさまざまな書記課題に用いられた。最後に挙げた「魔法のおまじない記録用」というのはまさに今日ルーン文字としばしば結びつけられるものだが、ルーン文字が第一義的に異教的な実践と結びつけて考えられていたと示す証拠はほとんどない。その起源はゲルマン神話に結びつけられており、北欧の神オーディンがユグドラシルと呼ばれる世界樹のトネリコの木に縛りつけられながら9日9晩かけてルーン文字の書き方の秘密を学んだとされている。次の *Hávamál* という詩が印象的に物語るように。

　　　私は傷つきながら風にさらされた処刑台に吊され
　　　九つの長い夜を過ごし
　　　槍に突き刺されながら、オーディンに誓った、
　　　自らが自らに捧げた
　　　最も賢きものも、その古き十字架の根が
　　　どこから発しているのかを知らない。
　　　私にはパンも、蜜酒も与えられなかった。
　　　下を見た。大きな叫び声を上げて
　　　ルーン文字を学んだ。その木から私は落ちた。
　　　（W・H・オーデン＆P・B・テイラー訳『ノルド歌謡』*Norse*

図3.1 フランクス小箱に記されている場面 ©Granger/PPS通信社

Poems, フェイバー、〔1981年〕、1983年、p.164）

しかし、もしルーン文字が異教の実践だけに結びつけられていたとすれば、キリスト教の到来がルーン文字の消滅の契機となっただろうと考えたくなるところだが、そうはならなかった。むしろ、ルーン文字と新しいローマの宗教と結びつけられたローマン・アルファベットが共存していた時期があった。ルーン文字の書記が許容されたことは、重要なキリスト教的な文脈でそれが使用されている多くの意味ありげな例からも明らかである。例としては、古英詩「十字架の夢」"The Dream of the Rood"からの一節がルーン文字で書き加えられている有名なリズルの十字架のような、キリスト教の十字架に刻まれたルーン碑文がある。ひょっとすると最も驚くべきは、リンディスファーン島の修道僧が造り、修道院から現在のダラム大聖堂の墓場へと運ばれてきた聖カスバートの棺に刻まれたルーン碑文かもしれない。ルーン文字が異教とキリスト教の両方の文脈で用いられている例の1つに、フランクス小箱として知られている、聖書とゲルマン神話からの場面が彫られた、鯨骨の小箱がある（図3.1）。

左手にはニーズズ王に逃げられないよう不具にされた鍛冶屋ヴェ

ルンドの伝説の描写がある。下には、ヴェルンドが殺したニーズズの息子の頭のない体が横たわっている。ヴェルンドはその息子の頭蓋骨でできた酒杯を握っており、ニーズズの娘ベズヴィルドに飲み物を捧げている。その飲み物には薬が入っており、娘がそれを飲むや、ヴェルンドが娘を強姦する。彼は鳥の羽根から翼を作り出し、逃げる。彼はこの場面の右端で羽根を集めているところを描かれている。右手の区画の場面では、賢者の訪れが提示されている。彼らの頭のすぐ上に、ルーン文字で書かれた 'Magi'（魔法使い）の語 'ᛗᚫᚷᛁ' が見える。周縁には、ルーン碑文が長々とめぐらされており、描かれている場面とは一見したところ関係のないなぞなぞが提示される。その碑文は古英語であり、次のように訳される。「津波がその魚を崖の岸へと打ち上げた。鯨は小石の上を泳ぎ、悲しくなった」。なぞなぞの答えは、「鯨骨」と読める左端の部分で明らかにされる。これは、小箱が造られている素材、ルーン文字が刻まれている表面をほのめかしている。

　紀元597年のアングロサクソン人のキリスト教化ののちに、ローマン・アルファベットが採用された。古英語を書くのに用いられた文字はおよそ現在使用されているものと同じである。ローマン・アルファベットは、ローマから直接導入されるとともに、アイルランドの宣教団経由でも輸入された。これは当時アイルランドの修道院で使われ、今日でもアイルランドでは道路標識や公的な掲示に使われることもある半アンシャル書体という形態だった。半アンシャル書体は、この時期にブリテン諸島で制作された最も荘厳な本の多くに使われた極上の書体である。それは、聖書の写本であるケルズの書にも見られるし、イードフリスという修道僧が8世紀初頭にホーリー島（リンディスファーン）の修道院で制作した壮麗なリンディスファーン福音書にも見られる。修道僧たちは10世紀終わりにリンディスファーンを去り、のちにチェスター・ル・ストリートに落ち着いたが、そこでアルドレッドというもう1人の修道僧が、インシュラー書体小文字として知られるさほど荘厳ではないがより機能的

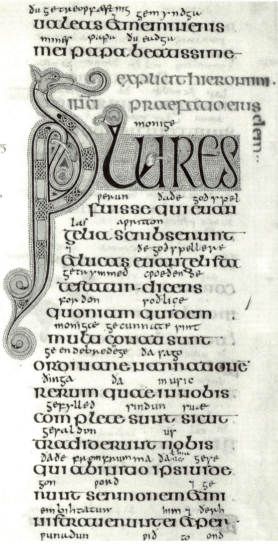

図3.2 リンディスファーン福音書　©British Library/ユニフォトプレス

3 起源

な書体で、古英語による行間注解を加えた。図3.2では、福音書の
ラテン語本文自体を写すのに使われた半アンシャル書体に特徴的な
丸みを帯びた字形をみることができる。

　これは4世紀に考案されたあるローマの書体の1つからの発展形
であり、その曲線は、より古いローマの書体に典型的な、石を刻む
のに適した角張った字形よりも、本を書くのに都合がよいように設
計されたものである。ラテン語本文各行の上にずっと小さく、みす
ぼらしい筆跡で加えられているのが、アングロサクソンの注釈者の
用いたインシュラー書体小文字とわかるだろう。先に古英語のアル
ファベットは現在使われているものと似ていると述べたが、アルド
レッドが注釈に用いた書体を一瞥すれば、この主張は間違っている
かのようにみえるかもしれない。なるほどアルドレッドの書体は現
在の筆跡とはほとんど似ているところがないが、その違いとは文字
それ自体というよりも各文字の字形にかかわるものである。たとえ
ば、ラテン語本文の節を始める語 *plures*（多くの）の上を見ると、
古英語で 'many'（多くの）を表わす *monige* という語が見える。こ
のすべての文字は現在使われているものと同一だが、主たる違いは
<e> の字形と、今日の閉じた輪をもつ字形ではなく平たい上部をも
つインシュラー書体の <g> として知られる <g> の字形だろう。も
ちろんわれわれはその語 'many' を <g> ではなく <y> で綴るけれ
ども、これはアルファベットで使われる実際の文字の違いというよ
り、文字とそれに対応づけられる音の用法、つまりスペリングの違
いである。個々の文字の字形の違いは、ほかにも直後の行の最初の
語の3文字めにある <r> の形にみられる。この長い尾を引いた <r>
と形が似ており混同しやすいのは、同じ行の3語めの *godspel*（福音
書）（現代英語 *gospel* の祖先であり、文字どおりには「よい知ら
せ」の意）に使われている長い <s> だ。<f> の文字は、その4行下
の最初の単語の頭に見られるように、われわれの現代のものと若干
異なった形をしており、<t> は平たい上部をもつ点で異なっている。

　これまで観察してきた違いはすべて個々の文字の字形に関するも

61

のである。しかし、図3.2には現代のアルファベットにはっきりと
対応するものがない文字もいくつかあることに気づいたのではない
だろうか。このような文字に馴染みがないのは、それがローマン・
アルファベットの一部ではなく、アングロサクソン人が古英語を書
き記すのにローマ字と並んで用いた文字だからである。これらの文
字は、古英語にはあったがラテン語にはなかったいくつかの音を表
わす必要が出てきたため導入せざるをえなかった。ローマン・アル
ファベットはとてつもなく影響力のある書記体系だったのであり、
今日ほとんどのヨーロッパの言語および多くの非ヨーロッパ諸言語
を書き記すのに用いられ、世界で最も広く使われている書記体系で
ある。ローマン・アルファベットの拡大は今日も続いている。
1991年のソビエト連邦崩壊後、アゼルバイジャン、ウズベキスタ
ン、モルドヴァはすべて、それぞれ互いに異なった言語を書き記す
公的な文字として、キリル文字よりもローマン・アルファベットを
選んで採用した。しかし、ローマン・アルファベットがさまざまな
言語を書き表わすのにとても有用な道具であることは明白だが、異
なる言語、ここで考えるのはラテン語の場合だが、そのために発展
してきた書記体系を採用するのに伴う問題の1つとして、それが表
わす音体系が別の言語の音体系と必ずしも一致しないということが
ある。英語はゲルマン語派の言語であり、直接ラテン語に由来して
いるものではない。ラテン語に由来する諸言語は、今日ロマンス諸
語として知られており、フランス語、イタリア語、スペイン語を含
む言語集団である。したがって、これらの言語は英語と比べてラテ
ン語により近い関係にある。ゲルマン語派とロマンス語派は、もと
をたどればインドヨーロッパ祖語として知られる1つの共通の祖先、
すなわち大多数の現代ヨーロッパおよびインドの諸言語の仮説上の
祖先に由来するが、ゲルマン語派とロマンス語派の誕生までの何世
紀にもわたり、数々の変化が生じた。したがって、古英語で使われ
る音とラテン語で使われる音には多くの重なりがある一方で、違い
もいくつかあった。ローマン・アルファベットが古英語を書き記す

のにいかに適用されたかを考察するにはまず、ローマ・アルファベット字体の起源と構造について検討することから始めるべきである。そのためには、最初期のラテン語碑文よりも歴史をもっと遡らなければならない。というのは、ローマ・アルファベットはもともとラテン語を書き記すために考案されたのではなく、必要な改変を加えた上でギリシア・アルファベットから借用したものだからである。ところが、ギリシア・アルファベット自体、さらに古いフェニキアの書記体系から発展したものなのである。

　ローマ・アルファベットの起源は、フェニキア人の交易者たちが紀元前1000年頃に用いていた文字にある。これは、アラビア文字やヘブライ文字のような現代の子音書記体系（訳注：基本的に子音のみからなり、母音を示す文字がないもの）に似た、個々の子音を表わす22文字からなる書記体系だった。フェニキア人の体系はギリシア人に採用・修正され、ギリシア人はそれを「フェニキア文字」と呼びつつ、さらなる記号を加えたが、またギリシア語には必要のない既存の子音記号を母音を表わすのに再利用もした。結果として現われたのは、母音と子音の両方が表記される革命的な新書記体系だった。ただし、ギリシア語で母音を表わすのに用いられた文字は、余ったフェニキア語の子音に限定されていたために、発話と書記における母音の数に不一致が生み出され、それが現在の英語にまで影響を及ぼしているのではあるが。ギリシア人のもたらしたもう1つの革新も同じくらい影響力があった。フェニキア人は右から左へと文字を書いた。これは文字を彫る際には問題ないものの、右利きの人がパピルスに書くには比較的難しい。初期のギリシア語碑文ではこの書記方法は廃され、行が右から左へ、そのあと左から右へと交替で書かれる、牛が畑で畦を耕すような「牛耕式」'boustrophedon'（文字どおりには「牛が向きを変える」を意味する）が採用された。その後、この方法は左から右へと書く方法に取って代わられ、これが次にはローマ人に伝えられ、われわれの現代英語の書記体系へと伝わったのである。

改変を加えられたギリシア・アルファベットは、のちにローマの北のエトルリアに居住していた、非インドヨーロッパ語の話者であるエトルリア人に採用された。エトルリア人は紀元前700年には早々とギリシア・アルファベットを受け入れた。ギリシア文字を用いた所有者を示す碑文が、この時期から葬祭墓地に置かれるようになった花瓶や杯などの地位の高さを示す物品にみられる。エトルリア社会における書記の重要性と書かれた語に付された高い価値は、現存する碑文がしばしばその文書としての価値を帯びていると注目されることからも見て取れる。相当な量のエトルリア碑文が現存しており、花瓶や鏡の上に彫られたり、壁に描かれたりしているが、推定点数は9000点から1万3000点まで揺れがある。これは、イタリアで使われた他のラテン語ではない言語についてわずかしか碑文が現存していないのと比べるとはるかに多い。しかし、この多くの現存するエトルリア碑文は、もともと書き記されたものの一部を表わすにすぎず、エトルリア語については限られた洞察しか得られない。エトルリアの伝統文学や悲劇作家への言及はあるが、文学テキストは生き残っていない。現存する碑文は宗教や法律の慣習に関するものか、あるいは死者と近親者の名前以外にはほとんど何も伝えていない葬祭碑文である。

　紀元200年までに、ローマの支配によりエトルリア文化は吸収され、ローマ人はラテン語を記すのにエトルリア・アルファベットを採用していた。エトルリア人はギリシア・アルファベットの西の変種（「エウボイア」系）を用いており、それはいくつかの点で東の変種（「イオニア」系）、すなわち紀元前403年にアテネで使用が公的に認められ、現代ギリシア語でもまだ使われている古典ギリシア・アルファベットとは異なっている。この西の変種では、イータ＜Ｈ＞の文字は母音ではなく /h/ 音を表わしており、一方カイ＜Ｘ＞は /x/ 音（スコットランド英語 *loch*〔湖〕やドイツ語 *nacht*〔夜〕にある摩擦音）ではなく子音結合 /ks/ を表わした。このことにより、＜Ｈ＞と＜Ｘ＞という文字が古典ギリシア語とラテン語と

3 起源

でそれぞれ用いられながら異なる音を表わすのがなぜかがわかる。エトルリア文化を吸収したこちらの変種のギリシア・アルファベットが、ローマ人に受け継がれたのであり、彼らは自らさらなる改変を加えたのだった。エトルリア語は /b d g/ の音をもっていなかったので、ベータ <B> とデルタ <Δ> の文字を脱落させた。この文字はまだ知られてはいたので、ローマ人は単純にそれをラテン語におけるその2つの音を表わす方法として復帰させた。しかし、エトルリア人は /k/ 音を表わすのにガンマ <Γ> の文字——そのときまでには形は <C> となっていたが——は使用していたので、ローマ人が /g/ を表わすための文字は残っていなかった。最初はローマ人は /k/ と /g/ の両音のために <C> を用いており、*Gaius*（ガイウス）という名前がときに *Caius* と書かれたのはそのためだったのだが、のちに <C> を改変した別の文字が作られた。これが、われわれの現代の <G> の起源である。この文字はアルファベットの7番めの位置に、ローマ人がまったく用いることのなかったゼータ <Z> に置き換わるものとして加えられた。エトルリア人は カッパ <K> の文字も、彼らの体系には不要だったために放棄していた。ローマ人も <K> をほとんど利用せず、*Kalendæ*（朔日）のような少数の語のために取っておいたが、それは *Kal* という省略語が広く用いられたために保存されたものである。エトルリア人は /k/ を表わすのに第3の文字 <Q> をもっていたが、<QU> という組み合わせでしか用いられなかった。この使用制限はローマ人に引き継がれたし、今日英語のスペリングにも適用されているものである。

　エトルリア・アルファベットとそのギリシア語の先祖とのもう1つの区別は <F> の文字に関するものだった。これはギリシア語では「ダイガンマ」として知られ、/w/ 音を表わすのに用いられたが、エトルリア語では /f/ 音のために用いられた。/w/ 音はギリシア語で用いられなくなったので、<F> の文字は現代ギリシア語には生き残っていない。しかし、ローマン・アルファベットはエトルリア・アルファベットに基づいているので、そこでは /f/ 音を表わすの

65

に <F> が用いられつづけた。ローマ人は /w/ 音および母音の1つを表わすのに <V> を使う一方で、<I> は /i/ と /j/ の両方を表わした。ローマ人はのちに2つの文字を追加して補い、ラテン語に受け入れられたギリシア語からの借用語を書き表わすことができるようになった。1つめは <V> の文字から発展した変異形のユプシロン <Y> であり、ギリシア語のいくつかの語には見られたがラテン語にはなかった、フランス語 *tu*（君、おまえ）に使われる音に似た /y/ 音を表わすのに用いられた。2つめはゼータ <Z> の文字であり、ローマ人はこれをもともとの7番めの位置から早くに脱落させていたが、のちにアルファベットの最後に加えたものである。ローマ人にとって「シータ」「カイ」「ファイ」<Θ, Χ, Φ> のギリシア文字は必要ではなかったので、これらの文字は放棄された。これらの文字を含むギリシア語からの借用語を書く際には、ローマ人は <TH, CH, PH> の二重字を用いた。ローマ帝国の政治的支配により、ラテン語を書き表わすためにエトルリア・アルファベット経由でギリシア語から改変されたローマン・アルファベットが、英語を含めた多くの西欧の言語に用いられる基本のアルファベットとなっている。

　これまで見てきたように、アングロサクソンの写字生が古英語を書き記すのにローマン・アルファベットを採用した頃までには、その音と文字の対応づけの確立された伝統ができあがっており、その伝統をアングロサクソンの写字生は利用することができた。アングロサクソンの写字生はラテン語を書く訓練を受けていたため、すでにこの慣習には慣れており、多くの場合、英語の音を表わすのにローマ字を用いることはそれほど難しくなかった。特に子音についてはそうであり、子音はほとんどの場合、古英語の書記にきれいに対応づけられた。ローマン・アルファベットは <A B C D E F G H I K L M N O P Q R S T V X> の21文字からなっていたが、これまで述べたように <K> の文字の地位は高くなかった。ほとんどの場合、アングロサクソンの写字生は古英語の音を表わすのに適切なローマ

字を使えばよいだけだった。ちょうどローマ人が <K> をほとんど使わなかったように、この文字はアングロサクソンの写字生にはめったに使われなかった。前述のとおり、ローマ人は /ks/ という2音を表わすのに <X> の文字を用い、古英語も *æx* 'axe'（斧）や *axian* 'to ask'（尋ねる）、また *fixas* 'fishes'（魚たち）のような語にあるとおり、この習慣に従った。なお、*fixas* では、より古い段階での /sk/ が「音位転換」という過程により /ks/ 音へと転換している。ローマ人が *Iulius* 'Julius'（ユリウス）という名前のスペリングに見られるように <I> という1つの文字を母音と子音の両方に使っていたところでも、やはり古英語はこの習慣に従った。<J> の文字は、それ自身 <I> の文字を変形させたものだが、17世紀になってようやく英語のスペリングに導入されたものである。すべてのラテン語のスペリングの慣習が古英語で保持されたわけではない。ラテン語は <Q> の文字を <V> の文字との組み合わせで用いて、*quattuor* 'four'（4）や *equus* 'horse'（馬）にあるような /kw/ という2音を表わした。しかし、アングロサクソンの写字生はその用法は保持せず、代わりにこの音を表わすのに <cw> という組み合わせを用いて、*cwen* 'queen'（女王）などのように綴った。ただし、初期のテキストの中にはラテン語の慣習が輸入されている例も少数はある。

　古英語の母音はラテン語の母音を表わす文字で表記されたが、アングロサクソンの写字生はラテン語にはない母音を表わすのに2つの追加的な記号を必要とした。1つめは、現代英語 *apple* の音に似た前寄りの 'a' 音である。ラテン・アルファベットのこの欠陥を補うために、アングロサクソンの写字生は、同音に対応するルーン文字ᚠにならって <a> と <e> の文字を変形させた文字で、'ash-tree'「トネリコの木」を意味する *æsc* 'ash'（アッシュ）と称される文字 <Æ> を考案した。古英語はまた、現代英語には生き残っていない、現代フランス語 *tu*（君、おまえ）の母音に似た円唇前舌高母音を表わす記号を必要とした。この音を表わすのに、アングロサクソンの写字生は、もともとギリシア語の <Y> に由来し、ラテン・アルフ

67

ァベットの <U, V, Y> の3文字の究極の源である「ユプシロン」<Y> の文字を採用した。前述のように、ラテン語の <Y> はギリシア語からの借用語に限定されており、今日 *psychology*（心理学）や *cryptic*（秘密の）のような現代英語の語にもまだ残っているとおりである。この文字がギリシア語起源であることは、アングロサクソンの学者アルフリック自らが古英語で書いたラテン語文法書のなかで（37ページ参照）それを「ギリシア語の y」'se grecisca y' と呼んでいることにも示されている。今日われわれが用いている 'wy'（ワイ）という名前は1200年に初例が記録されているが、その起源は不詳である。アルフリックによるその文字の呼称については、フランス語とスペイン語でもやはり 'i grec' や 'i griega'（ギリシア語のi）と呼ばれているが、ドイツ語やイタリア語での 'ipsilon'（イプシロン）の呼称は明らかにギリシア語での呼称に由来する。

　古英語では、ラテン語に存在しない子音を表わすのにさらなる追加の文字が必要とされた。古英語には、（*this*〔これ〕にある）/ð/ と（*thank*〔感謝する〕にある）/θ/ の1組の子音のように、ラテン語には見られないいくつかの子音があった。最初期の古英語の写字生が採用した解決法は、ルーン文字に頼り、相当する記号を借用することだった。それで古英語では、/ð/ と /θ/ の音を表わすのに、*thorn*（とげ）に似ているのでそう呼ばれる「ソーン」'thorn' というルーン文字 <þ> が用いられた。ローマ人が /w/ 音のために <V> を用いていたところでは、古英語の写字生は、おそらく <V> の他の用法との混乱を避けるためだろう、これを「ウィン」'wynn' <ƿ> という別のルーン文字で代用した。ルーン文字のウィンは図3.2（60ページ）で〈monige〉で始まる行間注解の2行めの最初の文字として使われているのがわかるだろう。この文字は <p> や <þ> の文字と似ており、また、結果として古英語テキストの現代版においてはしばしば <w> で置き換えられる。<þ> と並んで、この2つの音を表わすのに用いられた別の文字 <ð> があり、これは <d> の文字の異形で、「エズ」'eth' <ð> として知られている。そ

68

の名前は、この文字がいまだ使われているアイスランド語に由来している。この文字は図3.2の2行めの2つめの語に2度現われる。\<þ> と \<ð> の文字は /ð/ と /θ/ の両方を区別なく表わすのに用いられたのであり、一方の文字を一方の音に当てて関連づけ、両者の区別をつけるという、明らかに有用な試みはなされなかった。したがって、ラテン・アルファベットは古英語の音体系に密接に関連づけられ、多くの文字が両言語で同じ機能を担ったものの、うまく一致しない点や乖離(かいり)することもままあった。古英語がラテン語にはみられない音をもっていたところでは、アングロサクソンの写字生は2つの主たる解決法を採用した。\<æ> や \<ð> の場合のように現存する文字を改変することと、\<þ> や \<p> の場合のようにルーン文字から文字を流用することだ。

これまでラテン語と古英語の文字使用の類似した点や重なる点に注目してきた。しかし、古英語で使われたローマ字がいつでもラテン語で表わしたのと同じ音を、あるいは今日、現代英語で表わしているのと同じ音を表わすと思い込まないことが重要である。現在、多くの現代諸言語はローマン・アルファベットを用いているが、だからといって、みな同じように使われているわけではない。われわれは今日固定化したスペリング体系をもっているために、文字と音の関係もまた固定化しており、たとえば \<v> の文字はいつでも /v/ の音を表わすにちがいないと思い込みやすい。前章で見たとおり、文字とそれに対応する音との関係は慣習的なものである。\<v> の文字が他の音ではなく /v/ の音を表わすものだという内在的な理由はない。

実際のところ、ラテン語の文字が古英語の音を表わすのに用いられる方法には、いくつかの違いがある。たとえば、\<g> の文字は、*good*（良い）の語頭に見られる硬い /g/ の音と *year*（年）の語頭に見られ、今日 \<y> の文字で表わされる軟らかい /j/ の音という2つの異なる音を表わすのに用いられた。今日2つの異なる文字を用いて区別している2つの異なる音を単一の文字を用いて表わしたという

のは、われわれにとっては奇妙に思われるかもしれない。アングロサクソンの読み手は、どちらの音が意図されているのかをどうやって見分けたのだろうか。古英語テキストの現代の校訂者は、現代の読者への手助けとして /j/ 音を表わすときには <g> の上に点を加えるのが習慣だが、アングロサクソンの読み手はそのような助けとなる標示を与えられなかったのだ。実際のところは、この方式は今日われわれが思うほどに混乱を引き起こすものではなかった。というのは、その文字の音は語のなかの位置に条件づけられていたからである。一般的に /j/ 音は、*gear* 'year'（年）や *geard* 'yard'（庭）といった語のように、舌を口の前寄りにして発音する前舌母音の前にみられる。一方で、硬い /g/ 音は *god* 'good'（良い）や *gold*（黄金）のように、口の後ろに舌を後退させて発音する後舌母音の前にみられる。古英語と現代英語の個々の文字使用にみられるもう 1 つの違いは <c> の文字の使用に関するもので、それは <g> の文字の場合と同様、語のなかでの位置によって支配されていた。<c> の文字は *cuman* 'come'（来る）のように後舌母音の前では硬い /k/ 音を表わすのに用いられたが、*cild* 'child'（子供）のように前舌母音の前に現われるときには、*church*（教会）の最初の音のように軟らかい /tʃ/ 音を表わす。<k> の文字は、ごくたまに *kyning* 'king'（王）のように前舌母音が後続するときに、硬い /k/ 音を表わすのに語頭で用いられる場合があったが、これは *cyning* というスペリングでは語頭を誤って /tʃ/ で発音してしまうかもしれないがゆえの代替的なスペリングだった。古英語の現代校訂者は、<c> が硬口蓋音 /tʃ/ を表わすときには、現代の読者への指南として点を付すが、先にも述べたとおり、アングロサクソンの読み手はこの種の手助けがなくとも区別をつけることができた。

　前に、ラテン・アルファベットを拡張するのにアングロサクソン人は、2 つの異なる方法を採用したことに触れた。ルーン文字の流用と、単一の文字を形成するのに 2 つの文字を組み合わせる合字という方法である。ラテン語にない音を表わすもう 1 つの方法として、

単一の音を表わすのに2つの別の文字を用いる二重字の方法があった。これは、アングロサクソンの写字生が /ʃ/ 音を表わすのに <sc> と綴ったときに採用した解決法だった。/sk/ 音は古英語では語頭に現われることはなかったので、この発音について混乱の可能性はなかった。tusc 'tusk'（牙）のように、混乱が起こりうる語末で <sc> が用いられる例はあったけれども、これは明らかに稀であり、さほど多くの困難を引き起こすわけではなかった。古英語で使われた文字の組み合わせでもう1つ見慣れないものは、ecg 'edge'（刃）のような語において /dʒ/ 音を表わす <cg> である。この方式には一般的に問題はなかったものの、古英語の写字生の中には混乱の可能性を懸念していた向きもいたようで、子音が /ʃ/ や /dʒ/ と発音されることを示すために <sc> や <cg> の後に黙字の <e> を加え、たとえば sceolde 'should'（～すべきである）や hycgean 'think'（考える）のようにした者もいたが、こうしたスペリングは広くは用いられなかった。

　アルファベットに文字を付け加えたり、いくつかの音を表わすのに二重字を使用したりする必要はあったけれども、古英語は <v> と <z> の文字については、ローマン・アルファベットにより両方とも知ってはいたものの、ほとんど使うことがなかった。<v> の文字は <u> の文字の異形であり、両方とも単一のローマ字に起源を持つ。尖った <V> は碑文で用いられたが、丸みを帯びた形は羊皮紙での書記に使用された。古英語では <u> は母音 /u/ に用いられ、<V> や <U> はその大文字に相当するものとして用いられた。いずれの文字も子音 /v/ を表わすのには用いられなかった。<z> の文字はギリシア語の「ゼータ」<Z> からラテン語へ取り入れられたが、一般的にはギリシア語からの借用語に限定されていた。また別の場合には、<s> の文字が無声音のみならず有声音をも表わすのに用いられることもあった。古英語にも似たような状況があり、<z> の文字は mertze 'merchandise'（ラテン語 mercem〔商品〕）で /ts/ 音を表わすなど、借用語にしか現われなかった。このことから

/v/ と /z/ の2音は古英語にはなかったものと思い込んでしまうかもしれないが、そういうわけではない。これらの音は古英語に実際に現われはしたのだが、その使用は語における位置に条件づけられていたのだ。/f/ 音は語頭と語末にのみ現われることができたが、/v/ 音は語中の位置に限られていた。このために、<f> という同じ文字を両音に用いることができた。/f/ と発音するか /v/ と発音するかを決める鍵は、語のなかでの位置にあった。これを例証するのに、名詞 wolf（狼）の単数形と複数形の古英語のスペリングを比較してみるとよい。現代英語では単数形の wolf は語末にあって /f/ を含んでいるが、語中では /v/ 音をもつため、wolf, wolves となる。古英語にも同じ分布が見られたが、wulf と wulfas のように、ここでは <f> の文字が両音を表わすのに用いられている。これは混乱を引き起こしかねないように思われるかもしれないが、アングロサクソンの読み手であれば、語のなかでの <f> の位置により、どちらの音が意図されているかがわかっただろう。この方式を唯一乱すことになったのは、語頭に /v/ をもち <v> で綴られた vannus 'fan'（扇）や versus 'verse'（詩）のようなラテン語からの借用語を受け入れたことである。これらの語は古英語では語頭の <f> で綴られた。fann の場合には、発音は /f/ へと変化し、われわれが用いる現代英語の発音になっている。fers は /v/ 音を保ちつづけ、のちに <v> で綴られるようになった。

　/f/ と /v/ を表わすのに用いられたのと同じ方式が、/s/ と /z/ 音の組にも適用された。<s> の文字が語頭か語末に現われるときには、/s/ で発音され、語中では /z/ の音となった。たとえば、名詞 hus 'house'（家）は無声の /s/ 音で発音されたが、その動詞 husian（収容する）では有声の /z/ 音となった。同じ区別は、現在の名詞 house と動詞 house（収容する）の発音にも観察され、そのような区別が houze のような異綴りを必要とせずとも保たれうることを示している。位置と用法に基づく「相補分布」と呼ばれるこの方式を採用した結果、古英語は <v> や <z> の文字のいずれも用いることがなか

72

ったのである。

　古英語と現代英語のスペリング体系にみられるもう1つの重要な
違いは、古英語では黙字が非常に少ないことである。ほとんどいつ
も、すべての文字が発音されるべく意図されていた。現代英語の話
者は黙字にあまりに慣れっこになっているので、なぜ表音文字のス
ペリング体系に発音されない文字が含まれているのか、たいてい疑
問にも思わない。このような黙字は、しばしば子供や非母語話者が
英語を読み書きするときに問題を引き起こすが、歴史言語学者にと
っては以前の発音への計り知れないほど貴重な手がかりである。た
とえば、*knot*（結び目）という語は語頭の <k> をもって綴られるが、
それはこの語の古英語でのスペリング *cnotta* に示されるように、
古英語ではそのように発音されたからである。これと同じ原理は、
lamb（子羊）や *comb*（櫛）（古英語 *lamb, camb*）における今では
無音の <b> のように、語末における黙字にもあてはまる。しかし、
無音の <b> で終わる語のなかには、古英語の発音を正しく反映し
ているものもある。たとえば、*thumb*（親指）という語は古英語
puma に由来し、<b> は13世紀になって付け加えられたものであ
るし、同じことが15世紀に <b> を獲得した *limb*（古英語 *lim*）
（肢）についても言える。これらの語で黙字の <b> が保たれたのは、
中英語期に *plumber*（配管工）や *tomb*（墓）のようなフランス語か
らの借用語が導入されたことによるあと押しも、おそらくあったろ
う。この <b> はラテン語形 (*plumbarius* と *tumba*) に由来するが、
発音されなくなっていたものである。古英語の語 *crum*（現代英語
crumb〔パンくず〕）は16世紀から発音されない <b> を伴って綴ら
れはじめた。だが、*crum* は *crumb* と並んで18世紀まで使われつ
づけてはいた。1755年のジョンソン博士の『英語辞典』では、2種
のスペリングが与えられている。その <b> の付加は *crumble*（砕け
る）という語において初めて記録されており、これは当然ながらい
まだに発音されているし、おそらく *crumb* において <b> が採用さ
れた原因ともなったろう。話者が /m/ の後に /b/ を付加する傾向

は、*þymel*（現代英語 *thimble*〔指ぬき〕）や *slumere*（現代英語 *slumber*〔まどろむ〕）のような語において古英語のスペリングにもたらされた別の変化においても見いだすことができる。現代英語 *bramble*（キイチゴ、イバラ）の場合には、古英語では *bræmel / bræmbel* のように <b> のないスペリングとあるスペリングがあり、付加された /b/ をもった発音がすでに行なわれていたことを示唆している。似たような発音変化は、古英語 *spinel*（紡錘）, *þunor*（雷）と現代英語 *spindle, thunder* を比較することによって見いだせる。両語ともに、/n/ の後に介入音（訳注：2音のあいだに非語源的に挿入される音）/d/ を獲得しているのだ。興味深いことに、この同じ変化は、オランダ語やドイツ語など他のゲルマン諸語でもたどることができるし、中スウェーデン語 *spinnil* に由来する現代スウェーデン語 *spindel* ‘spider’（蜘蛛）にも似たような変化の影響がみられる。古英語で /mt/ の子音群をもつ語には、介入音 /p/ の挿入もみられ、古英語 *æmtig*（空っぽの）と現代英語 *empty* の区別をもたらした。

　古英語には、現代英語の話者の目には馴染みのない子音群の例が多くある。そのなかには結果的に簡略化されたものもあるし、単語自体が廃れたものもある。たとえば、古英語には、語頭音 /fn/ で発音される子音群 <fn> で始まる単語がいくつかあった。この組み合わせは、もはや現代英語のいかなる単語の語頭にもみられない。これらの単語には何が起こったのだろうか。動詞 *fneosan*（くしゃみをする）についていえば、語頭の /f/ は中英語期に発音されなくなり、*fnese* とは別に *nese* という異綴りが生じた。<f> はもはや発音されなくなったために、中世筆記文字の長い s と混同されはじめ、これによって現代の形 *sneeze*（くしゃみをする）が生まれて、最終的に *fnese* を完全に置き換えてしまった。『オックスフォード英語辞典』（*OED*）の示唆するところによれば、*sneeze* はその「音声上の適切性」ゆえに *fnese* を置き換えたのかもしれないという。つまり、そのほうがくしゃみの音により類似していると感じられたからだろうというのだ。これは興味をそそる説だが、実証するのは難し

74

い。また別の古英語の単語群として <gn> で始まるものがあり、語頭音 /gn/ をもって発音されていた。これらの単語のなかには、*gnorn* 'sorrow'（悲しみ），*gnidan* 'to rub'（こする）のように廃用となったものもあれば、*gnat*（古英語 *gnæt*〔ハエ〕），*gnaw*（古英語 *gnagan*〔かじる〕）のようにスペリングに <gn> を保持しているが、発音を /n/ へと簡略化させたものもある。似たような変化は他のゲルマン諸語にも記録されている。1例として、古英語 *gnagan* 'gnaw'（かじる）の同根語形をいくつか比べてみたい。現代ドイツ語には、古高地ドイツ語 *gnagan* に対応する動詞 *nagen* があり、現代アイスランド語には、古ノルド語 *gnaga* に対応する *naga* がある。現代英語の単語で語頭に <wr> をもつ *write*（書く），*wreath*（花輪），*wrath*（激怒）などは、語頭音 /w/ を伴った発音を反映した古英語のスペリングを保存している（古英語 *writan, wriða, wræððu*）。ある組み合わせにおいては、語頭の /w/ は、古英語 *wlispian*（現代英語 *lisp*〔舌足らずで話す〕）にみられるように、英語史の非常に早い段階で脱落した。古英語の組み合わせ <hl>, <hn>, <hr> はすべて語頭の /h/ を伴って発音された（*hlaf* 'loaf'〔パン〕，*hnutu* 'nut'〔ナッツ〕，*hring* 'ring'〔指輪〕）が、この音はこれらの語の歴史の早い段階で消失し、結果としてわれわれの現代のスペリング体系にはこの発音の痕跡はまったく残っていない。これらの発音が早くに簡略化したということは、おそらく英語話者が語頭の /h/ を脱落させる傾向、今日の h の脱落として知られる現象を反映したものだろう。h の脱落はぞんざいで無学な行為として一般に非難されているが、実際には英語の大多数の方言で確認される、非常に広くみられる現象であり、アングロサクソン人にまで遡ることができる。のちに失われた、語頭の /h/ をもつ古い発音の痕跡を保持しつづけている唯一の単語群は、現代では語頭の <wh> で綴られる語（*what*〔何〕，*where*〔どこで〕，*whale*〔鯨〕〔古英語 *hwæt, hwær, hwal*〕）である。これらの語は、古英語では語頭の /hw/ をもつ発音を反映した語頭の <hp> をもって綴られた。この発音は他の子音群と似たような方

75

法で簡略化されたが、ただしそれが比較的遅くに起こったので、結果としてわれわれの現代のスペリング体系に痕跡を残しているのである。この子音群の簡略化が、考察してきた他の場合と異なっていることは、スコットランドやアイルランドの英語話者が、そのような語を、語頭の <hw> をもって綴られるかのように発音しつづけているという事実からも明らかである。しかし、現在は語頭の <wh> で綴られている語でも、語頭の <w> が古英語の発音ではなく初期近代のスペリングの変化であることを証明しているような例がいくつかある。それは現代英語の *whole*（全体の）や *whore*（売春婦）という単語であり、古英語では *hal* や *hare* と綴られていたものである。この2例は16世紀に起こったより広範なスペリング改革の一部であり、*whom* 'home'（家庭），*wholy* 'holy'（神聖な），*whoord* 'hoard'（蓄え），*whote* 'hot'（熱い），*whood* 'hood'（ずきん）といった多くの語が語頭の <wh> をもって綴りなおされたのだった。だがこれらの改革されたスペリングのうち、生き残っているのは *whole* と *whore* のみである。この2つの非語源的なスペリングが保持された理由は、おそらく同音異義語 *hole*（穴），*hoar*（白髪の）と書き分けることが有用だったためだろう。

folk（人々），*chalk*（白亜），*half*（半分）のような現代英語の単語も、黙字の <l> をもっているが、<l> を発音した古英語の単語 *folc*, *cealk*, *healf* に由来する。<l> がもっとかなり早い時期に脱落しており、結果としてこれが現代のスペリングに反映されていないような他の例もある。たとえば、*swilc* 'such'（そのような）や *hwilc* 'which'（どちら）である。

いくつかの古英語単語のスペリングに働きかけて現代英語にまで影響を及ぼしたもう1つの変化に、「異分析」metanalysis として知られるもの、すなわち語形が再解釈され、新しい形式が作り出される過程がある。この過程の好例として古英語の単語 *næddre*（蛇）に関するものがある。その語が不定冠詞に先行されて *a næddre* となったときに、誤って *an addre* と解釈され、現代英語の *adder*（毒

蛇）を生み出したという例である。現代英語の単語 *newt*（イモリ）では逆のことが起こっており、これはもともとは古英語 *efeta*（イモリ）に関連する語 *an ewt* が再解釈されたものである。ある種の古英語単語とその現代英語形とのスペリングの差違を生み出した別の変化に、「音位転換」'metathesis'——ある音が転置される過程を指す用語——として知られるものがある。ここまでに *axian* 'to ask'（尋ねる）や *fixas* 'fishes'（魚たち）という語で /ks/ が転置した例において、この変化について述べた。同じ過程により、古英語 *brid* 'bird'（鳥）や *þridda* 'third'（3番めの）や *nosterl* 'nostril'（鼻孔）が影響を受けた。

　古英語単語の大多数はゲルマン語由来であった。これが意味するのは、それらが今日の学者が「ゲルマン祖語」と呼ぶ仮説上の言語に由来するということである。ゲルマン祖語とは、ドイツ語、オランダ語、ノルウェー語、デンマーク語、アイスランド語を含む、現存するすべてのゲルマン諸語の派生元となる言語変種である。新語の形成が必要となるときには、ゲルマン諸語は、2語をつなぎ合わせる「複合」や既存の語に接頭辞や接尾辞を付加する「接辞添加」といった内的な語形成法を用いることを好む傾向があった。これは、いまなお現代英語に普通にみられる特徴であり、*lunchbox*（弁当箱）, *motorway*（高速道路）, *railway station*（鉄道駅）のような近年の新語にも見られるとおりである。しかし、現代英語はしばしば他言語からの語の借用も行なっており、これは *chic*（シックな、粋な）, *mangetout*（スナップエンドウ）のようなフランス語の単語を考えてみればわかる。これらの語はフランス語の発音もスペリングも保持しながら英語に持ち込まれたために、古英語期に確立した発音とスペリングの対応パターンを乱すことになっている。ここで取り上げた2つの例では、*chic* では <ch> は /tʃ/ ではなく /ʃ/ に対応し、*mangetout* では <g> のスペリングは /dʒ/ ではなく /ʒ/ を表わすのだ。

　借用による英語のスペリングへの影響については、次章で、非常

に多くの外来語が英語に入った時代を扱うときにもっと詳しく検討する。しかし、古英語は既存の語を用いて新語を形成するのを好む傾向があった一方で、ある程度の数のラテン語起源の語が英語に借用されもした。ラテン語の影響は、3つの異なる段階で到来した。ラテン語からの借用の第1波は、アングロサクソン人の植民の初期のあいだに生じた。第2波は、7世紀初頭に生じたキリスト教化の過程の直接の結果だった。第3波は、大陸で始まっていて、10世紀にイングランド教会にも影響を与えはじめていたベネディクト改革（修道院改革運動）の動向と関連していた。ラテン語の影響の第1波は、アングロサクソン人の侵略以前にブリテン島を占領していた、ローマ化したブリトン人の話すラテン語から直接来たものだった。*munuc* 'monk'（ラテン語 *monachus*〔修道士〕）, *mynster* 'monastery'（ラテン語 *monasterium*〔修道院〕）, *mæsse* 'mass'（ミサ）のような宗教用語もいくつかあったが、この時期に借用されたラテン語の単語はたいてい普通の日常語である。ラテン語からの借用の第2期は、イングランドのキリスト教化に続いて起こったが、宗教や学問に特化した語がいくつも借用される結果となった。これらの語の大半は学問的なものであり、おそらく書き言葉に限定されていただろう。これには、*apostol* 'apostle'（ラテン語 *apostulus*〔使徒〕）, *abbod* 'abbot'（ラテン語 *abbadem*〔大修道院長〕）, *fenix* 'phoenix'（ラテン語 *phoenix*〔不死鳥〕）, *biscop* 'bishop'（ラテン語 *episcopus*〔司教〕）といった語が含まれる。

　これらの借用語について際立っているのは、発音とスペリングが古英語の慣習に同化しており、スペリングと発音の対応が乱されずにすんだことである。たとえば、古英語の前舌円唇母音 /y/ を示している *mynster* のスペリングや、古英語の前舌母音を示す古英語 *mæsse* の <æ> に注目されたい。語頭の <f> をもつ古英語の *fenix* のスペリングは、その語がラテン語と同様に発音されていたが、スペリングは古英語の慣習を反映して変えられたことを表わす。古英語の *biscop* のスペリングはラテン語 *episcopus* のスペリングに似

ているようにみえるが、発音は今日も *bishop* において聞かれる /ʃ/
音に変化しており、したがって \<sc\> のスペリングは古英語の慣用
を保っていたのである。同化の過程は、同じラテン語根から15世
紀に借用されたがラテン語のスペリングと発音を保っている、のち
の借用語 *episcopal*（監督の）の運命と比べてみると、いかにも対照
的である。しかし、10世紀のラテン語からの借用の第3段階では、
古典ラテン語からの借用語で、同じようには英語に融和されなか
ったものもいくつかあった。これらの専門語では外来語としての
地位が、ラテン語風のスペリングや構造を保持することで強調さ
れたのである。これは、10世紀の古英語単語 *magister*（ラテン語
magister〔師〕）と、同じラテン語の単語に由来する、より早い借用
語 *mægester*（師）とを比較すればわかるだろう。早い借用では古英
語の慣習に従って綴りなおされたのに対して、のちの受容では古典
ラテン語のスペリングが保たれたのである。

　古英語で書かれた現存する写本をもとにした再建からは、4つの
異なる方言、すなわちウェストサクソン、マーシア、ノーサンブリ
ア、ケント方言が用いられていたとわかる。しかし、古英語期の終
わりにかけて、そのうちの1つ、今日では後期ウェストサクソン方
言として知られるものが、それを母方言とするウェセックスの地の
外でも用いられはじめた。この方言が優勢だったのは、ウィンチェ
スターのウェストサクソン教区の司教アゼルウォルドの影響による
ものだった。彼は、大陸におけるクリュニーなどの修道院の建設と
ともに始まったベネディクト改革に刺激を受け、学問と読み書きの
改革を始め、土着語への関心とウェストサクソン方言を用いた古英
語での執筆の隆盛をもたらした。アゼルウォルドの花形門下生の1
人であるアルフリックは、サーン・アバスの修道僧となり、それか
らエインシャムの修道院長となった人物であり、説教集や聖者伝を
ものした多作の著者だった。アルフリックはアゼルウォルドのもっ
ていた言語学的な関心を共有しており、ラテン語を教えるのに英語
を用いた文法書を書いた。アルフリックの古英語への関心は、写本

にみられる、スペリング、文法、語彙におけるかなりの一貫性からも明らかである。これらの写本の注記や修正といった証拠が示しているのは、アルフリック自身が、さらなる一貫性と規則性を求めて自著の以前の写本を監修し、修正したことである。これは、後期ウェストサクソン方言が、機能上は今日の標準英語の書き言葉に似た、古英語の「標準的な」書記言語だったということだろうか。標準語の資格を得るためには、変種は、もはや特定の地域とは結びついていないという意味で「超地域的」でなければならない。後期ウェストサクソン方言の場合には、この条件が満たされていたように思われる。一南西方言として生まれたが、ウィンチェスターの修道院の重要性ゆえに、それはカンタベリー、ウスター、ヨークなど他のいくつかの教会の中心地でも採用されるようになった。標準的な書き言葉はまた、種々の言語的機能のために用いられなければならないという意味で、「洗練」されていなければならない。ちょうど現代標準英語のスペリングがあらゆる種類の書記言語テキストに使用されているのと同様に、後期ウェストサクソン方言は、『アングロサクソン年代記』*Anglo-Saxon Chronicle*、ベーダの『英国教会史』*Historia Ecclesiastica Gentis Anglorum* などのラテン語の「古典書」の古英語翻訳、聖グレゴリウス1世の『対話篇』*Dialogues* を含む種々のジャンルの古英語テキストを写すのに用いられた。きわめて印象的なのは、現存する古英語詩を収めた主要な写本の4つのすべてが、個々の詩はずっと早い時期に異なる方言で書かれているにもかかわらず、また後期ウェストサクソン方言で写されていることだ。

　では、後期ウェストサクソン方言は古英語の標準とされていたのだろうか。ある意味では、答えは明確にイエスである。ただし、完全な標準化を獲得したわけではなかったことは強調しておかねばならない。後期ウェストサクソン方言で写された写本は確かにかなりの内的な一貫性と規則性を示しているが、現代の標準英語の書き言葉であれば許容されないほどの変異を許している。このことは、も

ともと書かれたり伝承されてきた方言とは異なる種々の方言の痕跡
をとどめた、大部の詩選集において、おそらく最も明確である。写
字生たちは、これらのテキストに有力な後期ウェストサクソン方言
を押しつけながらも、じつに広範な非ウェストサクソン的形態を許
容するのにやぶさかではなかったことが明らかだ。もう1つの限界
は、地理的な拡散に関するものである。後期ウェストサクソン方言
は明らかに洗練されておりウェセックス地方の外でも受け入れられ
ていたが、その影響はほぼ教会の中心地に結びついたもので、地域
によってはスペリングと語彙に差異もみられた。また、後期ウェス
トサクソン方言が唯一の威信のある書記言語の変種としてはみられ
ていなかったことを示す証拠もある。この時期、中部のマーシア方
言で書かれたテキストはより少ないながら、この方言はリッチフィ
ールドの修道院の威信によって強化され、対抗的圧力を加えていた
ようにみえる。マーシアの文語は9世紀初頭に栄え、それは8世紀
にケントで初めて写された「ウェスパシアヌス詩篇」"Vespasian
Psalter"として知られる詩篇の豪華な写しに加えられたマーシア方
言による注解によって示されるとおりである。マーシアの文語変種
は11世紀にも威信を保ちつづけ、聖チャドの伝記がこの方言で書
かれた。13世紀初頭に至っても、英語による作品はマーシア方言
に結びついた慣習の継続を示している。しかし、これら2変種のい
ずれも、完全には固定化せず、体系化されることもなかったという
意味で、完全な標準化を獲得するには至らなかった。

　古英語のテキストがどのような見た目であるかを知ってもらうた
めに、以下に後期ウェストサクソン方言で写された福音書の古英語
訳の抜粋を掲載する。その下に、古英語訳と現代英語訳の詳細な比
較を可能にするために、新国際版からの対応する抜粋を付した。

マルコによる福音書4.1－9──種を蒔く人の寓話

And eft hē ongan hī æt þǣre sǣ lǣran; and him wæs mycel
menegu tō gegaderod, swā þæt hē on scip ēode, and on þǣre

sæ wæs; and eall sēo menegu ymbe þā sæ wæs on lande. And hē hī fela on bigspellum lǣrde, and him tō cwæð on his lāre, 'Gehȳrað: ūt ēode sē sǣdere his sǣd to sāwenne. And þā hē sēow, sum fēoll wið þone weg, and fugelas cōmon and hit frǣton. Sum fēoll ofer stānscyligean, þǣr hit næfde mycele ēorðan, and sōna ūp ēode; and for þām hit næfde eorðan þiccnesse, þā hit ūp ēode, sēo sunne hit forswǣlde, and hit forscranc, for þām hit wyrtruman næfde. And sum fēoll on þornas; þā stigon ðā þornas and forðrysmodon þæt, and hit wæstm ne bær. And sum fēoll on gōd land, and hit sealde ūpp stīgende and wexende wæstm; and ān brōhte þrītigfealdne, sum syxtigfealdne, sum hundfealdne.' And hē cwæð, 'Gehȳre, sē ðe ēaran hæbbe tō gehȳranne.'

新国際版

Again Jesus began to teach by the lake. The crowd that gathered around him was so large that he got into a boat and sat in it out on the lake, while all the people were along the shore at the water's edge. He taught them many things by parables, and in his teaching said: 'Listen! A farmer went out to sow his seed. As he was scattering the seed, some fell along the path, and the birds came and ate it up. Some fell on rocky places, where it did not have much soil. It sprang up quickly, because the soil was shallow. But when the sun came up, the plants were scorched, and they withered because they had no root. Other seed fell among thorns, which grew up and choked the plants, so that they did not bear grain. Still other seed fell on good soil. It came up, grew and produced a crop, some multiplying thirty, some sixty, some a hundred times.' Then Jesus said, 'Whoever has ears to hear, let them hear.'

(http://www.biblica.com/bible/online-bible/niv/mark/4)

（イエスはまたも、海べで教えはじめられた。おびただしい群衆がみもと
に集まったので、イエスは舟に乗ってすわったまま、海上におられ、群衆
はみな海に沿って陸地にいた。イエスは譬（たとえ）で多くの事を教えられたが、そ
の教（おしえ）の中で彼らにこう言われた、「聞きなさい、種まきが種をまきに出て
行った。まいているうちに、道ばたに落ちた種があった。すると、鳥がき
て食べてしまった。ほかの種は土の薄い石地に落ちた。そこは土が深くな
いので、すぐ芽を出したが、日が上ると焼けて、根がないために枯れてし
まった。ほかの種はいばらの中に落ちた。すると、いばらが伸びて、ふさ
いでしまったので、実を結ばなかった。ほかの種は良い地に落ちた。そし
てはえて、育って、ますます実を結び、三十倍、六十倍、百倍にもなっ
た」。そして言われた、「聞く耳のある者は聞くがよい」〔口語訳〕）

　この寓話の古英語訳と新国際版のあいだには多くの差異があるが、
ここではスペリングの差異に焦点を当てよう。いくつかの単語はま
ったく同じように綴られており、これは古英語と現代英語のスペリ
ングの習慣の継続性をきわだたせている。したがって、古英語単語
and（そして），*he*（彼は），*him*（彼を），*on*（～の上に），*up*（上へ），*for*（～
のために）を認識するのには、まったく問題がないだろう。これら
の単語はみな、接続詞、代名詞、前置詞といった機能語であり、言
語の基本要素であるから、この2つの翻訳を分かつ千年のあいだに
も変化してこなかったのは驚くべきことではない。しかし、他の多
くの語も、スペリングが変化しているために気づきにくいというこ
とはあるが、現代英語形と同一なのである。ある場合には、古英語
の文字 <þ, ð, æ> が、これらの単語間の類似性を覆い隠してしまっ
ている。<þ, ð> を <th> で置き換えれば、*þornas* 'thorns'（とげ）
や *forð* 'forth'（前へ）のような語はすぐに認識できるようになる。
wæs, æt, þæt について <æ> を <a> で置き換えれば、容易に現代英

語の対応語 *was*（〜だった）, *at*（〜で）, *that*（あれ）（訳注：ここでは接続詞として）を認めることができる。*sǣd* の <ǣ> を <ee> で置き換えれば、現代英語形 *seed*（種）とわかるし、*sǣ* という語では <ǣ> は現代の *sea*（海）の <ea> に対応しているのである。

　ある音を表現する慣習が古英語と現代英語で異なることにより、対応関係が見えなくなっている場合もある。*mycel* という語は現代英語の *much*（多くの）に対応するが、主たる違いは古英語では /tʃ/ 音を表わすのに <c> の文字を用いるのに対し、現代英語ではこの音は二重字 <ch> を用いて綴るということである。前述したように、古英語では <c> の文字は /k/ 音を表わすのにも用いられた。古英語では、<k> の文字はほとんど使用しなかったのである。このことを理解すれば、*þiccnesse* という単語がじつは現代英語の *thickness*（厚さ）だとすぐにわかるだろう。*ofer*（〜の上に）という単語では、<f> の文字は有声音 /v/ を表わす。<f> を <v> に変えてみれば、これが現代英語の *over* になったのだとすぐにわかるはずだ。<g> の文字は、古英語では /g/ と /j/ の両音を表わすのに用いられたが、現代英語では語末の /j/ 音は通常 <y> で綴られる。この法則を *weg* という語に適用すれば、おそらくそれが現代英語の *way*（道）であると気づくだろう。*scip* という語は、/ʃ/ 音を表わす二重字 <sc> を用いる古英語のスペリングの習慣を表わしているが、現代英語ではこの音を <sh> と綴るので、対応語は *ship*（船）ということになる。もう少し複雑な例は、*cwæð* である。ここでは、対応形を同定するのに一連の調整を加える必要がある。とはいっても、この例では単語は初期近代期に廃語となっており、今日では古風な用法として知られているにすぎないのではあるが。二重字 <cw> は、古英語では2音 /kw/ を表わすのに用いられたが、今日ではこの2音は <qu> と書かれる。先に見たように、<ð> は現代英語の <th> に対応し、この語における <æ> は <o> に対応するので、この語はすなわち *quoth*（〜と言った）ということになる。古英語と現代英語の母音の相互関係は子音の場合よりもずっと不安定だが、

84

3 起 源

ここですらいまなおある程度の基本的な対応関係はあり、英語史の
さまざまな時点で特定の母音に生じたある音変化を反映しているの
である。*lāre* や *stān* において <ā> で綴られる長い 'a' 音は、今で
は /əʊ/ か /ɔː/ となっており、たいてい語末では <o> とそれに続く
<e> で綴られる。この規則を当てはめれば、この2つの単語が *lore*
（知識）と *stone*（石）であることを見て取るのは容易だろう。<o>
で綴られた古英語の長い 'o' 音は、一般的に現代英語では <oo> で
綴られる。この対応により、*god* が *good*（良い）であり、*sona* が
soon（まもなく）であると見て取ることができる。

このサンプルテキストでは比較のための基準として校訂されたテ
キストを用いており、これによって古英語と現代英語のスペリング
のあいだの差異がいくらか解消されているので、われわれが2つの
版の対応を見つけることも容易となっている。現代の校訂者が、現
代の読者にとって読みやすいように古英語テキストをいかにして改
訂しているか、その一端を知ってもらうために、有名なアングロサ
クソンの叙事詩『ベーオウルフ』*Beowulf* の冒頭を比較できるよう
に、その唯一の現存する写本の複写版（図3.3）とともに以下に示
そう。

　『ベーオウルフ』の冒頭の校訂版

Hwæt, wē Gār-Dena　　　in gēardagum,
þēodcyninga,　　þrym gefrūnon,
hū ðā æþelingas　　ellen fremedon.
　　Oft Scyld Scēfing　　sceaþena þrēatum,
monegum mǣgþum,　　meodosetla oftēah,
egsode eorlas,　　syððan ǣrest wearð
fēasceaft funden,　　hē þæs frōfre gebād,
wēox under wolcnum,　　weorðmyndum þāh,
oðþæt him ǣghwylc　　þǣr ymbsittendra
ofer hronrāde　　hȳran scolde,

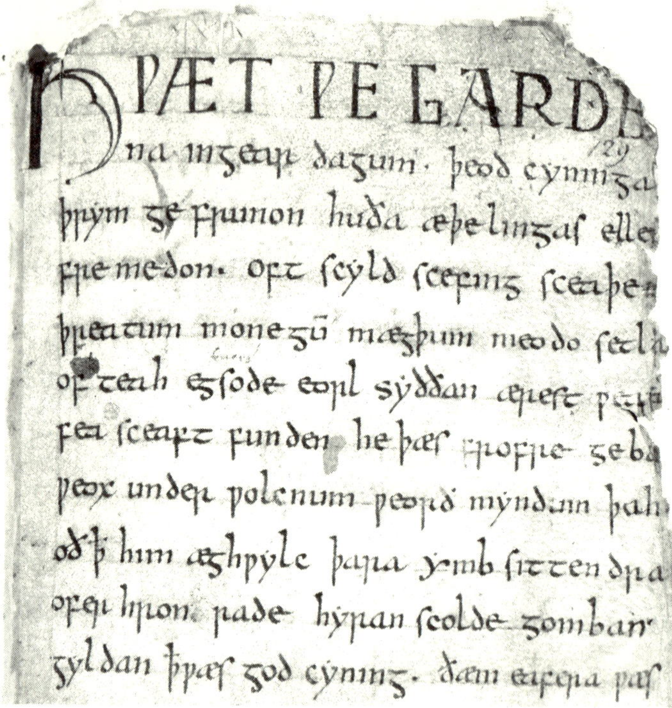

図3.3 『ベーオウルフ』写本　©British Library/ユニフォトプレス

gomban gyldan.　　　þæt wæs gōd cyning!
　　（G・ジャック編『ベーオウルフ』、オックスフォード、
　　　　　　　　　　　　　　　1994年、ll. 1 - 11）

　（いざ聴き給え、そのかみの槍の誉れ高きデネ人の勲、民の王たる人々
の武名は、／貴人らが天晴れ勇武の振舞をなせし次第は、／語り継がれて
われらが耳に及ぶところとなった。／　シェーフの子シュルドは、初めに
寄る辺なき身にて／見出されて後、しばしば敵の軍勢より、／数多の民よ
り、蜜酒の席を奪い取り、軍人らの心胆を／寒からしめた。彼はやがてか

86

つての不幸への慰めを見出した。／すなわち、天（あめ）が下に栄え、栄光に充ちて時めき、／遂には四隣のなべての民が／鯨の泳ぐあたり（いさな）を越えて彼に靡（なび）き、／貢（みつぎ）を献ずるに至ったのである。げに優れたる君王ではあった。

〔『ベーオウルフ』忍足欣四郎訳、岩波文庫、1990年、p.15-6〕）

　読者が校訂されたテキストと写本を比較する際に直面するおそらく最も顕著な差異は、異なるレイアウトに関するものだろう。現代版が詩を一連の個別の行——それぞれが空白で区切られた2つの半行に分けられているが——で提示しているのに対して、写本では詩をあたかも散文であるかのようにレイアウトしている。単語のあいだに空白はあるけれども、これらの空白の大きさはあまり一貫しておらず、あたかも1語であるかのように隣の語と密着して書かれている場合もあれば、複合語の2要素があたかも別々の語のように書かれることもしばしばである。これは、写本の第2行で、前置詞 *in* が直後の名詞 *gēar* とくっついているようにみえ、また *gēar* 自身が複合語のもう1つの要素である *dagum* から離れていることからもわかるだろう。このいくぶん混乱を招くレイアウトは、現代版では調整されており、語の分割は現代英語の慣習に適合させている。しかし、これらの一貫性のなさが、われわれにとっては混乱を招き、不親切であるとしても、思い出すべきなのは、語の分割や語間の空白の使用は、『ベーオウルフ』の写本が書かれたときには比較的新しい現象だったということである。古代では、写本は *scriptio continua*（続け書き）、すなわち語間に空白などない続け書きを用いて書かれていた。今日行なわれているように語を分割する慣習は、キリスト教をノーサンブリア人へ伝えたアイルランドの僧侶によって導入されたのである。

　もう1つの明らかな違いは、写本中の比較的まばらな句読法に関することである。カンマ、セミコロン、大文字、感嘆符はすべて現代の校訂者による介入である。写本で使われている唯一の符号は、'punctus'（点）と呼ばれる、われわれのピリオドの先祖である。も

う1つの校訂者による直接スペリングに関わる割り込みは、冒頭の語 *Hwæt* に見られる。写本におけるこの語の第2文字は、ルーン文字のウィン wynn <ƿ> であり、これはアングロサクソンの写本では /w/ 音を表わすのに用いられたが、現代の校訂者によって <w> の文字で置き換えられるのが通例である。もう1つの校訂上の慣習は、'macron'（長音記号）の付加、長母音を標示するのに付加される上線に関するものである。これは、古英語の写本ではともに *god* として綴られる *God*（神）と *good*（良い）などのように、古英語のスペリングではまったく同形となる一組の語を区別するために、とくに便利な助けとなってくれる。前述したように、古英語のインシュラー書体はいくつかの区別される字形を用いており、それは『ベーオウルフ』写本のここの箇所でも見られるが、これらの区別の1つとして現代版には見出すことができず、そこでは単にインシュラー書体の文字を現代英語の対応文字で置き換えてしまっている。さらにもう1つ違いを挙げると、省略形の扱いに関するものがある。『ベーオウルフ』写本の図版の前に収録した抜粋部分には、2カ所で見られるものだ。すなわち *monegu* の最後の文字（*u*）の上にある、末尾の <m> の省略を示す長音記号と、*that* を表わす横棒付きのソーン thorn の文字 <Þ> である。

　ここまで論じてきた古英語のスペリングの2つの例においては、後期ウェストサクソン方言、すなわち古英語表記のためにもっぱらとはいわずとも広く用いられた古英語の標準化された1変種で書かれたテキストに焦点を当ててきた。古英語のスペリングが異なる方言間でいかに異なっていたかを理解してもらうために、以下に異なる方言で書かれた同じテキストの2つの写しを掲載した。このテキストは天地創造と創造者をたたえる短詩であり、ベーダの『英国教会史』に記録されているもので、ベーダはこれをキャドモン Cædmon という読み書きのできない牛飼いの奇跡的な霊感による作としている。ベーダは、キャドモンの用いた「実際の言葉ではなく全般的な意味」を記録し、キャドモンの賛歌をラテン語に訳すこ

とで、この奇跡の報告をラテン語で書いた。ベーダの作品はのちに古英語に翻訳され、後期ウェストサクソン方言で書かれたこの翻訳の写しが複数残っている。しかし、8世紀初頭にジャローの町にあるベーダ自身の修道院で作られた、ベーダのラテン語による原本を写した現存する最初期の写本のうちの2つには、その賛歌の英語版が余白に付け足されており、それはノーサンブリア方言で写されているのだ。ノーサンブリア方言による写しの1つと後期ウェストサクソン方言の翻訳を比較してみると、いくつかのスペリングの違いを見て取ることができる。

ウェストサクソン方言版

Nu sculon herigean heofonrices þeard,
Meotodes meahte ond his modgeþanc,
þeorc þuldorfæder, sþa he þundra gehþæs
ece Drihten, or onstealde
He ærest sceop eorðan bearnum
heofon to hrofe, halig Scyppend.
Þa middangeard monncynnes þeard,
ece Drihten, æfter teode
firum foldan, Frea ælmihtig.

ノーサンブリア方言版

Nu scylun hergan hefaenricaes Uard,
Metudæs maecti end his modgidanc,
uerc Uuldurfadur, sue he uundra gihuaes,
eci Dryctin, or astelidæ.
He aerist scop aelda barnum
heben til hrofe, haleg Scepen.
Tha middungeard moncynnæs Uard,
eci Dryctin, æfter tiadæ

firum foldu, Frea allmectig.
（D・ホワイトロック編『スウィートのアングロサクソン読本』*Sweet's Anglo-Saxon Reader*、オックスフォード、1984年、p.467 および p.181 -2）

（いざ、天の国の守護者を讃えんとす／造物主の御力とその御心を／栄光ある父の御業を、奇跡のすべての／始まりを、とこしえの主が打ち立て給うたゆえに／彼は初めに地の（人の）子らのために創った、天を天井として／聖なる造物主は創った／世界を人類の守護者は／とこしえの主は、のちに創った／人々のために堅き地を、全能の支配者は）

　おそらく最も明白な違いは、後期ウェストサクソン方言版の写しでは /w/ 音のためにルーン文字 <p> が採用されている一方で、ノーサンブリア方言のテキストでは <u> を用いるラテン語の慣習が引き継がれていることだろう。ノーサンブリア方言版のテキストには、ルーン文字 <þ> も欠けており、代わりに二重字 <th> が用いられている。別のスペリングの差異は、ノーサンブリア方言版では *heben* 'heaven'（天国）の /v/ 音を表わすのに <b> が用いられていることだ。この慣習は他のノーサンブリア方言によるテキストにも、*of* の代わりに *ob* を用いるスペリングの方法として現われるのではあるが、ここではその慣習は採用されているといってもほとんど一貫したものではない。その2語あとにある *hrofe* という単語は、現代英語の名詞 *roof*（屋根）の屈折形で、/v/ 音で発音されたが、<f> で綴られている。後期ウェストサクソン方言版では軟口蓋摩擦音 /x/ を表わすのに *meahte*（力）や *ælmihtig*（全能の）のように <h> が用いられているが、ノーサンブリア方言版ではこの音は *maecti* や *allmectig* のように <c> で綴られている。*sceop*（創った）のスペリングの使用においては、ウェストサクソン方言版テキストには、先行する子音が口蓋化（訳注：後ろ寄りの軟口蓋の音が前寄りの硬口蓋を用いた発音へ変化すること）されているのを標示する黙字の <e> の使用

3　起源

――この場合にはこの語の /ʃ/ の発音と /sk/ を区別する用法――の慣習が発達していたことが示されている。ノーサンブリア方言版のテキストでは、そのような曖昧さの排除はなされておらず、単にこの語を *scop* と綴っている。他のスペリングの違いとしては、発音の変異を反映しているように見えるという点で、異なる種類のものがみられる。後期ウェストサクソン方言版で *Weard* （ウェストサクソン方言版 'peard'〔守護者〕）, *bearnum* （子らのために）, *heofon* （天）に二重母音があり、対するノーサンブリア方言版テキストで *Uard*, *barnum*, *heben* となっていることは、ずっと前の時代の音変化に起因する、この時点における南北方言の発音の違いを反映している。北部諸方言においては古英語の屈折体系の崩壊と消失現象が先に進んでいたのだが、この現象に影響を及ぼした変化の証拠となる別のスペリングの違いもみることができる。その変化の過程は、ウェストサクソン方言版の屈折形 *foldan*（地を）とノーサンブリア方言版のスペリング *foldu* の対比においてみられるように、後者は末尾の鼻子音の消失を示しているのである。方言の違いはまた、単語の選択においても明らかである。後期ウェストサクソン方言版には古英語の前置詞 *to* がみられるのに対し、ノーサンブリア方言版では非常に早い借用の例であるがスカンディナヴィア語の同根語の形態 *til* が現われている。

　この2つのテキストは異なる場所かつ異なる時代に写されたものではあるが――ノーサンブリア方言版は735年のベーダの死のすぐあとであり、ウェストサクソン方言の翻訳は9世紀頃になされた――古英語の北と南の方言の差異を示す貴重な痕跡を与えてくれている。しかし、古英語の方言変異が垣間見えるこのような稀でごく短い期間の例があるにせよ、後期ウェストサクソン方言が広く受け入れられていたという事実は、われわれが古英語に関する全体像として相当な安定感と統一感をもったものというイメージを描くことを意味する。そのようなイメージは、悲しいことにわれわれが限られた直接証拠しかもっていない話し言葉に存在したにちがいない、

数々の多様性を間違いなく覆い隠している。このイメージは、中英語のありようとは非常に異なっている。中英語は、次の章でみていくように、驚くほどの多様性と急速な言語変化の時代であり、それが書き言葉に豊かに反映されているのである。

4　侵略と改正

　1100年から1500年まで使われた英語の変種は、言語学者によって中英語として知られている。この400年のあいだ、英語は歴史上のどの時代よりも急速に変化した。古英語と結びつけられる特徴の多く——文法上の格を示すのに特別な語尾に頼ること、文法性（訳注：文法的な名詞の区分で、古英語では男性、女性、中性の３性が区別された）の使用、「複合」として知られる２つの既存の語をつなぎ合わせることによって新語を形成する方法——は、異なる言語的メカニズムによって置き換えられはじめた。この変化の大半は1066年のノルマン征服の結果であり、英語は標準語としての役割を追われ、地方で使用されるものへと格下げされることになった。アングロサクソン人が法律、歴史、文学の文書作成のために国中で使われる書き言葉を発達させていた地で、ノルマン人は自らの母語たるフランス語を使用した。これらの文書で用いられる言葉が英語からフランス語に置き換えられたことは、英語のスペリングに劇的な影響を与えた。英語は全国レベルでの意思疎通に用いられなくなったのだから、もはや標準的なスペリング体系をもつ必要はなかった。結果として、英語の書き手は自らの土着の話し言葉の体系をより詳細に反映させるようなかたちで単語を綴りだした。スペリング体系は発音の案内役たることが意図されているのだから、これは筋の通った展開であり、この時期のスペリングと発音のあいだのより緊密な関係を生み出したのである。個々の方言が特定の子音を発音しなくなった場合には、これらの方言の書き手は、今やスペリングからそれらの文字を脱落させる自由を得た。前章で、古英語では *which*（どち

ら), *when*（いつ）, *what*（何）などの語は、現代英語のほとんどの変種では失われていた発音だが、語頭に帯気音をもって発音されたことを述べた。語頭の /h/ を伴わないこの発音は、中英語期に初めて生じた。このように言えるのは、これらの語のスペリングが *wich, wen, wat* のように <h> なしで綴られはじめたからである。このようなスペリングは、標準語が存在しないかぎり、書き手が自らの発音をより精密に反映させるためにいかにスペリングを改変することができるかを証明している。彼らはもはや語頭の /h/ をもってこれらの語を発音しなくなったからこそ、<h> で綴ることをやめたのである。中英語の北部諸方言では、古英語の /hw/ 音は発音されつづけ、<quh> と綴りだされ、おそらくこれは古英語の発音とは異なる発音を示唆するものだが、*quhen* 'when'（いつ）や *quhy* 'why'（なぜ）というようなスペリングが見つかる。中英語の北部諸方言は、現代スコットランド英語の諸変種の祖先であり、スコットランドでは、語頭の帯気音はこれらの単語において現在まで保持されている。このように中英語で確認される土地ごとの発音の違いを反映させるようなスペリングの変化は、標準的なスペリング体系に導入しようとすればずっと難しいだろう。標準的な体系の機能とは、固定化させ安定化させることにあるからだ。

この時期に生じて、異なる英語変種間の大きな発音の差を生み出した音変化の似たような例として、*far*（遠くに）や *card*（カード）のような語に関するものが挙げられる。現代のスペリングに示されるように、これらの語はもともと母音の後に /r/ 音をもっていた。しかし、中英語期のあいだに *cardinal*（非常に重要な）に相当する *cadenall* のようなスペリングが現われており、このことから /r/ 音がもはや発音されていなかったのがわかる。しかし、そのようなスペリングは広くは見られなかった。/r/ 音が多くの英語方言から完全に消失したのは、明らかにもっとのちの時代だったのだ。1640年の『英文法』*The English Grammar* のなかで、劇作家ベン・ジョンソンは /r/ が「単語の初めではしっかり発音されるが、語中と語

末では不安定」であると書いている（A・J・エリス、1869年、p.200 参照）。これが示唆するのは、/r/ 音がこのような位置においてはこの時点までにかなり弱まっていたということだ。一方で、18世紀の音声学者ジョン・ウォーカーはこの音が完全になくなっていたことを記録している。「lard（ラード）, bard（吟遊詩人）などの r は［中略］喉で発音され、ほとんど中舌の a、あるいはイタリア語の a が伸びた baa, baad となっている」（1791年、p.50）。この音変化は中英語期の比較的のちの時代に始まり、イングランドの大半にごくゆっくりと拡散した。結果として、それが完全に受け入れられるまでに、英語のスペリングはすでに固定化しはじめており、<r> をもつスペリングがしっかりと確立してしまったのである。

　現代英語の発音のもう1つの特徴で、中英語のスペリングに影響を及ぼしているものは、現代の発音で最もとがめられる習慣の1つ、h の脱落である。h の脱落はしばしば、最近の現象であり、怠け者でろくでなしの若者に典型的であるとか、河口域英語（訳注：テムズ川流域、ロンドン周辺で話されるとされる英語の変種）の拡大の結果として特徴づけられているが、11世紀には語頭の <h> なしで綴られている単語の例がみられる。もっとも、一貫して <h> なしで綴られる例が示されるのは、15世紀のイーストアングリア地方のテキストなのだが。このような例には、語頭の <h> の消失を示すスペリングも含まれているし、<h> がないはずのところに付け加えられた *herthe* 'earth'（地）, *hoke* 'oak'（オークの木）, *herand* 'errand'（使い走り）, *howlde* 'old'（古い）などの例も含まれている。

　h の脱落の歴史は、語頭の /h/ がもはや発音されなくなったラテン語由来のフランス語からの借用語が大量に入ってきたために、中英語期においてさらに複雑化した。その理由は、古典期以降のラテン語話者も h を脱落させていたからであるが、このことは、なぜフランス語、スペイン語、イタリア語などの現代のロマンス諸語に h がないかの理由になっている。例として、語頭の /h/ をもつラテン語の *homo*（人）と、現代の対応語であるフランス語 *homme*（人），

95

スペイン語 *hombre*（人），イタリア語 *uomo*（人）を比べられたい。フランス語とスペイン語の単語にはスペリング上は <h> が残っているが、いずれの言語もこれらの語を語頭の /h/ で発音することはない。実際、語頭の /h/ の省略はローマ人にも非難されており、そのような誤りを避けようとする試みが顕著な過剰な /h/ の補償につながったという証拠がある。母音の直前の語頭の /h/ が、通常現われないところで発音されるという、この「過剰修正」は、ラテン詩人カトゥルス（前84年頃～前54年頃）により次の詩の中で風刺されている。

'Hemoluments' said Arrius, meaning to say
'Emoluments' and 'hambush' meaning 'ambush',
Hoping that he had spoken most impressively,
When he said 'hambush' with great emphasis.
His mother, her free-born brother and his maternal
Grandparents, I believe, all spoke like that.
Posted to Syria he gave the ears of all a rest.
They heard the same words smoothly and gently spoken
And had no fear thenceforward of such aspirates,
When suddenly there came the frighful news
That after Arrius arrived the Ionian waves,
Ionian no more, became 'Hionian'.

（ガイ・リー訳、2008年、第84歌）

（アリウスは「お手当」のつもりで「ほ手当」といい、
「落とし穴」のつもりで「ほとし穴」という。
見事に話したいとのぞんで、
力をこめて「ほとし穴」という。
アリウスの母も自由民の兄も母方の祖父母も
きっとみんなそのように話していたのだろう。

96

シリアに任官されて、アリウスの声を聞かずにすむようになった民は

同じ言葉がなめらかに優美に話されているのを聞きながら、

それ以来、帯気音におびえなくなった。

そこに突然、ぞっとする知らせがもたらされた。

アリウスがイオニア海を渡って到着したあと、

イオニア海が「ヒオニア海」になったという。

〔訳注：ラテン語Hioniosがギリシア語の「雪の」を意味する語に似ているので、海が大荒れになった、となることから、ギリシア人ぶったアリウスの無学さを皮肉っている〕）

　フランス語で語頭の /h/ が失われたために、数多くのフランス語からの借用語が語頭の /h/ 音なしに中英語へ入り込み、そのために語頭の <h> なしに綴られた。たとえば、中英語のスペリングとして *erbe* 'herb'（香料植物）, *ost* 'host'（主人）などがあった。しかし、中英語の書き手はこれらの語の元になったラテン語を知っていたので、しばしば古典ラテン語のスペリングを反映すべくこのスペリングを「修正した」。それゆえ、そのような語のスペリングにはかなりの変異と混乱がみられ、*heir* と *eyr*（相続人）, *here* と *ayre*（空気）, *ost* と *host*（主人）のようなスペリングのペアをしばしば目にするのである。そのような語のスペリングを決定する上で語源が重んじられたがゆえに、最終的には、語頭の <h> をもつスペリングが採用されるに至った。ある場合には、語頭の /h/ がのちに発音において復活し、現在 *hotel*（ホテル）や *history*（歴史）と言うようになったものもあるが、フランス語 *hôtel*（ホテル）, *histoire*（歴史、物語）では <h> が黙字としてとどまっている。しかしながら、こうした語における /h/ の復活は、比較的最近の現象であり、これは現代英語で、a hotel や a historian（歴史家）ではなく、an hotel や an historian と書かれる傾向の説明ともなっている。とはいえ、多くの例では、<h> は *honour*（名誉）や *heir* のように書かれはするが発音はされず、*herb* の例では <h> はイギリス英語では発音されるが、

アメリカ英語では発音されないのだ。古フランス語 *habile*（器用な）
（*abile* とも綴られる）から借用されているがもとをたどればラテン語 *habilis*（能力のある）に由来する *able*（能力のある）のように、<h> が一度も復活しなかった、少数の語群がある。

　したがって、中英語期には、諸地域の発音をより正確に反映し、受け継がれたスペリング体系の組み直しが起こったのであり、単一の全国的スペリング体系ではなく一連の土地ごとのスペリング体系が生まれたのである。これは、英語を書き表わす便利な方法のように思われるのではないか。異なる発音に基づき、数多くの黙字を含む標準的な体系に比べて、学習するのがずっと容易だったにちがいない。単一の全国的標準ではない一連の土地ごとのスペリング体系には多くの利点があるように思われるが、そのような体系が結果として制約をもつことは強調しておく意味がある。標準的なスペリング体系がないのは、日常語を綴るのにおびただしい数の異なる方法があるということを意味し、それが混乱の多大な可能性を生み出したのである。たとえば、中英語テキストには *such*（そのような）という語の異なるスペリングが500も記録されている。このうちのいくつか、たとえば *soch, swich, sech, sich* などは、異なる方言の使用者にも比較的たやすく認識されただろうが、別のたとえば *sik, swyche, zik* などは、広域で用いられたとしたら間違いなく混乱を招いただろう。*through*（～を通り抜けて）にも同様に多種多様なスペリングがあり、*thurgh, thorough, þorowe* のような容易に解読できる形態から、*drowgȝ, trghug, trowffe, yhurght* のようにもっとわかりにくいスペリングまであった。この規模で存在する変異は、ほとんどの話者が自分たちのなじんだ、あるいは自らの発音を反映したスペリングにしか出会わないような、純粋に地元使用のために考案された体系に限って許容されうるものだろう。英語で書かれたテキストが全国規模での流通を意図されれば、すぐにこの種の地域による変異形は非常に非効率となり、潜在的に相当な混乱と誤解を生じさせる。

実際、まさにそうした事態が、英語が再び文学、年代記、政治文書の国語として採用されはじめた中英語期の終わりにかけて、起こったのである。初め、異なる地域的スペリング体系の使用者のあいだに生じた意思疎通の問題は、写字生がある方言から他の方言へとテキストを「翻訳する」、方言翻訳という方法によって回避された。北部の書き手リチャード・ロールの作品を南部方言へ翻訳したある南部の写字生は、そのテキストは「同郷出身の人々によりよく理解されるように、北部の言葉から南部の言葉へ翻訳された」ものであると説明した。しかし、このやり方は英語の異なる方言間の意思疎通を可能にする方法としては非効率であったし、写字生の正確さや一貫性に大きく依存する方法だった。つまり、写字生はしばしば誤りを犯し、自らのスペリングを混入させたり、解釈にさらなる大きな問題を引き起こすスペリングの混在したテキストを生み出したりしたからだ。15世紀までには、問題を解決するには標準スペリング体系によるしかないことが、ますます明らかになってきたために、標準的な変種が形作られはじめたのである。

　前章でみたように、古英語の標準スペリング体系は、ウィンチェスターという卓越した中心地と結びついたウェストサクソン方言に基づいていた。14世紀までに、権力の基盤はイングランド最大の都市にして王宮、政府の所在地、書物交易の中心地であるロンドンに移行した。結果として、この新しい標準スペリング体系はロンドン方言に基づいていた。ロンドンの重要性を考えればこれは当然の成り行きだったが、新しい標準スペリング体系にとっては大きな影響があった。中英語の南部諸方言は、ヴァイキングの移住者の話す古ノルド語とより長く直接的に接触してきた北部諸方言よりも、ずっと保守的だった。すでに言及したように、中英語の方言では、*why*（なぜ）, *which*（どちら）, *what*（何）の語頭の /hw/ を発音しなくなっており、それに合わせて正書法を改変したものがあった。しかし、より保守的な南部諸方言は、スペリング体系に古い発音を反映させつづけ、したがって伝統的なスペリングを保ったのである。

こうして、そのようなスペリングが当時できあがりつつあった標準変種へ採用された。この新標準が今日使っている標準スペリング体系の基礎となったため、英語話者の大多数が語頭の /w/ で発音するという事実があるにもかかわらず、われわれはこれらの語の語頭を <wh> で綴っているのだ。今日も保たれている保守的な南部諸方言の特徴を示すもう1つの例は、いずれも黙字 <gh> を含む *night*（夜），*light*（光），*sight*（視覚）のような語のスペリングに関するものである。古英語では、これらの語は *niht, liht, siht* と綴られ、ここで <h> はスコットランド英語 *loch*（湖）の語末、あるいは対応するドイツ語 *nacht, licht, sicht* において発音されるのによく似た音を表わしていた。中英語のいくつかの方言では、この音は発音されなくなり、その後、書かれなくなって、*nit, lit, sit* の他にも *hye* 'high'（高い）のようなスペリングを生み出した。中英語期の子供たちは、*knight*（騎士）という語が黙字の <k> と <gh> で綴られるのだということを学ぶ必要はなく、*nit* という語を綴ればよかったのである。もっとも、シラミの卵を意味する *nit* という語と同じ見た目だったために、アーサー王と円卓の *nits*（騎士たち／シラミの卵たち）の冒険の話では、不都合な誤解が生じる可能性はあっただろうが。しかし、保守的なロンドン方言ではこの音が発音されつづけたため、*night, light, sight, high* のスペリングが標準スペリング体系に採用された。この経緯はこの時期のロンドンの重要性に鑑みれば当然のものだが、歴史的には不運な展開となってしまった。というのは、のちに /x/ 音をもたない地域的発音のほうが広く採用されたからである。これは現代のスペリング体系にとって大きな影響を及ぼした。結果として、この文字が反映している発音は500年ほど前に脱落したにもかかわらず、われわれはこれらの語を <gh> で綴りつづけているのだ。

　もし現代英語の標準スペリング体系が北部方言に基づいていたならば、この語群のスペリングと発音は、かなり異なったものになっていただろう。北部方言では /x/ 音は、*thof* 'though'（けれども），

thruf 'through'（～を通り抜けて）や、さらにかなりひどい *dafter* 'daughter'（娘）のようなスペリングで確認されるように、/f/ に発展した。この北部方言発音のなかには、*laugh*（笑う）, *enough*（十分な）, *rough*（粗い）のように南部方言に入り込み、したがって現代英語にまで生き残っているものもある。この方言からの発展形はまた、*dough*（練り粉）という語の北部の発音とスペリングに起源をもつ、*plum-duff*（干しぶどう入りプディング）などに現われる *duff*（固いプディング）という語がどこから由来したかを説明するものでもある。

　15世紀のロンドンに発生した標準スペリング体系はいくつかの重要な点で後期ウェストサクソンの標準スペリング体系とは異なっていたが、それはこの2つをへだてる数世紀のあいだにこのスペリング体系が担わされた運命を反映したものだった。おそらく最も明らかな相違点は、古英語の写字生が使用していた、ラテン・アルファベットに追加された非ラテン文字のほとんどが失われてしまったことに関係する。<ð> の文字は、おそらく <d> の文字とあまりに似ていると考えられたために、12世紀には廃用となり、二重字 <th> によって置き換えられた。しかし、ルーン文字の <þ> は実に15世紀まで生き残り、*þ*ᵗ 'that' のような省略記号や *þe* 'the'（その）, *þis* 'this'（これ）のような文法的な語にしばしばみられた。英語の書記体系から <þ> が消えた最も決定的な要因は、印刷機の出現だった。イングランドの最初の印刷家であるウィリアム・キャクストンは、大陸から輸入した印刷フォントの制約ゆえに、<þ> の代わりに <th> を用いる傾向があった。とりわけ省略記号において <þ> を用いるところでは、キャクストンは、北部諸方言ですでに確立していた傾向に従って、似たような形の文字 <y> を用いた。この慣習は、偽の中世風の屋号に見られる 'Ye olde tea shoppe'（= The old tea shop〔名代茶房〕）などに受け継がれており、そこでは *ye* は <þe> を表わし、*ye* ではなく *the* のように発音されるべきなのである。ルーン文字 <ƿ> はイングランドでも用いられつづけたが、13世紀末には <u> や、'double u'（二重の u）という名前の由来となってい

る <uu> によって置き換えられた。

　中英語期には、このような単純な置換だけでなく、古英語のスペリング体系にみられるある種の曖昧性を整理して解消することも起こった。前章で述べたように、古英語書記では <g> のインシュラー書体である <<ᵹ>> が用いられており、それは軟口蓋閉鎖音 /g/ と硬口蓋の /j/ という2つの異なる音を表わすのに使われた。/g/ と /j/ の両方に <g> を用いていた古英語の写字生は、語頭位置で /g/ と /j/ の区別をつけるにあたって問題に直面した。この混乱を避けるために、/j/ には <i> を用いる写字生もいたし、先行する子音が /j/ 音であることを示すのに発音区別符として <e> を用いる慣習を採用する者もいた。たとえば、*yoke* （くびき）の語が、*ioc* や *geoc* と綴られている例がある。ノルマン征服によりインシュラー書体はカロリンガ書体で置き換えられることになったが、まさにこの書体から、われわれの現代の閉じた <<g>> が派生しているのである。このカロリンガ書体の <g> は主として /g/ を表わすのに用いられたが、/dʒ/ にも用いられることがあった。このカロリンガ書体の <g> はアングロサクソン期のイングランドでも知られていたが、主にラテン語テキストの書写に使われていた。インシュラー書体の <g> は、中英語期に古英語と同様に /j/ 音を表わすために使われつづけたが、/x/ 音を表わすのにも使われた。そのために、その文字には、それが表わす両音を含む *yogh* （ヨッホ）という名前がつけられている。その字体も少々変化しており、数字の <3> やフランス語の <z> に長い尾をつけた字体によりよく似た形となった。ヨッホの文字 <<ȝ>> は中英語期を通じて使われたが、15世紀には *yet* （まだ）, *you* （あなた〔がた〕）などの語では <y> の文字に、*night* （夜）, *light* （光）などの語では <gh> に置き換えられた。

　古英語の混乱のもととなるもう1つの可能性として、後母音の前では /k/ 音を表わし、前母音の前では /tʃ/ を表わすのに用いられた <c> の文字に関するものがあることは前章で述べた。それで、古英語では *cealc* 'chalk' （白亜）や *cu* 'cow' （雌牛）のようなスペリング

がみられるのである。この2つの異なる発音は区別する仕方があったとはいえ、この体系は *cinn* 'kin'（親族）や *cynn* 'chin'（あご）の例のように、潜在的に混乱を来す語のペアを生み出すことがあった。そのような曖昧なスペリングを避けるために、特に /k/ と /tʃ/ の混乱の可能性がある前母音の前においては、/k/ 音を表わすのに <k> の文字が使われ、<c> はたとえば *can*（〜できる），*could*（〜できた）のように後母音の前の /k/ 音を表わすのに取っておかれた。さらに曖昧さを解消するために、/tʃ/ を表わすのに <ch> という新たな二重字が加えられた。これは、フランス語の慣習から取られたもので、*champioun*（チャンピオン）や *chariot*（二輪戦車）のような借用語において現われ、それから *chalk*（古英語 *cealc*〔白亜〕）や *cherl*（古英語 *ceorl*〔農民〕）のような本来語にも転移した。二重の <cc> は、中英語では *wacche*（古英語 *wæcce*〔寝ずの番〕）のような語において <cch> と綴られた。これはのちに <tch> に置換され、*watch*（寝ずの番），*catch*（つかまえる）のような語を綴る現在の慣習につらなっている。

　この最後の例から、われわれは、古英語と中英語の正書法がなぜ異なるのか、そのもう1つの重要な理由に気づくだろう。英語に対するフランス語の影響である。前に述べたように、ノルマン人の侵略者の用いていたフランス語はこの時期、英語に代わってイングランドで用いられる標準語の座についていた。しかし、フランス語は国家的機能のために、英語は地域的使用のためにというように、この2言語は使用環境という点では明確に区別されていたものの、互いの交流はある程度あった。古英語は他言語から単語を借用するのではなく、むしろ新語を形成するのに自身の資源に頼る傾向があったのに対して、中英語は借用語の導入に非常に開かれていた。古英語が借用語を受け入れたときには、古英語の慣習に適合するように借用された語のスペリングを改変する傾向があった。たとえば、ラテン語からの借用語の *phoenix*（不死鳥）は古英語では *fenix* と綴られた。ラテン語の <ph> の使用は、ギリシア語の文字 <Φ> を表わ

すのに考案されたものだが、古英語ではこの音を <f> で表わす慣習に合わせ、置き換えられていたのである。対照的に中英語期には、フランス語の単語は、しばしばそのスペリングの慣習に変更が加えられないままに借用された。たとえば、フランス語の単語 grace（優美）, face（顔）, city（都市）は、/s/ 音を <c> の文字で表わすフランス語のスペリングのままで導入されている。前述のように、中英語期には、<c> の文字の使用を規則化する試みがみられたが、この過程はフランス語の単語をフランス語風のスペリングで導入したことによって頓挫した。もし規則化を成功させようとするならば、これらのスペリングを英語の慣習に従って、grase, fase, sity のように綴りなおす必要があっただろう。しかし、実際のところは、このような単語の導入後にスペリング体系を規則化する試みが起こったのである。もっとも、このことにより、従来の古英語の単語がフランス語の慣習に従って綴りなおされる事態が起こってしまった。それで、古英語の単語としては is だったものが現代英語のスペリングでは ice（氷）となり、同様に古英語の nys が nice（すてきな）に、古英語の ænes が once（一度）になった。そのような改革にはありがちなことだが、改革は一貫して履行されたわけではなく、時にはよけいに混乱を招く場合もあった。これは、mouse（ネズミ）という語の現代英語のスペリングでは古英語の mūs と同様に <s> で綴られているが、その複数形 mice（ネズミたち）はフランス語の慣習に従って綴りなおされていることからも明らかである。ときには、/s/ に対して <s> をもつフランス語起源の単語がこの慣習によって綴りなおされ、現代英語の device（フランス語 devys〔装置〕）や defence（フランス語 defens〔防御〕）のようなスペリングを与えている。

　英語のスペリングへフランス語の慣習が及ぼした衝撃のさらなる結果は、/kw/ 音を表わすのに <cw> を用いていた古英語での慣習が、quality（質）や quiet（静かな）のようなフランス語からの借用語の導入に伴って二重字 <qu> で置き換えられたことにもみられる。このフランス語の慣習を受け入れたことにより、英語のスペリング

104

には不要な複雑さが加わってしまった。というのは、古英語の<cw>のほうが同音を表わすのにより論理的な方法だったからだ。ラテン語の *quattuor* 'four'（4）とフランス語の *quatre*（4）のような同根語の比較からわかるとおり、フランス語が /w/ 音をもはや発音しなくなったにもかかわらず、ラテン語からこの二重字を引き継ぎ、保持したというのは皮肉である。したがって、既存の英単語は、英語の型に合わせるのにフランス語からの借用語のスペリングを改変するのではなく、フランスでの慣習に従って書きなおされたのであり、それで古英語の *cwen, cwic* のような語が *queen*（女王），*quick*（すばやい）と綴りなおされることになった。前に考察した事例とは異なり、この過程は少なくとも一貫して成し遂げられ、結果として今日では <cw> と綴られる /kw/ 音で始まる語は皆無となっている。フランス語との接触はまた、/v/ と /u/ の混乱の可能性を排除しながら /uː/ を示す別の方法として二重字 <ou> が導入される契機となった。二重字 <ou> は、*doute*（疑い）のようなフランス語からの借用語に現われ、のちに古英語に由来する語にも転用された。たとえば、*house*（家），*toun* 'town'（町）などである。

　フランス語からの語の借用はまた、英語のアルファベットに2つの新しい文字、すなわち <v> と <z> を導入させた。古英語では /v/ や /z/ 音で始まる語はなく、これらの音は語中にのみ現われた。この分布の明らかな区別ゆえに、<f> と <s> の文字は対応する無声音を表わすものではあったが、/v/ や /z/ 音を表わすのにも用いることができた。たとえば、<f> と <s> が古英語単語の語頭に現われれば、それは *folc* 'folk'（人々）や *sunu* 'son'（息子）のように /f/, /s/ の音を表わした。同じ文字が語中に現われれば、意図されているのは、*lufu* 'love'（愛）や *wise* 'wise'（賢い）におけるように /v/, /z/ という有声音だった。/v/, /z/ 音で始まるフランス語の単語が導入されると、この体系はかき乱され、かなりの混乱の可能性をもたらすことになった。たとえば、フランス語からの借用語 *vine*（ブドウの木）は、古英語の体系に従って無理に綴ろうとすれば、*fine*（立派

な）という語と同形になってしまうので、古英語流に綴るわけにはいかないだろう。いずれの音あるいはいずれの単語が意図されているのか、読む者には知るすべがないからだ。この問題を解決するために、当初はその使い方は現代英語のものとは異なっていたものの、<v> という文字が採用された。起源的には <v> の文字は <u> の文字の1変種であり、中英語期全体と初期近代期の大半を通じてまさにこのように用いられていたのである。したがって、<v> と <u> の文字は母音と子音の両音を示すのに用いられており、文字の選択は語における位置で決まっていた。語頭に現われるときには <v> と書かれ、語中に現われるときには <u> と書かれ、*vntil* 'until'（〜まで）や *loue* 'love'（愛）のようなスペリングが生み出された。

<z> という文字については、混乱を来しうる /z/ で始まる単語がより少なかったために、喫緊の必要性はずっと少なかった。1例として、中英語期に導入され、*seal*（印章）と混同される可能性のあった *zeal*（熱意）が挙げられる。しかし、この種の語のペアは例がほとんどなかった。<z> で始まる語がこのように少ないということは、現代英語にも当てはまり、そのような語の大半は非常に専門的で技術的な借用語であり、たとえば香りの良い植物でアラビア語からの借用語の *zedoary*（ガジュツ）、頭蓋骨の一部を表わすギリシア語の *zygoma*（頬骨）、聖職者用の縁なし帽を示すイタリア語 *zucchetto*（カロッタ）がある。それにもかかわらず、<z> の文字はこの時期のあいだに英語のスペリングへ導入され、今も *gaze*（凝視）や *maze*（迷路）のような語にみられるのである。もっとも、古英語でもそうだったように、<s> の文字が <z> の代わりとして機能しつづけたということはあったが。英語のスペリングにおける <z> の文字の地位が低いことは、今日でも *realise*（悟る），*memorise*（暗記する）などの動詞で /z/ 音を表わすのに <s> の文字を使う状況にもみられる。ただし、これらの動詞を <z> で綴るアメリカ式スペリングが広く用いられるようになってきており、*digitize*（デジタル化する），*standardize*（標準化する）などがみられる。

英語のスペリングにおいて <z> の文字が一人前と認められていないことは、シェークスピアが『リア王』*King Lear* で用いた忘れがたい侮辱の言葉が示唆するとおりだ。ケントがオズワルドのことを 'Thou whoreson zed! thou unnecessary letter!'（このならずもののゼッドよ。おまえは不要な文字だ）（第2幕第2場）と罵るのである。

<z> の文字の形はもともとはフランス語で今もそうであるように尾を伴って書かれていたが、すなわちヨッホの文字に似ているということになり、同時代の記述にも「ヨッホの文字、つまり <ʒ> はゼッドに似ている」と注記されている。この類似性によりスコットランドの印刷家は混乱し、彼らは見慣れないヨッホの代わりにしばしば <z> を用い、*zeir* 'year'（年）, *ze* 'ye'（あなた〔がた〕）, *capercailzie* 'capercailye'（ヨーロッパオオライチョウ）のようなスペリングを導入するに至った。<z> と <ʒ> のこの混乱は、*Dalziel*（ディエル）や *Menzies*（ミンギス）のようなスコットランドの固有名が、しばしば誤って /z/ で発音される理由をも説明してくれる。

中英語期にはまた二重字 <ea> も導入された。これは、ノルマン人の征服者たちの話していたフランス語のアングロノルマン方言から輸入されたものであり、母音 /ɛː/ を表わした。最初、*ease*（安心）, *reason*（理由）などの借用語に現われ、のちに *meat*（肉）, *heat*（熱）のような本来語にも転用された。これにより、チョーサーの英語では見られなかった区別、/ɛː/ と /eː/ 音の書記体系上の区別が可能となった。チョーサーは、発音は互いに異なっていたものの、動詞 'to meet'（会う）を *meten* と綴り、名詞 'meat'（肉）を *mete* と綴っていた。しかし、*meat* と *meet* のスペリングに導入された区別は、今日ではさほど有用ではなくなっている。というのは、両系列の語とも /iː/ へ融合してしまっており、*meet* と *meat* は異なるスペリングで同じ発音となっているからだ（この音変化のより詳細な議論は179–180 ページを参照）。のちに音変化が生じたというのは、<ea> という二重字はいまやさまざまな種類の音を表わすということを意味する。たとえば、*pleasure*（喜び）, *break*（壊す）, *earth*（地）,

heart（心）といった語群の、すべて異なる母音を比較されたい。

この時期に借用されたもう1つのフランス語の習慣は、<ie> の二重字である。これは /eː/ を表わしたが、今では *friend*（友達）や *piece*（一片）のように本来語彙にも借用語彙にも生き残っている。しかし、すべての母音を表わす二重字がフランス語に起源をもつわけではない。二重字 <eo> のように古英語から採用されたものもあった。<eo> は、古英語では、両母音を組み合わせた純二重母音を表わしていたが、中英語では *people*（人々）のようなフランス語からの借用語の中舌円唇母音 /ø/ を表わすのに用いられた。フランス語の *peuple* はいまなおその円唇母音をもっているが、現代英語の *people*（人々）は非円唇母音をもちながらも、中世のスペリングを保存している。

フランス語の影響は2つの別々の源（みなもと）から2つの異なる段階でもたらされたために、この時期のあいだに借用されたフランス語の単語には数々の差異がみられる。フランス語借用の第1段階は1066年のノルマン征服の直後に生じた。このときに借用された語は、フランス語のノルマン方言に由来するものだった。フランス語の影響の第2段階は、14世紀にやってきたが、こちらにはフランス中央方言（訳注：パリ方言のこと）からとられた語が含まれていた。この方言の違いを見ると、現代英語の借用語 *war*（戦争）がなぜ現代フランス語の形態 *guerre*（戦争）と異なっているのかがわかる。この違いは、この2語が借りられたときの、フランス語のノルマン方言と中央方言における発音の異なりに起因するものである。ときには、同一の語がフランス語のノルマン方言のスペリングと中央方言のスペリングの両方で借用されたこともあり、*warranty*（保証〔書〕）と *guarantee*（保証〔書〕）, *wile*（謀略）と *guile*（策略）, *warden*（監視人）と *guardian*（保護者）, *reward*（報酬）と *regard*（配慮）のような二重語をもたらした。この2つの方言の発音上の差異としてはさらに、現代英語の *catch*（捕らえる）と *chase*（追跡する）, *cattle*（家畜）と *chattel*（動産）のような現代英語のペアにも保存されている。ここ

では、ノルマン方言の /k/ と中央方言の /tʃ/ の区別が確認される。同じくノルマンフランス語起源のものとして、現代英語の *garden*（庭）と *gammon*（ハム）がある（現代フランス語の *jardin*〔庭〕と *jambon*〔ハム〕を参照）。この相異なる発音はまた、二重語 *gaol*（刑務所）と *jail*（刑務所）を生み出した。同一の語が2度借用された、このような少数の例からわかるとおり、意味はしばしば変化して、用法上の違いを生み出してきた。多くの英単語が確かに「類義」として知られる、似たような意味をもっているが、2つの語がまったく同じ意味をもっているということは非常に稀である。このようにして借用された1組の語が似たような意味をもっているとしても、含意的意味や使用域は相異なっている傾向がある。*warranty* と *guarantee* は緊密に相重なる意味をもっているが、前者は専門的な法律上の文脈に限られるのが普通である。*gaol* と *jail* の場合には、方言の区別がもたらされた。前者はもともとイギリス英語で好まれたスペリングであり、*jail* はアメリカ英語で広く採用された。ただし、第7章でみるように、この区別は以降かなり変化してきてはいる。

　中英語は、フランス語に由来する多くの語とともに、一群のラテン語からの借用語も取り入れた。しかし、ラテン語からの借用語の数は比較的少ない。ラテン語からの借用語は、宗教や学問などの専門領域のものであることが多く、たとえば *scripture*（聖典）, *history*（歴史）, *allegory*（寓意）などの語が含まれていた。イングランドの行政においてフランス語と並んでラテン語が使われていたことも、この分野でのラテン語の導入を促した。例としては、*client*（顧客）, *conviction*（有罪、判決、信条）, *executor*（執行者）などである。この時期のラテン語からの借用の程度を判定するのは難しいが、それは、最終的にラテン語起源である多くの語はフランス語を経由して英語に入っており、ある語がラテン語とフランス語のいずれから借用されたかを見きわめるのがしばしば困難だという事情があるからだ。スペリングによってある語がフランス語とラテン語のいずれから借

りられたかがわかることが、ときにはある。ただし、この時期のスペリングには気まぐれなところがあったので、スペリングは必ずしも当てになる案内役ではない。動詞 *enclinen*（傾ける）は、中英語では *enclinen* か *inclinen* かのいずれにも綴られうる。この変異が意味するのは、この語がフランス語 *encliner* とラテン語 *inclinare* のいずれに由来するのか見きわめるのが非常に困難だということだ。動詞 *embrace*（抱擁する）は中英語では *imbrace* あるいは *embrace* と綴ることができるが、そのことからは、フランス語 *embracer* かラテン語 *in+bracchium*（中に＋腕）かいずれかの派生であるとも考えられる。*enquire/inquire*（尋ねる）の場合には、フランス語とラテン語の両方から派生したスペリングが、異綴りとして現代英語まで生き残っている。*ensure/insure*（保証する）のスペリングのペアについても同じことが言えるが、ただしこの場合には意味の区別が生じている。2種のスペリングはもともとすべての意味で用いられたが、*insure*（保険を掛ける）は今では法律上の用法に限定されている。似たような厄介な問題は、特定の接尾辞の起源の判定にもみられる。たとえば、ラテン語の現在分詞語尾に由来する語は、無強勢音節（訳注：語のなかでアクセントのない音節）においてラテン語の幹母音（訳注：語幹のアクセントのある部分の母音）を保持する傾向がある。たとえば、現代英語の *opponent*（対抗者）はラテン語の *opponere* ‘set against’（〜に対抗する）に由来し、したがって <-ent> を持っているが、*ignorant*（無知の）はラテン語 *ignorare* ‘not know’（知らない）に由来するので <-ant> をもっている。しかし、この傾向は、これらの語がラテン語の起源はどうであれすべて <-ant> で綴られるフランス語からの借用語の導入により乱された。したがって、フランス語 *repentant*（後悔している）からきたが、もともとはラテン語 *repaenitere*（悔いる）に由来する *repentant*（後悔している）のような現代英語の単語が今もみつかるのである。中英語で接尾辞 <-cioun> で終わる語にも、似たような難しさがある。この接尾辞は、本来語の語尾 <-ing> に相当するものとして動作名詞を作るのに動詞

110

に付加された。たとえば、中英語では、*attencioun* 'attention'（注意）, *attraccioun* 'attraction'（魅力）, *confirmacioun* 'confirmation'（確認）のような語の初例がみつかる。この接尾辞は古フランス語で <-cion> という形態でみられ、これが中英語のスペリングを生み出したのだ。しかし、この接尾辞はもとをたどればラテン語 <-tion> に由来し、これが以来そのような語の現代のスペリングに影響を及ぼしたので、結果として、ある形態の源がいずれの言語であるかを見きわめるのはしばしば難しい。

　フランス語とラテン語だけが、この時期に英語のスペリングに影響を与えた言語であったわけではない。中英語期のあいだ、スカンディナヴィアの諸言語からの借用語も多数あった。ヴァイキングの侵攻は古く8世紀に起こったことを考えれば、これらの語が中英語期に初めて英語に現われたというのは奇妙に思われるかもしれない。しかし、古英語は他の言語からの語の借用に抵抗し、自らの資源を利用して新語を造ることを好む傾向があったため、スカンディナヴィア諸語の単語が当時の書物に現われないのは驚くべきではない。

　しかし、これらの語がヴァイキングの侵略と定住の後で古英語へは借用されなかったとすれば、どのようにして中英語期までイングランドで生き残ったのだろうか。その答えは、これらの語は古英語期のあいだに話し言葉には借用されていたにちがいないが、より格式張った書き言葉の領域では使用がふさわしいと感じられなかったということである。書き言葉にスカンディナヴィア起源の語がみられなかったもう1つの理由としては、この時期、ウェストサクソン方言が支配的だったことがある。前章でみたように、南西部の諸方言に基盤をもっていたこの変種は、国中で書き言葉のコミュニケーションのために用いられた。ヴァイキングの定住地は、イングランドの東中部や北部の州に位置しており、結果としてスカンディナヴィア語の話者とウェストサクソン人のあいだにはほとんど交流がなかった。ノルド人が過密に定住していた地域にいた英語話者は話し言葉にノルド語の単語を取り入れていたが、南西方言に基づく標準

語を使用するにあたっては、そのような借用語は隠れてしまっていたのだ。古英語の標準語が消失し、続いて中英語期に地域的なスペリング体系が採用されたことにより、多数のスカンディナヴィア起源の借用語が英語へ導入された。そのような語の多くは、*skin*（皮膚）や *sky*（空）のように /sk/ 音で始まる単語だった。この音は、最古の書き言葉の記録よりも先立つ時代の、/sk/ が /ʃ/ になるという音変化の結果、古英語には現われなくなっていた音である。古英語では、/ʃ/ 音は <sc> と綴られ、*scyrte* 'shirt'（シャツ）と *skyrta* 'skirt'（スカート）という語のペアにみられるような、/sk/ で発音される語との混乱の種を生み出した。ノルマン征服後、*scale*（うろこ）のように、語頭に /sk/ をもち <sc> で綴られる語、そして *science*（科学）などのように <sc> で綴られるが語頭の /s/ をもつ語がフランス語から導入されたことによって、問題はさらにこじれた。この問題を是正すべく、さまざまな処方がほどこされた。最も簡単なのは、/ʃ/ を表わす <sc> のスペリングを <sch> や <sh> で置き換えることだった。<ch> の組み合わせの場合と同様に、<h> を追加し、子音が口蓋音を表わすことを示す発音区別符として用いるというものだ。別の処方は、/sk/ を表わす2つのスペリングを語源によって振り分けることだった。この過程の結果として、現代英語の <sk> で綴られる語はゲルマン系の借用語であることが多くなり、古ノルド語からはたとえば *skin*, *sky* が、オランダ語起源のものはたとえば *skipper*（小型船船長）, *skate*（スケート）が借用されている。<sc> をもつものは、たとえば *scare*（怖がらせる）など、古フランス語に由来するが、*scope*（ギリシア語 σκοπος〔範囲〕）などギリシア語に起源をもつものもいくつかある。単語の中には、*sceptic/skeptic*（懐疑的な）のように <sk> と <sc> のあいだで変異を示すものもある（*OED* では両方のスペリングが見出し語に挙がっている）。この語は、語頭が /sk/ ではなく /s/ で発音されるフランス語の *sceptique* から英語に導入された。英語に借用された /sk/ の発音は、ギリシア語の語源形からの影響によるもので、ここから語頭の

112

<sk> で綴る初期のスペリングが生まれた。しかし、<sc> のスペリングがのちに <sk> に取って代わり、イギリスではより普通のスペリングとなっている。ただし、アメリカでは今では *skeptic* が広く受け入れられている。

中英語期に生じたもう1つの重要な変化は、<i> と <y> の文字の使用に関するものである。古英語では、<y> の文字はフランス語 *tu*（君、おまえ）にみられるのと似たような母音を表わすのに用いられていた。中英語では、この音は /ɪ/ と同音となったため、<i> の文字で綴られることもあった。この結果、<i> と <y> は交換可能となり、中英語期を通じて交換可能でありつづけた。しかし、これらの文字の使用には、いくつかの制約があった。中世の手書きにおいて、<i, n, m, u> の文字は「ミニム（縦棒）」として知られる同じ1画の線からなっており、結果として、*sin*（罪）のような語は <s> の文字に3つの同じ縦棒が続く書き方をされた。縦棒の組み合わせは、しばしば解読困難だった。4つの縦棒は、<ini>, <un>, <nu>, <im>, <mi> のいずれで読まれるべきだろうか。この混乱の可能性を減らす方法の1つは、中英語のスペリング *synne* 'sin' のように、そのような位置では <y> の文字を用いることだった。現代英語のスペリングでは、そのような場合には <y> は <i> に置き換えられているが、*city*（都市）, *family*（家族）のように、語末では /i/ を表わすのに <y> を使うのが慣用となっている。ただし、そのような語が複数形語尾をとるときには *cities, families* のように <i> が使われる。この規則の例外として、母音の後に語末の <y> がくる *toy*（おもちゃ）, *play*（遊び、劇）など一群の語があり、それらは複数形でも *toys, plays* のように <y> を保つ。他の環境で /i/ のために <y> を用いるのは、借用語に限られており、たとえばギリシア文字のユプシロン <Y> を表わす <y> は *physics*（物理学）, *psychology*（心理学）にみられる。縦棒がいくつも並ぶことによる混乱を避ける別の方法としては、*son*（古英語 *sunu*〔息子〕）や *come*（古英語 *cuman*〔来る〕）のような現代のスペリングを生み出した <o> の利用があった。

これらの例はさらに、英語のスペリング体系が、しばしば音声的な要因を犠牲にしてまでも実用上の便宜を図りつつ成り立っていることを証明してくれる。中世の手書きにおける習慣に由来する制約、したがって印刷機発明後のわれわれの時代には無関係の制約が、完全に別の母音が表わされているように見えるわれわれの日常語のスペリングに観察される、*come*（来る), *son*（息子), *love*（愛）などに存在しつづけているのである。中世の写字生の用いた縦棒群を区別するさらにもう1つの方法は、<i> の文字の上に強勢符を付すことで、この強勢符はのちに曲線の飾り書きへ発展し、そこから現在まで使われている丸い点へ発展した。

　本章は、ノルマン征服と後期ウェストサクソン標準書き言葉の崩壊が中英語のスペリングに及ぼした影響について考えることから始まった。この時期には超域的な標準がなく、むしろスペリングで音を表わすための一貫したやり方を考案する、一連の地域的で個々の試みがあったことをみた。このことを表わすよく知られた例の1つに、「AB言語」として知られるようになったものがある。そう呼ばれるのは、『女性隠者のための手引き』*Ancrene Wisse* (A) として知られる、女性隠者（女性の世捨て人）になろうとする者への指南論説を含む写本と、さまざまな関連する聖女伝や宗教的な説話を含むもう1冊の写本 (B) の2冊に現われるからである。大半の初期の中英語テキストはスペリングの習慣について比較的おおらかで独特だが、この2冊の写本には緊密な関係がある。この緊密な言語的関係は、最初に J・R・R・トールキンによって発見され、彼はその話題についての重要な評論において、想像力を欠く AB 言語という彼らしくない用語を作り出した。これらのテキストは異なる写字生によって非常に似通ったスペリング体系を用いて写されていたため、トールキンは、おそらくある修道院の学校や写本室でなされた、標準語を考案し強制する初期の試みを表わしているのだろうとみなした。この2冊の写本の正書法の1例をみれば、正書法の1側面を標準化するのにどの程度細かな注意を払っていたかがわかろうという

ものだ。両写本において、写字生たちは語頭においては <þ> のみを用い、語中や語末では <ð> のみを用いるというよく確立された慣習を採用していたのだ。しかし、この型を一貫して破り、語中の位置で <þ> を用いる唯一の語がある。それは形容詞の *oþer* 'other'（他の）であり、ここでは同音異義語で接続詞 'or'（あるいは）を表わす *oðer* と区別できるように、ソーンという文字が一貫して用いられていた。しかし、AB言語は、正書法に相当な関心をもつ者によって考案され、確かに非常に一貫していて几帳面に守られた体系ではあったものの、「標準語」とみなすのは間違いであろう。AB言語が2人以上の写字生に使われたとはいえ、同時期に、そして似たような場所で書かれた2つの密接に関係する写本にしかみつかっていないのだ。標準語とみなされるには、AB は地理的により広い規模で、はるかに多くの写字生によって、そしてずっと広範な種類のテキストに用いられていなければならなかったはずである。

　初期中英語期に英語のスペリングを改案・改訂した個人的な試みのさらに極端な例は、Orm（オーム）という名の、リンカンシャーのボーン出身のアウグスティノ修道会士によってなされたものである。オームは、長大な韻文による注釈書を書き、それを自らにちなんで慎ましく『オーミュラム』*Ormulum* と呼んだ。目次によればもともとの作品は16万行に迫っていたことがわかるが、現存する作品は2万行の長さである。『オーミュラム』は1つの写本しか残っておらず、その写本の形や外見は、多くの訂正や改訂が本文にのり付けされた羊皮紙の破片に記されていることも含めて、それが著者自身の作業原稿だったことを示唆している。他の初期中英語の写字生のように、オームはテキストがいかに発音されるべきかを正確に反映するようなスペリング体系を考案することに腐心していた。それは、作品が韻文で書かれ、音読を意図されていただけに特に重要だったのだろう。オームが他の同時代の書写係と異なっていたのは、彼が完璧な規則性と一貫性に、より強い関心をもっていた点である。

115

オームの特異なスペリング体系の例としては、*year*（年）のような語の /j/ 音を表わすのにインシュラー書体の <g> である <<ʒ>> を用いるとともに、*god*（神）のような語の硬い /g/ を表わすのに上部に太い横棒を付したカロリンガ書体の <g> を変形させた <<ḡ>> を用いたことである。オームは *leʒhenn* 'to tell a lie'（嘘をつく）のような語における摩擦音 /x/ のためには、<h> が行の上付きで書かれた <ʒh> を用い、*ʒho* 'she'（彼女）という語に限っては、<h> が行上に書かれた <ʒh> を用いるという区別をつけた。この区別が一貫して守られていたということは、<h> の位置によって音声的な違いを表わすことが意図されていたという事情を明らかに示している。考えられるのは、*ʒho* という単語における <ʒh> の組み合わせは、/hj/ 音を表わすように意図されており、したがって女性代名詞 *she* のこの形態は、古英語の対応形態 *heo* から現代英語の *she* への発展における他では確認されていない段階を示す重要な証拠であるということだ。

『オーミュラム』は、古英語での習慣が改められたことを物語るこれらのスペリングに加え、*which*（どちら）, *when*（いつ）, *where*（どこで）のような単語で <wh> を使い、*shall*（～するだろう）や *should*（～すべきである）において古英語の <sc> に代わって二重字 <sh> を用いた最初の中英語テキストでもある。しかし、古英語のスペリングの習慣を改訂して置き換えるこの傾向と並んで、オームは長い r, 長い s, <p>, <æ> といった典型的な古英語の字形の多くを使いつづけていた。オームは、初期中英語テキストの多くによくみられる、いくつかの変更をほどこしたのに加え、自身が考案したさらなる改訂をいくつか導入しもした。オームのスペリング体系の、おそらく最も独特な特徴は、二重子音の多用だろう。われわれが *later*（のちに）と *latter*（後者）という語において長母音と短母音を区別できるのは、まさにこの二重子音の使用による。しかし、オームはこれを極端に論理的に推し進め、すべてのそのような例にならって子音を重ねたのである。*iss*（～である）, *wass*（～だった）, *itt*（それ）のよう

な日常語や、名詞複数形の <-ess> のような語尾においてすら、そうしたのだ。

　オームの体系は明らかに、前もって慎重に計画され、相当な注意深さと努力をもって実践された。しかしながら、のちに修正されることになった数々の誤りが忍び込んでいた一方で、さらなる訂正が多々あったことは、作文の過程でオームの気が変わったことも示している。たとえば、オームは *þreo* 'three'（3）, *steorre* 'star'（星）, *deope* 'deep'（深い）のような数多くの単語において古英語に由来する二重字 <eo> を使いはじめたが、のちに考えなおし *þre, sterre, depe* のように一貫して <e> を用いることにした。この変更からは、オームが、おそらく渋々だったろうが、話し言葉ですでに生じていた発音の変化を認めたということがわかる。オームならではのことだが、単にその決定がなされた時点から変化を反映するということだけでは満足いかなかった。彼は、写本の最初まで戻って、すべての <eo> の例を <e> に変更したのである。オームが <e> へ訂正した数百という <eo> の例のうち、見落とされたのは3例のみであり、これは彼が正書法に関する一貫性をいかに重視していたかを示すものとなっている。しかし、オームは、さかのぼってこれまでの例を訂正するということを、そのようなすべての変更において成し遂げたわけではない。作品の最初の3分の2ほどでは、オームは <þ> と <ð> の両方を用いていた。もっとも、<ð> はずっと稀で、主に行頭においての使用だった。ところが、写本の最後の3分の1では、オームは <ð> をやめ、もっぱら <þ> を用いるようになった。書写過程の同じくらいのタイミングで、オームはラテン語の単語において <ph> の二重字を使うのをやめ、そこからはたとえば *profete* 'prophet'（預言者）のように、本来的な <f> でのスペリングを好むようになった。しかし、この好みの明らかな変化にもかかわらず、オームは前の例にさかのぼってスペリングを訂正することはしなかった。おそらく彼はそうするつもりだったが、確認と訂正の過程を完了しなかったか、あるいは、彼の正書法への強迫観念を考えると

さらにありそうにもないが、彼はこれらの変異をあまり重要とみなさなかったのかもしれない。

スペリングへの明らかな関心をもっていた初期中英語の書き手の最後の例は、ラヤモンという名のウスターシャーの司祭である。彼は、13世紀初頭に、アングロノルマン版からの翻訳で、韻文の年代記を英語で書いた。ラヤモンの『ブルート』*Brut* は、ブリテン史を提示するだけではなく、英語で書かれたアーサー王の偉業に関する最初の記述を含んでいる。古英語詩の頭韻の慣習をよみがえらせた韻文形式で書かれており、またその韻文形式と関連する特異な詩的語彙を多く用いている。過去を郷愁的に想起させる要素の一部として、ラヤモンは数々の擬古的なスペリングを用いた。前述のとおり、中英語期では、もはや必要とされなくなったので <æ> の文字は消滅した。しかし、ラヤモンにとって、明らかにこの文字は古風なニュアンスがあったので、古英語では決して現われることのなかった語においてもそれを惜しげなく使った。このような独特なスペリングを導入するにあたってのラヤモンの意図について確かなことはわからないが、今日の *ye olde* (= the old) 型のスペリングにいくらか似たような、郷愁を誘う、懐古趣味的な雰囲気を意識的にかもしだそうとして用いられているという可能性はありそうに思われる。

中英語期の終わりにかけて、書き言葉の諸変種に、より広く採用されるようになるものが現われた。これらの変種の焦点はロンドンの方言に当てられていた。そして、この変種こそが、15世紀に現われ、われわれの現代の標準英語の基礎をなす書き言葉標準の基盤だったのである。このロンドン方言は、14世紀の詩人ジェフリー・チョーサーの用いた方言に近いものではあるが、ただし、より北部の方言と接触した結果として、すなわち、北部や中部の州から首都へ移民が流れ込んだ結果として15世紀に生じた数々の差異もあるにはある。15世紀中の北部諸方言の影響により説明されるものとして、（古英語に由来する）チョーサーの *her* (彼らの) と *hem*

118

（彼らを）と、（古ノルド語に由来する）現代英語の *their*（彼らの）および *them*（彼らを）のような日常語のスペリングの違いがある。（古英語からの）チョーサーの *yeve*（与える）と（古ノルド語からの）現代英語の *give*（与える）もそうだ。15世紀に生じたロンドン英語の変種は、Chancery（大法官庁）、Privy Seal（玉璽）、Signet Offices（王璽）という国の役所と関連が深かったために、ときに 'Chancery Standard'（大法官庁標準）と呼ばれる。この官僚との関係により、大法官庁標準は地位と権威を容易に付され、さらに標準書き言葉英語の基盤として徐々に採用されていくことになった。しかし、この変種が採用された過程は、即時のものでも、平坦なものでもなかった。中英語期の終わりまでには、われわれの現代書き言葉標準の祖先と認められる標準化した書き言葉英語の変種が1つ、現われていた。しかし、この標準化の過程は、初期近代期においても続き、加速化したものの、他の要因が介入して、さらなる改変と改訂をもたらすこととなったのである。

　この時期の中英語がどのような見栄えだったかをかいまみるべく、以下にチョーサーの『カンタベリー物語』 *The Canterbury Tales* からの抜粋を挙げよう。この抜粋は総序歌の出だしであり、チョーサーの作品を大学生に導入するのに大学の英文科で使われている、同詩の標準的な現代版『リバーサイド版チョーサー』 *Riverside Chaucer* から取られたものである。

> Whan that Aprill with his <u>shoures soote</u>
> 　　　　　　　　showers（にわか雨）; sweet（快い）
> The <u>droghte</u> of March hath <u>perced</u> to the roote,
> 　　　　　　　　drought（乾き）; pierced（染み込んだ）
> And bathed every veyne in <u>swich licour</u>
> 　　　　　　　　such liquid（そのような樹液）
> Of which <u>vertu</u> engendred is the <u>flour</u>;
> 　　　　　　　　power（働き）; flower（花）

Whan Zephirus eek with his sweete breeth

the west wind（西風）

Inspired hath in every holt and heeth 　　　　wood（林）

The tendre croppes, and the yonge sonne 　　shoots（若芽）

Hath in the Ram his half cours yronne,

the sign of Aries（白羊宮）; run（走った）

And smale foweles maken melodye, 　　　　birds（小鳥たち）

That slepen al the nyght with open ye 　　　　eye（目）

(So priketh hem nature in hir corages),

incites（刺激する）; hearts（心）

Thanne longen folk to goon on pilgrimages, 　desire（望む）

And palmeres for to seken straunge strondes,

pilgrims（巡礼者たち）; foreign shores（見知らぬ土地）

To ferne halwes, kowthe in sondry londes;

distant shrines（遠くの社）; known（知られた）

And specially from every shires ende

particularly（とりわけ）

Of Engelond to Caunterbury they wende, 　　travel（旅する）

The hooly blisful martir for to seke, 　　　　seek（求める）

That hem hath holpen whan that they were seeke.

helped（助けた）; sick（病気の）

（四月の快いにわか雨が／三月の乾きに耐えた草木の根に染み込んで、／樹液となって葉脈を満たすと、／そのはたらきによって花が綻び、／西風（ゼフィロス）も芳しい息吹（かぐわ）を吹き込んで、／林や荒れ野のか弱い若芽を元気づけ、／若々しい太陽が／白羊宮の半ばを走り終え、／小鳥たちが歌いさえずり、／自然に深く心誘われて／眠りもせずに夜を徹する頃おい、／人は巡礼に出かけたく思い、／聖地巡礼者は見知らぬ土地を、／諸国に知られた遠方の聖地を訪（と）いたく思う。／とりわけイングランドの諸州すみずみから／カンタベリーへと人々は出かけて行く。／病気の時助けてくださった／聖なる尊

い殉教者様にお参りするために。

〔『カンタベリー物語（全訳）』笹本長敬訳、英宝社、2002年、p.3〕

　この抜粋には現代のスペリングの慣習には馴染みのないスペリングの変異がかなりあるけれども、類似性の多さには目を見張るものがあるだろう。多くの語は今日とまったく同じように綴られており、それは *the*（その）, *in*（～の中に）, *with*（～と一緒に）, *they*（彼ら）, *to*（～に）のような小さな機能語だけではなく、*specially*（特に）, *every*（すべての）, *april*（4月）, *march*（3月）, *bathed*（水浴した）, *nature*（自然）, *pilgrimages*（巡礼者）, *shires*（州）などのより長い単語にも言える。これらの単語のチョーサーによる発音は異なっていたが、そのスペリングは今日でも同じである。この抜粋では個々の単語のスペリングに多くの差異はあるものの、この差異はさして大きいものではない。最もありふれた違いとしては、*roote*（根）, *melodye*（旋律）, *ende*（端）にみられるように語末で余分な <e> を加えるという傾向や、*nyght*（夜）, *veyne*（葉脈）のようにわれわれならば <i> を使うところに <y> を使用するということがある。おそらく最も印象的な差異は、母音の表わし方に関するものだろう。ある場合には、この差異は現在の発音と類似した発音を表わす慣習が異なっていたにすぎない。たとえば、*yonge*（若い）, *sonne*（太陽）, *sondry*（さまざまな）では、縦棒が並ぶことによる混乱を避けるために <u> の代わりとして <o> が用いられており、*hooly*（神聖な）や *goon*（行く）では長母音を示すために二重の <o> が用いられている。子音字の使い方の慣習が異なることも明らかであり、後母音の前で <k> を用い（*kowthe*〔知られた〕と現代英語の対応するスペリング *couth* を参照）、*licor*（液体）において <qu> の代わりに <c> を用いている。しかし、このスペリングの差異は純粋な発音上の差異を表わす場合もあって、たとえば *Engelond*（イングランド）, *londes*（土地）の <o> は現代のスペリング *England, lands* の <a> に対応する。発音上の差異のなかには、スペリングが似ているために見えなくなっている

ものがある。チョーサーは *folk*（人々）の <l> を発音し、*whan* は語頭に /hw/ 音をもって発音したはずである。われわれはいまなおこれらの語を同じように綴るが、この発音はもはや使っていないので、そのような差異を見落としやすい。しかし、この抜粋のスペリングの多くに馴染みがあるのは、チョーサーのような中英語の作家のスペリングを現代化する傾向のある現代の校訂によるところも部分的にはある。この抜粋を、『カンタベリー物語』の現存する最古の写本に現われる対応行と比べてみれば、ずっと多く差異があることがわかるだろう。

Whan that Aueryll w^t his shoures soote
The droghte of March / hath perced to the roote
And bathed euery veyne in swich lycour
Of which vertu engendred is the flour
Whan zephirus eek w^t his sweete breeth
Inspired hath in euery holt and heeth
The tendre croppes / and the yonge sonne
Hath in the Ram / his half cours yronne
And smale foweles / maken melodye
That slepen al the nyght with open Iye
So priketh hem nature / in hir corages
Thanne longen folk to goon on pilgrymages
And Palmeres for to seeken straunge strondes
To ferne halwes / kouthe in sondry londes
And specially / from euery shyres ende
Of Engelond to Caunterbury they wende
The holy blisful martir for to seke
That hem hath holpen whan þ^t they weere seeke

（ウェールズ国立図書館、MS ペニアース 392D、
ヘングウルト写本より）

同じ1節を写本のスペリングで読むと、校訂による現代化の過程で覆い隠されていた差異がさらにいくつか出てくることがわかる。おそらく最も印象的なのは、'with'（〜と一緒に）に対する w^t や'that'（あれ）に対する $\not{p}^t$ のような、写本での省略記号の使用だろう。後者は、ルーン文字のソーンが15世紀になっても、チョーサーの作品においてすら用いられていたことを示しており、特に興味深いものである。校訂者がチョーサーの現代版でソーンの文字を取り除く傾向は、他の中英語テキストの扱われ方とはかなり異なっている。たとえば、『ガウェイン卿と緑の騎士』*Sir Gawain and the Green Knight* という詩は、チョーサーと同時代の者によって書かれているが、ソーンやヨッホの文字が残されたままで校訂されている。この校訂方針の違いは、たぶん、2人の作者に対する扱いの差を反映しているのだろう。チョーサーは、英文学の規範集にとって中心的であるとみなされているので、チョーサーの作品をより「現代的な」ものとして提示し、それによって途切れることのない直線的な伝統という神話を強調する傾向があるのだ。『ガウェイン卿と緑の騎士』を西部方言と時代遅れの頭韻形式を用いて書いた匿名の詩人は、真の中英語のスペリングでテキストが提示されることで、この文学的規範から遠く切り離されているのだ。

　チョーサーが『カンタベリー物語』の中で、異綴りが与えてくれる可能性を利用している、印象的な例がある。チョーサーは、自身の南部訛りとは異なる北部の発音を表わすために、異なるスペリングを用いているのだ。「荘園管理人の話」"The Reeve's Tale" では、アレンとジョンという2人のケンブリッジの学僧が出てくるが、彼らは「遠い北部」の出身である。チョーサーは学僧にこの北部出身という特徴だけでなく、北部訛りをも与えている。しかし、学僧の北部訛りは、北部の話し方を一貫して表わしているわけではまるでなく、少数のわかりやすい点だけが強調されているのだ。たとえば、学僧の発話では、チョーサーが通常 <o> で綴るような多くの単語

123

が、*na* 'no'（〜ない）や *banes* 'bones'（骨）のように \<a\> で綴られていることがある。これは単なるスペリングの変異ではない。\<a\> によるスペリングは、特徴的な北部方言を反映しており、南部の人々がこれらの単語を長い 'o' 音で発音していたのに対して、北部の発音では古英語の長い 'a' 音が *ham* 'home'（家庭）や *gan* 'gone'（行ってしまった）のような単語で保存されていたのだ。この北部訛りの描写は、現代英語社会に見られる南北差に関する偏見を示す初期の例ではないかと、つい考えたくなる。しかし、事実はこのように単純に割り切れるものではなく、研究者たちはこの初期の北部訛りの描写にいかなる理由がありうるか議論しつづけている。というのはチョーサーは主に南部の聴衆のために書く南部の人だったかもしれないが、北部訛りをもつ2人の学僧はケンブリッジの大学生であり、南部訛りでしゃべる話のなかの粉屋よりもずっと高い階級に属している。彼らは、粉屋にだまされるものの、逆に復讐を果たし、話の最後に勝利を収めているということも、注目すべきである。

　このように、中英語期は、1つの超域的な標準ではなく、正書法の変異と豊かな個人的なスペリング体系を特徴としている。そのようなものであるから、中英語のスペリングは、われわれが現代において1つの標準スペリングの必要性を認めていること、そして英単語のおのおのについて1つだけの正しい綴り方があるという疑問の余地なく受け入れられている前提に異を唱えるものにほかならない。しかしながら、社会条件は変わった——すなわち、こういった状況はこの時期の終わりにかけて変化しはじめ、結果としてロンドン方言が、続く初期近代期に改変され、体系化されつづけることになる新しい標準スペリングの基礎として選択されるのである。

124

5　ルネサンスと改革

　初期近代英語（1500‐1700年）のスペリングは、古英語や中英語のスペリングよりも、現代の英語の読み手にとってずっと馴染み深い。はるかに一貫性があり、スペリングと発音の関係は現代のわれわれのスペリング体系よりも緊密である。したがって、初期近代英語期のスペリングと音の関係を扱う本章では、議論することはほとんどないかのように映るかもしれない。しかし実際には、この時期はスペリング体系と、それが話し言葉の体系を表わす方法としていかに効果的かということが広く吟味され、この話題について多数の出版物が著わされるようになった時期である。この問題はあるスペリング改革者の集団によって取り上げられ、彼らは話し言葉と書き言葉の関係をより近いものにしようとスペリング体系を改変することに関心を寄せていた。別の改革者集団はかなり異なる目標をもっており、語源、すなわち単語の起源となる語根のスペリングを反映すべく、たとえそれによってスペリングと発音の差を広げることになろうとも、スペリング体系を改変したいと望んでいた。この時期の識字率の増加は、子供向けのスペリングの教育への関心を生み出し、結果として、一貫性がまるでなく非常に複雑な体系を子供たちに教育する最良の方法についての議論が始まった。その結果、スペリング体系の背後にある規則と、その規則を学べるような方法を説明することに腐心した一連の出版物が登場した。不可避的にそのような関心からは、子供たちに単語を綴る複数の方法の選択肢の1つとしてではなく、唯一の標準的な方法を教えられるよう、スペリング体系を固定化したいと望む者たちが生まれることになった。

中英語期の終わりに現われはじめ、初期近代期のあいだに英語社会のなかでまつりあげられることになった英語を標準化するという過程によって、固定的なスペリング体系を確立したいという欲求はかきたてられた。英語を標準化するという過程はまた、標準化というイデオロギー、すなわち言語を用いる正しい方法と誤った方法があり、変異は抑えられるべきだとする考えを確立させることにもなった。改革者たちは、標準的なスペリング体系を確立し固定化するにあたって、ラテン語やギリシア語などの古典語にふさわしい競争相手となるべく、英語のスペリングにより大きな威信を付与したいという欲求にも駆られていた。古典語の固定化したスペリング体系に比べ、英語のスペリングは混沌として、不安定にみえた。したがって、確実にその地位を高めるには、もっと安定感と固定性が必要だと思われた。もちろん、これは誤った対比であった。古典ラテン語やギリシア語は生きた言語ではなかったし、それゆえに生きて使われているすべての言語の特徴たる不断の変異や変化に、もはやさらされることはなかったのだから。

英語のスペリング改革は、1540年から1640年のあいだに出版された多くのスペリング本で取り上げられ、それぞれの本では、過激なものからそうでないものまでスペリング体系のさまざまな変更案が提案された。これらのスペリング改革者の主たる懸案は、スペリングと発音のあいだに相互関係がないことだった。前章で見たように、これは一面としては、ノルマンフランス語の慣習が英単語のスペリングに適用されていた中英語期から引き継がれた問題だった。しかし、スペリングは標準化したが発音は変化し、スペリングと話し言葉の差がいっそう広がってしまったがために、この問題は初期近代英語期にさらに複雑化した。

英語により高い地位を与える試みの1つとして、英単語のスペリングがラテン語の語源形と推定されたもの、すなわち起源と考えられた語形に合わせて変更されるということがあったが、これによってスペリングと発音の不一致はさらに大きくなった。たとえば、中

英語のスペリング *dette* 'debt'（負債）や *doute* 'doubt'（疑う）には、対応するラテン語の単語（*debitum* と *dubitare*）と足並みを揃えるべく、<b> の文字が加えられた。もっとも、その2単語は、実際には <b> のない形でフランス語から直接借用されたものではあったのだが。中英語の *vitailes*（食料）には <c> の文字が加えられ、*victuals*（ラテン語 *victualia*）となった。<c> は中英語の *sisours*（はさみ）にも付加されて、*scissours* とされた（ラテン語は *scissor*。現代英語の *scythe*〔大鎌〕も参照）。中英語 *langage*（言語）には <u> が加えられて *language*（ラテン語 *lingua*）が生まれ、中英語 *receite*（ラテン語 *receptum*）（受領）には <p> が加えられ、*receipt* となった。中英語の *samon*（鮭）には <l> が加えられ、*salmon*（ラテン語 *salmo*）が生じた。中英語の単語 *quire*（聖歌隊）は、現代英語では *choir* だが、ラテン語の単語 *chorus*（コーラス）をより正確に反映すべく綴りなおされたものである。ただし、これらすべての例において、発音は変化せずに保たれた。*nephew*（甥）という単語は、とりわけ複雑な歴史を有している。この単語は中英語期に古フランス語 *neveu* から借用され、/v/ をもったフランス語の発音を保持した。そのスペリングをラテン語源形 *nepos*/*nepot*-（現代英語 *nepotism*〔縁者びいき〕を参照）と足並みを揃えようとする試みにより、黙字の <p> が挿入され、*nepveu* というスペリングが生まれた。この変化がきっかけとなり、<f> や <ph> をもつ *nefeu* や *nepheu* など、多くの異綴りが生み出された。最終的に採用されたのは <ph> のスペリングであり、このスペリングの使用により、ついに /v/ ではなく /f/ の発音が生まれた。ときには、このようなスペリングの調節は、対応する発音の変化をも生み出した。中英語の *aventure*（冒険）はラテン語形 *adventura* を反映すべく *adventure* と綴られはじめ、新しいスペリングは発音の変化を引き起こした。似たような状況が中英語の *avis*（助言）にも起こり、ラテン語 *advisum* を参照して *advice* となった。中英語 *perfeit*（現代英語 *perfect*〔完璧な〕）には、借用元であるフランス語の単語のスペリングが反映

されている。1500年を過ぎて初めて、ラテン語 *perfectus* に基づく
<c> をもつ綴りが現われだし、のちにこの語の発音に影響を及ぼし
た。*fault*（中英語 *faute*〔欠陥〕）の <l> の再導入も、現代英語の発
音につながった。中英語のスペリング *cors*（体）はラテン語 *corpus*
との類推により <p> をもって綴られはじめ、その <p> はやがて発
音されはじめた。おもしろいことに、<p> の付加は、発音こそされ
れていないがフランス語でも起こっており、実際フランス語では、
以来、語末の <s> をも発音しなくなっている。この語の英語のス
ペリングはその後さらに変化して、陸軍の単位を表わす軍隊用語
corps（軍団）と区別するために、19世紀に語末の <e> が加えられ
て *corpse*（死体）となった。しかし、これらの例ではスペリングと
発音が一体となって変化したものの、多くの例では、このような変
化はスペリングと発音の差を広げることに終始した。「語源に沿っ
たスペリングを」という衝動は、ラテン語由来の単語にラテン語の
二重字 <æ> と <œ> をもたらすことにもなり、現代英語までは生き
残らなかったものの、*æstimate* 'estimate'（ラテン語 *æstimare*〔見
積もる〕）や *æqual* 'equal'（ラテン語 *æqualis*〔平等の〕）や *æconomy*
'economy'（ラテン語 *oeconomia*〔経済、節約〕）を生んだ。

　ときには綴りなおしが、まったく誤った語源に基づいていること
もあった。たとえば、中英語の単語 *iland*（島）は、もとをたどれ
ばラテン語 *insula*（島）に由来するフランス語の単語 *isle*（島）との
比較に基づいて *island* と綴りなおされた。しかし、中英語の *iland*
は、フランス語からの借用語などではまったくなく、むしろ古英語
iegland（島）に由来する。*isle* と、中英語の無関係な単語 *eile* との
混乱により、後者に <s> が同様に挿入され、現代英語のスペリン
グ *aisle*（側廊）が生まれた。これは、フランス語 *ele* に由来し、も
とをたどればラテン語で翼を意味する *ala* に遡る（*aisle*〔通路〕
は比喩的に教会の翼である）。もう1つの例は、中英語の単語
amyrel（司令長官）である。この語は、*adventure*（冒険）や *advice*（助
言）の語の例と同様に、ラテン語の接頭辞 <ad-> をもつ形態に由来

5 ルネサンスと改革

するという前提のもとで *admiral* と綴りなおされた。この語は確かに古フランス語で *amiral* と綴られたものから中英語に入ったのであったが、もとをたどればアラビア語 *amir*（軍司令官）である。語源的な綴りなおしは、ラテン語の語源形と想定されたものに影響されたケースばかりではなく、ギリシア語起源と想定される語源を反映すべくスペリングを改革しようとする試みもあった。中英語の単語 *autor*（著者）と *anteme*（賛美歌）は、セータという文字 <θ> で綴られたギリシア語の語源形に由来すると考えられたために、*author, anthem* と綴りなおされた。

　スペリングは語源を反映すべきだという当時の見解については、シェークスピアが、この時期の英語の地位を巡る多くの論争を参照した劇『恋の骨折り損』*Love's Labour's Lost* のなかで皮肉っている。ホロファニーズという登場人物は、正用を主張し語源的なスペリングを好む衒学者（げんがくしゃ）で、語源的に綴りなおされた単語は、書かれたとおりに発音されるべきだと論じている。ここから、彼は次に引く台詞（せりふ）の中でまくしたてるとおり、*doubt*（疑う）や *debt*（負債）のような語の非歴史的な <b> は、*calf*（小牛）や *half*（半分）の <l> とともに、発音されるべきものであると主張するに至る。

衒学者

He draweth out the thred of his verbositie, finer then the staple of his argument. I abhore such phanaticall phantasims, such insociable and poynt deuise companions, such rackers of ortagriphie, as to speake dout *sine* b, when he should say doubt; det, when he shold pronounce debt; d e b t, not d e t: he clepeth a Calfe, Caufe: halfe, haufe: neighbour *vocatur* nebour; neigh abreuiated ne: this is abhominable, which he would call abbominable, it insinuateth me of *infamie*: *ne intelligis domine*, to make frantick lunatick?

（『恋の骨折り損』第5幕第1場 17‒23）

（彼は議論の繊維よりももっと細いことばの糸を繰り出す男です。私は嫌悪しますね、あのような狂人的変人は、あのような非社交的堅物は、あのような言語破壊者は。彼は、たとえば、ウタガヒというべきところをウタガイと言う、シャクキンと発音すべきところをシャッキンと発音する、クワンネンと称すべきところをカンネンと称する、チューブルヒンと呼ぶべきところをチューコヒンと呼ぶ、ブルをコにしてしまうわけです。これには背筋にカンキが走る思いです──ま、あの男ならサムケが走るとでも言うところでしょう。まったく私は非正気に誘致されそうです、anne intelligis, domine? きみよ、理解されるや？　つまり、正気を失い、狂気になりそうだということです。

〔『恋の骨折り損』小田島雄志訳、白水社、1983年、p.112〕）

スペリングは発音を反映すべきであるという理想を追うあまり、ホロファニーズは正書法を変えるのではなく、発音を変えよと主張するに至る。当時の改革者の提案したもっと普通の解決法は、発音を反映すべくスペリングを改革するというものだった。ただし、ときには他の英単語との類推により、書き言葉と話し言葉の関係にさらなる複雑な状況がもたらされることになったのだが。前章でみたように、*light*（光）と *night*（夜）の語はかつて語中に摩擦子音をもって発音されており、それゆえにスペリングの真ん中に <gh> がある。しかし、中英語期には、そのような単語においてこの音は消失し、一方でスペリングはその後の標準化のために変化せずに据えおかれたというわけである。したがって、*light* と *night* は当時、フランス語からの借用語 *delit* 'delight'（喜び）の第2音節と同じように発音されていた。しかし、異なって綴られるが同じ発音をもつ2つの語があるという一貫性のなさを解消すべく、*delite* という語は *delight* と綴られはじめた。一見これは筋の通った手順のようにみえるかもしれないが、しかし *light* と *night* から <gh> を取り除いてやり、それによってスペリングを実際の発音に近づけてやるほう

130

が、間違いなくより理に適っていただろう。*despite*（〜にもかからわ
ず）と *spite*（悪意）の場合をみると、両単語は16世紀に *despight* と
spight と綴られはじめたが、この類推によるスペリングはやがて
<gh> のない以前のスペリングに置き換えられた。ラテン語からの
借用語をゲルマン的なスペリングの慣習に従って綴りなおした、こ
の種のさらに極端な例は、*haughty*（傲慢な）の歴史にみることがで
きる。この単語は、ラテン語 *altus*（高い）に由来するが、英語に同
化する過程で語頭の <h>, <gh>, 語末の <y> を獲得した。

　16世紀のスペリング改革者を動機づけていたのは、スペリング
と発音の関連を回復したいという望みだった。これらの改革者のう
ち最初期の人物の1人に、ケンブリッジ大学のギリシア語の欽定講
座担当教授、ジョン・チーク卿がいる。彼のスペリングへの関心は、
1530年代を通じて激化した古典ギリシア語の正しい発音を巡るケ
ンブリッジ大学での論争に関与して以来のものだ。この論争は、古
典ギリシア語の発音は、現代のギリシア語の発音ではなく、書き言
葉を利用して再建された音体系に基づいているべきだと提案したエ
ラスムスにより引き起こされた。チークはエラスムスの主張に従い、
ケンブリッジ大学ではこの再建された発音を採用した。これは学生
のあいだでは評判のよい行動だったようにみえるが、大学の保守陣
営、特に大学総長スティーヴン・ガードナーの反感を買った。ガー
ドナーは1542年にこの発音の使用を禁じる制令を発布し、この発
音を使っているところを見つかった者は、除籍とむち打ちに処され
たのだ。ガードナーは、再建された発音は疑わしい証拠に基づいて
おり、より優れた発音に取って代わられた発音をよみがえらそうと
する試みにすぎないと主張した。チークは再建発音が依拠した原則
を発表し、個々の音を詳細に記述することによって反論した。この
議論により、英語のスペリング体系の本質と、それが英語の音体系
を表わす手段としてどのくらい適切であるかについての再考がなさ
れ、さらに当時の話し言葉をよりよく反映するスペリング体系の改
革案が案出されることにもなった。チークは自らのスペリング改革

の提案について主張することも説明することもなかったが、1550年頃のものとされるマタイによる福音書とマルコによる福音書1章の一部の翻訳のなかで自らの改革したスペリングを使用した。チークは、しばしば語末に現われたが発音されない語末の <e> の呈する問題に対処しようと望み、たとえば *taak*（取る）, *haat*（憎む）, *maad*（作った）, *mijn*（私のもの）のように、長母音を示すのに重ねた母音字を用い、*Godd*（神）のように先行母音が短いことを示すのに重ねた子音字を用いた。そして、たとえば *giv*（与える）, *belev*（信じる）のように、語末の <-e> が無機能である単語では、それを省いた。/i/ のために <y> と <i> の両方が使われていたところでは、チークはたとえば *mighti*（力強い）, *dai*（1日）のように <i> のみを用いた。チークの改革はおおよそ体系的だったが、*need*（必要）ではなく *ned* というスペリングがあったり、*fruut*（果物）のスペリングとならんで *fruit, frute* が見つかるなど、一貫性がないこともあった。チークはまた、/dʒ/ を表わすつもりで丸まった頭部をもつ <g> の字形や、おそらく古英語の <þ> の異形をよみがえらせようという試みなのだろう、/ð, θ/ 音を表わすのに上に 鋭 アクセント記号をもつ <ý> といった特殊な字形を導入した。何よりも、チークの体系は独特であり、自身の好みを表わすものにすぎなかった。以下は、彼のマタイによる福音書（14章）の翻訳から抜粋した1節である。

Jesus heering yᶦˢ went from ýens in a boot himself aloon, into á wildernes. yᵉ pepil heering yᶦˢ cām folowed him out of yᵉ citees on foot. Jesus cōming forth and seing great resort ýeer piteed ýem and healed ýeer diseased. And when it was som thing laat, his discipils cam vnto him and said, This is á wild place, and yᵉ tijm is wel goon, let ýis resort go now, yᵗ yᵉⁱ maí go into villages and bi ýemselves sōm meat. ýei have no need said Christ to ýem to go awaí. Giue yow ýem sōm meat.

5　ルネサンスと改革

（グッドウィン編、1843年、p.61）

（イエスはこのことを聞くと、舟に乗ってそこを去り、自分ひとりで寂しい所へ行かれた。しかし、群衆はそれと聞いて、町々から徒歩であとを追ってきた。イエスは舟から上がって、大ぜいの群衆をごらんになり、彼らを深くあわれんで、そのうちの病人たちをおいやしになった。夕方になったので、弟子たちがイエスのもとにきて言った、「ここは寂しい所でもあり、もう時もおそくなりました。群衆を解散させ、めいめいで食物を買いに、村々へ行かせてください」。するとイエスは言われた、「彼らが出かけて行くには及ばない。あなたがたの手で食物をやりなさい」〔口語訳〕）

　チークの聖書翻訳は、彼が借用語彙よりもむしろ本来語を使おうとする決意を示している点でも興味深い。本来語の相当語がない場合には、チークは「なぞり」すなわち翻訳借用を導入するという手段に訴えた。それは、ドイツ語の *Übermensch*（超人）を文字どおりに翻訳した現代英語の *superman*（超人）の例のように、概念を英語に翻訳するというものだ。チークが‘trutorns’と名付けたなぞりの例としては、マタイによる福音書のなかに、*gainbirth* ‘regeneration’（再生）, *gainrising* ‘resurrection’（復活）, *onwriting* ‘superscription’（上書き）, *moond* ‘lunatic’（狂気の）, *biwordes* ‘parables’（寓話）, *hundreder* ‘centurion’（百人隊長）, *washing* ‘baptism’（洗礼）, *forschewers* ‘prophets’（預言者）, *frosent* ‘apostle’（使徒）がある。こうした見苦しく特異な用語は、エドマンド・スペンサーのようなのちのプロテスタントの作家の純粋主義的な語彙の先駆けとなるものではあるが、はやりはしなかった。しかし、これは驚くべきことではないだろう。

　エラスムスの古典ギリシア語の改革発音を支持したもう1人のケンブリッジ大学の学者は、トマス・スミス卿だった。スミスは、1543年にケンブリッジ大学の民法の欽定講座担当教授に任命され、同年に学長の役職に就いた。チークの立場をスミスが支持したのは、

133

1568年のギリシア語の発音に関する小冊子の出版においてだった。この著作のなかで、スミスは古典語の正しい発音は最も偉大な作家の用いた発音であるべきだと主張した。ラテン語の場合には、それはキケロやその同時代人の用いた発音である。のちの発音は、正用の崩れたものを表わしているので、現代の学者にとって何の権威もない。ちょうどフランス人が、英語訛りで発音されたフランス語を自分の母語として認めないのと同様に、古典ギリシア語は、現代の発音の基準に従って発話されるべきではないのだ。スミスの著作では、彼とチークがその発音を導入するに至った経過が詳しく描かれている。最初は2人だけで練習し、それから初めて講義で改革案を披露したのだ。

　ギリシア語の発音に関する著作とならんで、スミスは英語の発音とスペリングに関する姉妹篇の小冊子も書いた。英語のスペリング体系の改革を擁護した最初の小冊子『修正し、改正した英語書記について』*De recta et emendata linguæ anglicæ scriptione dialogus*（1568年）である。スミスは、英語スペリング体系の文字の数は、「発話における声や息の数だけ」あるべきだと唱えた。ローマン・アルファベットでは対応文字が与えられないような音が英語にある場合には、既存の文字に2つ以上の音を表わさせることによって「濫用する」のではなく、新しい文字を導入すべきだと。

　かくして、スミスはいくつかの新しい文字をアルファベットに導入することを提案した。彼自身が考案したものもあれば、ギリシア語や古い英語の諸変種から導入されたものもあった。たとえば、彼は、<g> の文字は硬い /g/ 音のみに使われるべきであり、/dʒ/ 音は古英語のインシュラー書体の <g> である <<ȝ>> を再導入して表わすべきだと提案した。スミスは、/k/ に <k> の文字をとっておき、/tʃ/ には <c> を用いようと提案して、古英語風の慣習を呼びかけた。彼は、<sh>, <ch>, <th> のように、他の文字を「軟化させる」ために <h> を発音区別符として用いることには反対した。その真の使い道は、帯気音を表わすことに限るべきであると。/ð/ 音につい

ては、スミスはギリシア語のデルタ <Δ> および彼が呼ぶところの
"ソーンd"、すなわちアングロサクソンの "エズ" という文字 <ð>
の、2つの異なる文字を用いた。/θ/ 音については、彼はさらに2
つ、1つはギリシア語、もう1つは古英語に由来する文字を提案し
た。それは、ギリシア語の <θ> と古英語のソーン <þ> であり、
θin 'thin' (薄い), *þik* 'thick' (厚い), *Δöu* 'thou' (汝), *ðër* 'there' (そ
こで) のように綴られた。この2音それぞれを表わすのに2つの異
なる記号を使うというのは、音と文字の正確な一致というスミスの
主義には反するものであり、なぜ彼が特にこの2音について異綴り
を提案する必要を感じたのかは定かではない。その理由としては、
おそらく、これらの改革案は、いずれか1つの解決法が選ばれるよ
うに提案された選択肢として出されたにすぎないという事実にある
のではないか。スミスの提案のさらに特異な点は、2音を表わし、
したがって彼の厳密な表音の原則を破る <x> の文字を彼が保持し
たことだ。この文字と並んで <ks> のスペリングも現われるという
のは、この改革案も最終的な解決法ではなく提案として意図されて
いたということを示唆する。母音の表わし方については、スミスは
母音の長さを示すのに黙字を使うのを好まず、彼の体系を馴染みに
くく近寄りがたい見た目にする、分音符号や曲折符号のような強勢
符号の体系を用いることを好んだ。

　1569年に、中級紋章官のジョン・ハートは『正書法』*Orthog-*
raphie を出版し、これをのちに改訂して『すべての未習者のため
の方法、あるいは快適な初歩──英語を読めるようになるために』
A Method or Comfortable Beginning for All Unlearned, Whereby
They May Bee Taught to Read English (1570年) を出した。ハート
はまた、その存命中には出版されず、1551年のものとされる写本
にしか現存していないが、3つめの著作『我らが英語の不合理な書
記の開示』*The opening of the unreasonable writing of our inglish*
toung をも書いた。ハートはおそらく生まれはロンドン市民であり、
大学教育は受けていなかったが、ラテン語とギリシア語を読み、ス

135

ミスやチークの著作およびギリシア語の発音に関する議論を知っていた。ハートは彼らの著作に親しんでいたが、彼の好む発音はスミスやチークとは異なっていた。ラテン語の場合には、ハートは現代イタリア語の発音を用いることを主張した。ハートは、英語のスペリングに関する著作において、まず英語の音、すなわち彼が「声」と呼んだものを列挙することから始め、書記体系はその言語の声と同じ数の文字を含んでいるべきだと主張した。ハートによれば、英語の問題は、音と同じ数だけの文字がなく、それが「崩れた」書記体系を生み出しているのだということだった。ハートは、*doubt*（疑う）の <b>、*eight*（8）の <gh>、*authority*（権威）の <h> などのように、多くの語が余分な文字（発音されない文字）を含んでいるという点で、英語が「余分」の病にかかっていると主張した。ハートは、スペリング体系は語源ではなく発音を表わすべきであり、黙字は英語のスペリングの不要な特徴であると信じていた。黙字の唯一の有用な機能は、*hope*（望む）のように、先行母音が長いと示すことだったが、ハートはこの目的には強勢符号を使うことを提案したのだった。さらなる問題は、彼が「横領」と呼んだもので、*gentle*（優しい）や *game*（遊び）の <g> のように、1つの文字が2つ以上の音を表わすのに使われていることだった。関連して「縮減」という、英語のすべての音を表わすのに十分な数の文字がない問題があった。したがって、ハートのスペリングに関する持論は、各音素が1つの文字素に対応すべきであり、どの文字素も2つ以上の音素を表わしてはならないというものだ。ハートは、語源的スペリングは英語を学ぼうとする外国人にとって発音の案内として役に立たないのだから、無意味だと考えていた。彼はまた、現代英語の *bear*（クマ）と *bare*（裸の）というスペリングにみられるように、異綴りは同音異義語を区別するのに役立つ方法だという見解をも受け入れなかった。というのは、同音異義語は、話し言葉でまったくそうであるように、文脈によって区別できるからだ。英語のさまざまな地域訛りゆえに、厳密に表音的な体系は得られないという既存の批判に対するハート

5　ルネサンスと改革

の回答は、異なる発音に対して交換可能な体系を認めることを主張するというものだった。

　多くの点で、ハートの見解は少々理想的すぎはしたが、理に適ったものだった。彼が導入した改革案のなかには、実際に採用されているものがある。ハート以前には、<j> の文字はそれ自身で独立した文字ではなかった。これは、起源的にはローマ字 <I> の異形にすぎない。中英語では、<j> は *lijf* 'life'（生命）のように <i> の文字が複数合わさって現われるときの異形としてもっぱら用いられており、今でも数字の4を *iiij* と表わすように、ローマ数字ではよくみられる。したがって、中英語での <j> の用法は、一連の縦棒によって混乱が生じかねない場合の *son*（息子），*love*（愛）のようなスペリングにおける <o> の用法と似ている。ハートは、今日もわれわれが使っているように、/dʒ/ 音を表わすのに <j> の文字を独立した子音字として用いることを提唱した。似たような状況は、両方とも起源を単一のローマ字 <V> にもつ <u> と <v> の文字についてもいえる。中英語期には両文字は位置による異形であり、母音を表わすのか子音を表わすのかにはかかわらず、<v> は語頭に、<u> は語中に現われた。したがって、中英語には *vntil*（〜まで），*very*（非常に），*loue*（愛），*much*（多くの）のようなスペリングがみられる。ハートの革新は、<u> を母音に、<v> を子音にしたことであり、結果としてその現われ方は、語の位置によってではなく用法によって決まることになった。/dʒ/ のために <j> を用いたのは、<g> がもはやこの音価をもたず、疑いの余地なく /g/ を表わすのに使えるようになったということだった。一方、ハートは <c> と <k> の用法も再編成し、結果として <k> はつねに /k/ のために使い、<c> は /tʃ/ のために取っておくことにより、古英語のスペリングの習慣へと回帰した。ハートの体系では、すべての黙字が廃棄され、特別な文字を使って表わすようにした <th> や <sh> のような二重字も廃棄された。ただし、ハートは /θ/ のための選択肢としての <þ> と、/ð/ のための選択肢としての <dh> を提案していた。ハートは、

137

長音標識としての語末の <e> の使用には反対し、代わりに強勢符号や母音字重複を用いることを好んだ。しかし、ハートの提案は <v/u> や <i/j> の文字の再編成に関してはいくらか影響力があったものの、提案された変化の大部分は採用されるにはあまりに急進的だった。

　この時期のもう1人のスペリング改革者に、英語のスペリングの呈する問題に答えを見つけることに専念すべく職を辞した教師、ウィリアム・ブロカーがいた。ブロカーは、『英語発話のための正字法修正に関する概論』*Book at large, for the Amendment of Orthographie for English Speech*（1580年）において、先人たちの失敗の原因と考えていた新しい文字の発明は避け、「長い年月のあいだ忘れ去られ」て「片すみにいる少数の者にしか知られていない」古代文字の復活を拒否した。しかし、ブロカーは新しい字形には反対したものの、一般大衆には同じくらい反感を買うことになった、彼が 'strike' と呼ぶ強勢符号や他の発音区分符号は導入したのである。ブロカーは、文字の名前をその音に近づけようと努め、<w>、<z> を 'wee'（ウィー）、'zee'（ズィー）と新たに名付けることを提案した。後者は、イギリス人が zed と呼ぶ文字に対するアメリカでの標準的な呼び名となっている。前者は、おそらく驚くことではないが、はやらなかった。ブロカーは <sh>、<th>、<ch> のような二重字を、独立した文字とするために合字にしたものを使うことを提案した。/θ/ と /ð/ を区別するのには、発音区分符号を用いた。ブロカーは、みずから多大な出費をおしまず、広範に活動を行ない、この関心事に何年もの歳月を捧げたが、スペリング改革の理論や実践にほとんど新しいものを付け加えることはなかった。それでも、生徒のために改良された体系を促進しようという献身的な教師としての情熱は、自身による改訂を加えた多くの小冊子や翻訳書を出版させることとなった。ブロカーの改訂案はわれわれの現代のスペリング体系にほとんど影響を及ぼさなかったけれども、彼が改訂版スペリング体系で出版した豊富な教材は、現在、16世紀の発音を研究するのに非

常に価値のあるものである。

　16世紀のスペリング改革者の中でおそらく最も有能で影響力があったのは、英語のスペリングの問題についてのより均衡の取れた解決法を提示した『入門書』*Elementarie*（1582年）を著わしたリチャード・マルカスターであった。マルカスターは、イートン、ケンブリッジ、オックスフォードで教育を受け、1556年にクライストチャーチで修士号を取った。それから彼は学校教育の道に進み、1561年にマーチャント・テイラーズ・スクールの校長に任命された。彼はこの地位を1586年に辞し、その後1596年にロンドンのセントポール・スクールの校長になった。マルカスターの『入門書』は、初等教育の初歩を扱うべく意図されたもので、マーチャント・テイラーズ・スクールの校長だった時期の1582年に出版され、その著作は学校で使用される教科書としての役割を目指していた。マルカスターは、先輩たちの理想と実際に機能している体系との妥協点を図ろうと試みた。彼は、いかなる書記体系も真に表音的では決してありえないと理解しており、2音を表わすのに1つの文字を用いることは完全に許容されるものだと理解していた。結局のところ、これは完全に問題なく機能しているように見える他の多くの言語の特徴である。同様に、現行のアルファベットは、英語にとって今もそうであるように、他の言語でもうまく用いられており、一方で新しい字形は醜く「物書きに適さない」のだという。マルカスターのこうした主張からは、改革提案と英語のスペリングの歴史に関する彼の理解に一定の混乱のあることがうかがえる。ラテン語を書くためにこそローマン・アルファベットの使用が必要だと述べるのは、英語のスペリングの基本的な問題が、ラテン語にみられない音で、それゆえに対応する文字がない音に関するものであったとわかっていないということだ。マルカスターは、ドイツ語、スペイン語、フランス語、イタリア語のような他の言語でのローマン・アルファベットの異なる使用法にも気づいていなかったようにみえる。マルカスターは、発音はつねに変化しているものであるから、スペリング

と音の不一致が避けられないということは認識していた。だが、彼は表音アルファベットと、英語のすべての異なる訛りを表わせるアルファベットとを混同していた。

マルカスターの提案は、音、理性、慣習に基づいていた。彼の関心事は、自分自身の考案した新機軸を押しつけるというよりは、現行の体系を説明し、合理化することだった。彼は、他の人たちが除去しようとした英語のスペリングにおける混乱を来す点については<ruby>いくつか注記している。たとえば、「われわれの書記における混乱の原因となっているようにみえる」<g> の「弱い」発音と「強い」発音などである。マルカスターはまた、先行母音の種別を示すのに語末の <e> を用いるというスペリングの規則化を推進するのにも影響力があった。それは、*like*（好む）, *wise*（賢い）, *life*（生命）のような語の現代のスペリングの特徴となっている。中英語では、長母音は二重の母音字で表わされる傾向があったが、これはしばしば非常に気まぐれであり、結果として *hom, hoom* 'home'（家庭）のような語では母音の長さは不明確であった。初期近代英語では、語末の <e> はしばしば子音で終わる語に付された。マルカスターは、先行する長母音の標識として語末の <e> を用いる体系を導入したが、短母音＋子音の後に <e> を付す傾向は、*live*（/lɪv/、生きる）, *done*（/dʌn/、なされた）, *gone*（/gɒn/、行ってしまった）のようないくつかの例において生き残っている。マルカスターの規則に従わない別のスペリングをもつものには、*sneeze*（/sniːz/、くしゃみ）, *groove*（/gruːv/、溝）, *seethe*（/siːð/、波立つ）のような語がある。ここでは、母音の長さが、二重の文字と語末の <e> の両方で示されている。

マルカスターは、そのような一貫していない点を取り除いたり、表音的に一貫したスペリングを促進するためにスペリング体系を改革することに関心があったというよりは、各単語に1つのスペリングを与えることを促進するほうに関心があった。本の最後で、彼は7000の最もよく使われる日常語のスペリング一覧表を掲載した。すべてではないがその多くは、現代英語で使われているスペリング

と同じである。この表には、*through*（〜を通り抜けて），*such*（そのような），*after*（〜のあとで），*again*（再び），*against*（〜に対抗して）のように、多くの高頻度の文法語が現代のスペリングで含まれている。ただし、現代の用法と異なるスペリングもあり、*anie*（いくつかの），*verie*（非常に）のような語では <y> ではなく <ie> を使っていたり、*quik*（素早い），*stik*（棒きれ），*pik*（つつく）のような語では <ck> ではなく <k> を使っていたりする。マルカスターはハートに従って、<v> はつねに子音を表わし、<u> は母音を表わすのに使われるべきだと説明しているが、実際にはこれを守らなかった。一覧表で彼が使っている *auenge* 'avenge'（復讐する），*vpon* 'upon'（〜の上に）のようなスペリングが示しているのは、マルカスターがこれらの文字を位置による変異形として使いつづけていたということだ。マルカスターは、この著作で客観的で記述的な態度を示したが、そのスペリングの一覧表には彼自身の新機軸もいくつか含まれてはいる。たとえば、彼は *guest*（客），*guess*（推測する）のような語において、「強い」<g> の後の <u> を含めるのを良しとせず、それを省くことを主張した。巻末の単語一覧では、これらの単語は *gest, gess* と綴られており、これは当時の習慣ではなくマルカスターの好みを示すものである。マルカスターはまた、ギリシア語からの借用語の /f/ に対する <ph> は、<f> に容易に置き換えることができ、それによってこれらの語はギリシア語やラテン語のわからない話者にも発音しやすくなると思っていた。彼は一覧の <ph> のもとにそのような語を含めはしたが、そのようなスペリングが必要かどうかに疑問を呈して、「これらすべてを f としてはなぜいけないのか？」と欄外注を加えている。実際、*pheasant*（キジ）の語は、<f> のもとに *feasant* として、<ph> のもとに *pheasant* としてともに挙げられている。マルカスターのスペリング一覧は、次の世紀のスペリング本に模範を定着させた点で、影響力があった。加えて、彼は英語の単一言語による辞書の必要性を強調し、17 世紀の最初の英語辞書群に道を開いた。「誰か学識があり、勤勉な人が英語で使っている

141

すべての語を集めて辞書を作ってくれれば、私の考えでは非常に賞賛に値することであり、賞賛に値すると同じくらいに有益でもあるだろう」。

　マルカスターの日常語一覧のほかにも、初期の印刷家たちが用いたスペリング体系も個人的なスペリングの習慣に規範を与えた。マルカスターのスペリング一覧が、もしかすると他の教師たちに影響を及ぼした結果として間接的にかもしれないが、印刷家に影響を与えたのかもしれないし、あるいは、彼はすでに普通に使われていたスペリングを提案していたにすぎなかったのかもしれない。いずれかはおいておくにせよ、彼のスペリングは16世紀後半の印刷本に使われているスペリングによく似ている。活字を組むことに責任があり、それゆえに用いるスペリング体系にも責任のある植字工はいくつかの実際的な問題に直面し、スペリングの変異に寛容である、という姿勢が醸成された。テキストの行末を揃える必要性というのもその姿勢を後押しした。そのためには、スペリングに変異形のあることは際立つ長所だったのだ。二重子音字や語末の <e> といった付加的な文字は、植字工がテキストの行をページにきれいに合わせるのに役に立つように、付け加えられたり、省略されたりした。個々の活字の大きさのばらつきも、スペリングの変異を引き起こす一因となった。たとえば、<ee> と <ei> の文字幅の違いによって、この2つの母音組み合わせのいずれを選択するかが決められることがあった。しかし、シェークスピアの第1フォリオの戯曲集（1623年出版）に収められた2つの戯曲のスペリングの研究によると、活字の行揃えの必要性によるものと確信を持っていえるようなスペリングの数は際立って少ないことが判明した。そうだとすると行揃えは印刷本のスペリングの一貫性のなさにとって重要な要因ではないのかもしれない。さらに、同じ研究が論じているように、初期の印刷家にとって固定化したスペリング体系はそれ自体利点があった。いったん活字のページが印刷されると、年少の徒弟たちは、個々の活字を活字箱の正しい仕切りに戻すという面倒な仕事を課せられた。

初期の印刷用活字は手書き文字によく似たデザインだったため、数多くの合字、すなわち *ff, fl, ffl* のような文字の組み合わせとさまざまな母音の組み合わせが含まれていた。

ウィリアム・キャクストンの印刷所の活字箱には約250の仕切りがあり、それぞれには異なる活字が含まれていただろうと推測されている。活字を正しく配置する仕事は、したがって、骨が折れる退屈なものだったが、印刷用に活字を組む植字工が正確に、効率よく仕事をこなせるように保証する上できわめて重要だった。この作業に直面した徒弟にとって、出会ったスペリングを暗記すれば、作業をより迅速に、正確に行なえるはずであり、明らかに有利だっただろう。このようにして、経験をつんだ植字工のスペリングは、後輩の徒弟へと引き継がれた。このような過程がシェークスピアの第1フォリオの印刷で起こったことがわかっている。自らの非標準的なスペリングならびに見本テキストのスペリングで始めた新米植字工が、もっと経験のある同僚の用いる標準的なスペリングに切り替えたのだ。

このように、正音学者やスペリング改革者がスペリングを理論的な観点から考察したのに対して、印刷家や植字工にとってスペリングはもっと実用的な問題だった。事情をさらに複雑にしたのは、この植字工の多くが大陸から募集されていたことである。これにより、植字工自身のスペリングの慣習が少数もたらされた。たとえば *ghost*（幽霊）, *ghest* 'guest'（客）のような単語で /g/ のために <gh> を用いるというオランダ語の慣習や、ウィリアム・キャクストンの印刷版のいくつかにときどき現われる *goed* 'good'（良い）における <oe> の使用などである。ただし、これらのうち現代英語にまで残ったのは *ghost* のみではある。

印刷作品で用いられたスペリング体系に対して植字工と印刷家が及ぼした影響は、マルカスターの『入門書』から見ることができる。前述のとおり、この著作の巻末には、たくさんの日常英単語の推奨されるスペリングの形態が一覧になっている。しかし、目を引くの

は、この推奨形のすべてが、それと併録されている印刷されたテキストに現われるわけではないことだ。たとえば、*through*（〜を通り抜けて）という語は、マルカスターの一覧では現代英語のスペリングで出ているのだが、テキスト中には *through* と *thorough* の両方が現われている。同様に、マルカスターが一覧で推奨した *though*（けれども）のスペリングは現代英語のスペリングなのだが、このスペリングはテキストでは1度も使われていない。テキストでは、<gh> のない *tho* のスペリングが使われているのだ。マルカスターは、すでに見たように語末で単一の <k> を用いることを好んだが、*musick* 'music'（音楽）の例のように、テキスト本体では <ck> のスペリングの例がある。

16世紀末までには、共通の核となる許容される形態が確立していた。ほとんどの場合、これが現代英語の標準的なスペリング体系の基礎となった。いったんこのスペリングの核が確立し、スペリング改革の闘いが敗北に終わったように思われると、改革者たちは移行アルファベットの考案に努力をかたむけた。これは改革アルファベットと伝統的アルファベットの妥協案となるべく意図されたものであり、生徒がこれまでよりも段階的に、理解しやすい方法で難解な英語のスペリングを習得できるようにとの狙いがあった。ここでもやはり、エドマンド・クートによる1596年の『英語学習達人』*The English Schoole-maister* が示しているとおり、先導したのは学校教師たちだった。この著作は、正書法の改革案を提示する意図はなく、むしろ伝統的な体系を習得するための架け橋として、より音韻表記的な体系を提示することを狙っていた。

こうしたさまざまな書記体系のなかで最もうまくいったのは、別の教師リチャード・ホッジズが1644年の『英語精華』*The English Primrose* で考案したものだった。この出版物には、彼の移行体系が詳細に述べられている。母音の長さや種別を表わすための「発音区分符号」として知られる特殊な強勢符号が使われたり、発音すべきでない文字を示すための下線のシステムなどが見られた。『英語

精華』は、先立つ出版物『正書法特別読本——真の書記』*A Special Help to Orthographie: or, The True Writing*（1643年）に依拠しており、これが1649年には少々の改訂と再印刷を経て『英語の真の書記のための簡易心得』*The Plainest Directions for the True-Writing of English* として再出版された。この先行著作は、同音語の一覧からなっている。同じ発音だが異なるスペリングと意味をもつ単語と、よく混同されやすい似たような発音をもつ単語の一覧だ。このような一覧はあまり刺激的な読み物とはならないかもしれないが、当時の発音を再建することに関心のある歴史言語学者にとっては、たいへん興味深い。ホッジズの一覧のなかで特に興味深いのは、*maketh*（作る），*leadeth*（導く）など、直説法現在3人称単数の <-eth> 語尾の扱いである。この語尾は古英語の語尾 <-eþ> に由来するが、この時期には北部の別の語尾で、今日われわれが使っている <s> で置き換えられ、*makes, leads* となった。ホッジズは、この <-eþ> 語尾をもつ単語を /s/ で終わる他の単語と一緒に分類し、慣習的なスペリングがまだ使われていたけれども、この時期までには <s> と書かれるかのように発音されていたことを示した。たとえば、ホッジズの一覧には、*cox*（舵とり），*cocks*（おんどり），*cocketh*（起こす〔3人現〕）; *clause*（条項），*claweth*（ひっかく〔3単現〕），*claws*（かぎつめ）; *Mr Knox*（ノックス氏），*he knocketh*（彼がノックする），*many knocks*（多くのノック）が含まれている。このことの重要性に、ホッジズ自身も気づいており、「われわれはたとえば *leadeth it*（それを導く），*maketh it*（それを作る）と書く習慣があるとはいえ［中略］、通常の話し言葉では *leads it, makes it* という」と説明している。これなどは、話し言葉である変化が生じた後でも、慣習的なスペリングがいかに許容されうるかということを物語る、格好の例といえる。ホッジズはこれらの一覧のあとに、いくつかの単語の推奨されるスペリングを付しており、そのほとんどは現在使われているスペリングと密接に対応している。彼は長さを標示するものとして語尾の <e> を使用することは好まず、単母音か二重母音かがスペリングか

らすでに明白な単語については特にそうだった。たとえば、*lead*
（導く）, *seed*（種）は、決して *leade*, *seede* などと綴られるべきでは
ないとした。しかし、彼は語末の <e> は動詞 *reade*（読む）の現在
形の場合には使うべきだとしており、それは過去形 *read* と区別す
るためだった。ホッジズは、一貫性を推進することに関心をもって
はいたが、語源と慣習に譲歩するのは厭わなかった。たとえば、す
べての場合において <i> を推奨しながら、ギリシア語の単語や、
長らく確立していた *my*（私の）や *by*（〜によって）のような語にお
ける <y> の使用は許容した。

　『英語精華』は、学生が英語の読みを学ぶ助けとなることを狙い
としていた。英語のスペリングの欠陥を説明し、一連の特殊記号を
用いて学生がこのような問題を処理することができるような体系を
詳説しようとした。この目的を達成するために、ホッジズは黙字に
下線をほどこし、それが発音されないことを示すというシステムを
用い、また異なる音価を示すために母音に発音区分符号を付したり、
/g/ と /dʒ/ を区別するために <g> のような子音に発音区分符号を
付すなどした。ホッジズは専門的な音声学者であり、子音を有声と
無声の組に分類して、<s> が無声音 /s/ を表わすのか有声音 /z/ を
表わすのかを示す発音区分符号のシステムを用いた。『英語精華』
ではこうした説明に引き続き、学習者が英語のスペリングの構造を
理解する一助となるように、音節とその音節から構成される単語の
一覧が提示されていく。

　15、16世紀は、英語のスペリングについて非常な関心と取り組
みのあった時代であり、多くの書き手がこの体系を洗練させ、改善
する種々の方法を提案した。しかし、ほとんどの場合、彼らの提案
はあまりに極端で複雑すぎて受け入れられるものではなく、ほとん
どが印刷本に使われたスペリングに何の影響も及ぼさなかった。ハ
ートの <i/j> と <u/v> の規則化に関する提案など例外はあったが、
そのような例は少なく、このような提案の実行も非常に緩慢なもの
にすぎなかった。最も影響力のあった介入は、最も穏健なものであ

った。リチャード・マルカスターは、同時代の用法の模範として機能しうる常用語のスペリングのリストを挙げることによって、有能な他の改革者の誰よりもはるかに貢献し、標準的なスペリングの慣習に影響を与えた。マルカスターの推奨スペリングの一覧と、すべての単語が唯一の推奨スペリングをもてるような辞書編纂が必要だという彼の呼びかけにより、18世紀の発展の基礎が築かれた。18世紀中には、すべての英単語に唯一の許容されるスペリングを確立させることによって英語のスペリングを固定化するのが、主たる関心事となった。

　初期近代期にはまた、中性所有代名詞 *its*（それの）が生まれ、それとともに *its* と *it is*（それは〜である）の省略形 *it's* とをごっちゃにする将来の綴り手たちに、大きな混乱がもたらされた。古英語と中英語にみられたもっと古い形態は *his* だったが、これは男性代名詞と同形であったために、だんだん役に立たないものとみなされるようになった。第1章では *its* と *it's* の2つのスペリングを混同する人々に軽蔑的な批判を浴びせたリン・トラスを引用し、区別がわかりにくいと感じている人々にいくらかの同情を示した。しかし、アポストロフィが *Lucy's picture*（ルーシーの絵）のように名詞の所有格を示すのに用いられるということを考えれば、*the dog wagged it's tail*（犬が尻尾を振った）のような文においてアポストロフィがしばしば付けられてしまうのは驚くべきことではない。実際、*its* という代名詞の起源を知れば、そのような誤りも無理はないと許容する気持ちはさらに強くなる。というのは、それは主格形 *it* に属格屈折の <-s> を加えることによって作られたものだからだ。最初は中性代名詞 *its* は口語的で、真面目な書き言葉には適さないと考えられた。「キング・ジェームズ」聖書（1611年）では *its* は完全に無視され、より形式張った *his* が用いられた。'Ye are the salt of the earth: but if the salt have lost his savour, wherewith shall it be salted?'（あなたがたは、地の塩である。もし塩のききめがなくなったら、何によってその味が取りもどされようか）（マタイ伝 5:13〔口語訳〕）。シェ

ークスピアの第1フォリオには、*its* はほんの一握りの回数しか現われず、後期の戯曲に限られている。これは、シェークスピアが生涯の終わりにかけてその形態を採用したかもしれないことを示唆する。しかし、このような事例に関して注目すべきは、アポストロフィをつけて綴られていることだ。『テンペスト』*The Tempest* からの次の例を見てみよう。

> This Musicke crept by me vpon the waters,
> Allaying both their fury, and my passion
> With it's sweet ayre
>
> （『テンペスト』第1幕第2場、392-4）

（あの音楽が波にはこばれて耳もとに忍び寄り、／その甘い調べで波の怒りとおれの嘆きをともに／静めてくれた。

〔『テンペスト』小田島雄志訳、白水社、1983年、p.42〕）

　its のアポストロフィ付きのスペリングは実際に19世紀の初頭に至るまで使われていたのであり、われわれの *it is* の省略形にのみ *it's* を用いるという現代の用法は、比較的最近の現象である。属格屈折の <-'s> を用いて所有中性代名詞を作ろうと決めたことは不要に混乱を招くもののように思われるかもしれないが、今日のわれわれが直面しているそのようなスペリングの難点は、初期近代期には問題とはならなかった。というのは、*it is* の省略形としては *'tis* という形態が用いられていたからだ。さらに、*it's* のモデルとなった *the boy's book*（少年の本）のような場合にはアポストロフィの使用に論理的な側面がある。アポストロフィは、今日の *won't*（〜するつもりはない），*I'll*（私は〜するだろう）や、*yawn'd*（あくびをした）のような詩の形態に見られるような省略を標示するために、初期近代期に初めて導入されたのだ。このことを考えれば、名詞の所有を標示するのにアポストロフィを用いるというのは、非論理的に思われる。

しかし、所有にアポストロフィが導入されたのは、-s 屈折が男性所有格代名詞 his の省略形と考えられたからだ。そこで、*the boy's book* のような句は、*the boy his book* という句の省略として解釈され、したがってその省略を示すためにアポストロフィが付加された。アポストロフィは *box's*（箱たち）のように複数形にも普通に現われたが、これは現在では重大な文法違反と見られている（訳注：標準的には boxes）。しかし、そのような形態も、<e> が省かれているというように、省略形として理解されていたのだ。

　先に論じたスペリング改革に反映されているラテン語やギリシア語といった古典語に対する執着により、この時期には、これらの古典語からの借用語が大量に流入することにもなった。数々のラテン語からの借用語が中英語期のあいだに採用されたが、その多くは古典ラテン語から直接英語に入ったというよりは、フランス語を経由して入ったものだった。初期近代期には、これらの借用語はラテン語から直接入り、同じラテン語が2度現われる二重語を生み出した。1度めはフランス語からの借用形として、続いてラテン語の語源形を反映したスペリングとしてである。動詞 *count*（数える）は、14世紀にフランス語 *conter* から借用されたものだが、そのもともとの起源はラテン語の動詞 *computare*（数える、計算する）だった。同じ動詞が16世紀に再借用され、今度はラテン語から直接、*compute*（計算する）という形態で入ってきた。この過程の他の例としては、中英語の *poor*（古フランス語の *povre*〔貧しい〕）と初期近代英語の *pauper*（ラテン語 *pauper*〔貧しい〕）、中英語の *sure*（古フランス語 *seur*〔確かな〕）と初期近代英語の *secure*（ラテン語 *securus*〔確実な〕）がある。ラテン語のスペリングを反映させたいという願望から、ラテン語からの多くの借用語がラテン語の語尾を保ったまま採用されることになった。たとえば、*folio*（〔写本の〕葉）と *proviso*（但し書き）の例では、<o> 語尾は奪格を示している。他の例としては、動詞の語尾が保存されている *exit* 'he goes out'（彼は出て行く）, *ignoramus* 'we do not know'（われわれは知らない）や、動詞句全体

149

を保存した *facsimile*（ラテン語 *fac* 'make'〔作る〕+*simile* 'like'〔似たような〕）（複写）や *factotum*（ラテン語 *fac* 'do'〔行なう〕+*totum* 'the whole'〔全部〕、つまり「なんでもする人」）がある。借用語にラテン語の体裁を保ちたいという願望があったにもかかわらず、英語の形態論の型に適合するように、語尾を失う単語もいくつかあった。たとえば、ラテン語の *immaturus* に由来する *immature*（未熟な）や *exoticus* に由来する *exotic*（風変わりな）である。

　ラテン語は新語の供給源として群を抜いて最大の言語だったが、フランス語からも多くの借用語が入ってきた。ただし、中英語期にもそうだったように、ラテン語からの借用語がラテン語から直接来たのか、フランス語を経て間接的に来たのかは、必ずしも同定できない。時には、単語のスペリングが借用の道筋を明らかにすることがある。たとえば、16世紀半ばに、*prejudge*（早まった判断をする）と *prejudicate*（早まった判決を下す）という2つの動詞が借用された。*prejudge* は明らかにフランス語 *prejuger* から来たものであり、*prejudicate* はラテン語 *prejudicare* から直接に借用されたものである。おそらく、この2つの動詞は意味が類似していたので、必要だったのは片方だけであり、フランス語からの借用語のほうが生き残ったということかもしれない。しかし一方で、単語の形態からはラテン語とフランス語のいずれに由来するのかを判断することがまったくできない場合もある。「性向」を意味する名詞 *proclivity* は、1591年に初出が記録されている。*OED* では、ラテン語の語源が与えられており、ラテン語 *proclivitas*「傾向、性癖」に由来するとあるが、類似するフランス語形 *proclivité* も参照させている。17世紀末頃から18世紀にかけて借用されたフランス語からの借用語はそれに比べればはるかに識別しやすいが、それは故意に英語風に同化せずに残っていたからである。この時期には、フランスの作法や文化がとても流行しており、フランス語の単語をフランス語のスペリングのままで、さらにはフランス語の発音のままで借用するようになった。ほとんどの場合、この時期に借りられた単語は、*liaison*

（連絡、連携）, *faux pas*（失態）, *beau*（しゃれ男、いい人）のごとく、いまなおフランス語のスペリングと発音を保っている。フランス語の単語をフランス語のスペリングのまま借りるという流行により、文字と音の新しい対応関係がいくつか導入されるようになり、さらに18世紀後半に初出記録のある *café*（カフェ）のように e アクサン・テギュなどのフランス語の強勢記号も導入されることになった。この強勢記号は今日でも普通に使われるが、落とされることも多い。完全に英語に同化したスペリング *caff*（カフェ）は、英語化した発音を反映しているが、これは1930年代から確認される。一方で、フランス語の発音が損なわれることなくフランス語の単語や表現が導入されると、そこから語源的綴りなおしも生じた。*bisket*（ビスケット）という語はフランス式スペリングの *biscuit* に置き換えられ、形容詞 *blew*（青）はフランス式スペリングの *blue* で綴られるようになった。貴族階級でのフランス語の単語の流行は、ジョセフ・アディソンやサミュエル・ジョンソン博士のような18世紀の書き手によって非難された。その後、その流行は、フランス革命ののちの中流階級の台頭と、それに応じて生じた貴族階級の威信失墜を経て、沈静化した。

　イタリア語、スペイン語、オランダ語など他のヨーロッパの諸言語からこの時期に英語に入った借用語の数はずっと少なかったものの、それはしばしば英語の音とスペリングのパターンにさらなる混乱をもたらした。これらの借用語の大半は、この時期におけるイギリスと当該国との交易の結果である。単語自体は、特に日用品や食料品に関係するものだ。これらの借用語の特徴の1つは、供給側言語の独特なスペリングが、しばしば英語での習慣を反映すべく改変されたことだ。たとえば、イタリア語の単語 *articiocco*（アーティチョーク）は *artichoke* と変えられ、中間音 /tʃ/ が <c> ではなく <ch> で綴られている。第2要素のスペリングは、この語が *choke*（窒息する）と民間語源風に関連づけられた影響によるもので、この植物がそれを食べようとする愚か者を窒息させてしまう食べられない芯を

151

もっていると考えられたことに基づく。一方、*hartichoke* という別のスペリングには、第1要素を *heart*（心臓）と関連づける通俗的な発想が反映されている。この種の正書法上の同化がみられる一方で、最近の借用語、たとえば *ciao*（さようなら）（初出記録は1929年）や *ciabatta*（チャバタ）（初出記録は1985年）などではイタリア語風の /tʃ/ に対する <c> の使用が保たれているのを比較してみると、印象的である。ポルトガル語からの借用語 *molasses*（糖蜜）（ポルトガル語 *melaços*）は、外来の <ç> が対応する英語の <ss> で置き換えられたことを示している。

スペイン語 *tomate*（トマト）や *patata*（ジャガイモ）のような外来語では、無強勢音節の正しい発音を巡る混乱から、おそらくは *fellow*（仲間）や *pillow*（まくら）のような語に引きずられて、変形されることになり、最終的には *tomato, potato* のように綴りなおされた。同化の方法が異なっていたことは、*pottatie*（のちに *tattie* へと省略された）や *potater*（今ではしばしば *tater* と短縮される）のような地方的なスペリングに反映されている。非ヨーロッパ起源の借用語はさらに遠方との交流を反映しており、その中にはペルシア語やアラビア語起源の語で、しばしばトルコ語を経由して借りられ、英語のスペリングの習慣に同化したものが含まれる。*sherbet*（シャーベット）という語はトルコ語の単語に由来し、それ自体はアラビア語の「飲む」を意味する動詞 *shariba* に由来する。それは、当初果物ジュースと水を混合した冷たい飲料を指すのに用いられた。語頭の子音の表わし方が不確かだったことは、*zerbet, cerbet, sarbet* のような初期のスペリングからも明らかである。これらのスペリングは、のちに語頭の <sh> をもつ現代のスペリングで置き換えられた。またインドの諸言語と接触することにより、英語に数々の語がもたらされた。たとえば、*shampoo*（シャンプー）は、ヒンディー語の動詞 *čāmpo* 'press'（押す）に由来し、もともとはある種のマッサージを指した。英語におけるこの語の最初期の実例をみると、*champo* と *shampo* のスペリングのあいだで揺れを示している。イ

ンド起源の語のスペリングは、特にインド統治時代に借用された語では複雑である。アングロインディアン（イギリスとインド）の要素が驚くべき方法で組み合わさっているからだ。1例として *gymkhana*（野外競技会）という語があり、これにはいくつかの英語らしくないスペリングの特徴があるが、そのすべてがインド起源というわけではない。この語は、ラケットを使うスポーツに使われるコートを意味するヒンディー語の単語 *gend-khāna* 'ball-house'（球技場）に由来し、当初はあらゆる種類の運動保養地を指すのに用いられたが、のちになって乗馬競技会のみを指すように特化した。この英単語の第1音節の発音とスペリングは英単語 *gymnasium*（体育館）との誤った関連づけによるものである。*gymnasium* はもとをたどればギリシア起源の語であり、第1要素は「裸の」を意味し、裸で競技したギリシアの運動選手を想起させるものとなっている。アフリカーンス語からは、特有の <aa> のスペリングを保つ少数の語が入っている。例として *aardvark*（*aarde* 'earth'〔土〕+*varken* 'pig'〔豚〕）（ツチブタ）がある。BBCテレビのコメディ・シリーズ《ブラックアダー》で、ジョンソン博士がこの単語を「入れ忘れた」とブラックアダーが指摘したのは有名だが、その初出記録は1785年であり、つまるところジョンソンの時代には存在していなかったということである。

　初期近代のスペリングのさまざまな流行について論じてきたので、ある程度詳しくサンプルテキストを調べてみるのが有用だろう。選んだテキストは『ハムレット』*Hamlet* の有名な独白部分である。アーデン・シェークスピアの最近の第3版に示されるとおりに引用しよう。

O that this too too solid flesh would melt,
Thaw, and resolve itself into a dew,
Or that the Everlasting had not fixed
His canon 'gainst self-slaughter. O God, God!

How weary, stale, flat and unprofitable
Seems to me all the uses of this world!
Fie on't, O fie, fie, 'tis an unweeded garden
That grows to seed: things rank and gross in nature
Possess it merely. That it should come to this:
But two months dead—nay not so much, not two—
So excellent a king, that was to this
Hyperion to a satyr, so loving to my mother
That he might not beteem the winds of heaven
Visit her face too roughly. Heaven and earth,
Must I remember? Why, she would hang on him
As if increase of appetite had grown
By what it fed on. And yet within a month!
(Let me not think on't – Frailty, thy name is Woman),
A little month, or e'er those shoes were old
With which she followed my poor father's body,
Like Niobe, all tears. Why, she, even she –
O heaven, a beast that wants discourse of reason
Would have mourned longer – married with mine uncle,
My father's brother (but no more like my father
Than I to Hercules). Within a month!
Ere yet the salt of most unrighteous tears
Had left the flushing of her galled eyes,
She married. O most wicked speed, to post
With such dexterity to incestuous sheets,
It is not, nor it cannot come to good;
But break, my heart, for I must hold my tongue.

（『ハムレット』第1幕第2場、127‑57）

（ああ、このあまりにも硬い肉体が／崩れ溶けて露と消えてはくれぬもの

154

5　ルネサンスと改革

か！／せめて自殺を罪として禁じたもう／神の掟がなければ。ああ、どう
すればいい！／おれにはこの世のいとなみのいっさいが／わずらわしい、
退屈な、むだなこととしか見えぬ。／いやだいやだ！　この世は雑草の伸
びるにまかせた／荒れ放題の庭だ、胸のむかつくようなものだけが／のさ
ばりはびこっている。こんなことになろうとは！／亡くなってまだ二月、
いやいや、二月にもならぬ、／りっぱな国王だった、いまの王とくらべれ
ば／獅子と虫けらほどもちがう。母上をこの上なく愛され、／外の風が母
上の顔に強くあたることさえ／許さぬほどだった。それが、なんというこ
とだ！／思い出さねばならぬのか？　そう、母上もあのころは／父上を一
時も離さず、満たされてますますつのる／貪欲な愛にひたっておいでだっ
た。それが一月で――／もう思うまい――心弱きもの、おまえの名は女！
――／ほんの一月で、いや、父上の亡骸に寄りそい、／ニオベのように涙
にくれて墓場まで送った母上の／あの靴もまだ古びぬうちに――母上が、
あの母上が――／ああ、ことの理非をわきまえぬ畜生でも／もう少しは悲
しむであろうに――叔父と結婚するとは、／父上と兄弟とはいえ、おれが
ヘラクレスとちがうほど／似ても似つかぬあの男と、一月もたたぬのに、
／泣きはらした赤い目から空涙の跡も消えぬうちに／結婚したとは。ああ、
なんというけしからぬ早さだ、／こんなにもすばやく不義の床に送りこむ
とは！／これはよくないぞ、けっしてよい結果にはならぬぞ。／だが胸が
張り裂けようと、口に出してはならぬ。

〔『ハムレット』小田島雄志訳、白水社、1983年、p.27‐29〕）

　この一節で用いられているスペリング、句読法、大文字化は、本
質的に現代英語のものである。その理由は、編者が現代の読者にと
っつきやすいものにするために、『ハムレット』の原文にあった
スペリングを現代化しているからである。しかし、この手続きにより、
シェークスピアの言語はより馴染みやすく、より現代風になっては
いるものの、同時に暗黙のうちにその言語の外見を真の姿から遠ざ
けて、読者から真正な形を覆い隠すという逆の効果も生み出されて
いる。ところが、『ハムレット』のこの抜粋部分を、第1フォリオ

155

の対応する一節と比較してみると、実際にはそのスペリングは非常に似通っているのだ。

Oh that this too too solid Flesh, would melt,
Thaw, and resolue it selfe into a Dew:
Or that the Euerlasting had not fixt
His Cannon 'gainst Selfe-slaughter. O God, O God!
How weary, stale, flat, and vnprofitable
Seemes to me all the vses of this world?
Fie on't? Oh fie, fie, 'tis an vnweeded Garden
That growes to Seed: Things rank, and grosse in Nature
Possesse it meerely. That it should come to this:
But two months dead: Nay, not so much; not two,
So excellent a King, that was to this
Hiperion to a Satyre: so louing to my Mother,
That he might not beteene the windes of heauen
Visit her face too roughly. Heauen and Earth
Must I remember: why she would hang on him,
As if encrease of Appetite had growne
By what it fed on; and yet within a month?
Let me not thinke on't: Frailty, thy name is woman.
A little Month, or ere those shooes were old,
With which she followed my poore Fathers body
Like *Niobe*, all teares. Why she, euen she.
(O Heauen! A beast that wants discourse of Reason
Would haue mourn'd longer) married with mine Vnkle,
My Fathers Brother: but no more like my Father,
Then I to *Hercules*. Within a Moneth?
Ere yet the salt of most vnrighteous Teares
Had left the flushing of her gauled eyes,

She married. O most wicked speed, to post
With such dexterity to Incestuous sheets:
It is not, nor it cannot come to good.
But breake my heart, for I must hold my tongue.

　前章のチョーサーのスペリングの例と比べれば、今日とまったく同じように綴られる単語が非常に多い。おそらく最も顕著な違いは、<u> と <v> の分布に関するものだろう。両者は *resolue*（決心する）と *vnrighteous*（罪深い）のように、母音と子音を区別するというよりは、むしろ語のなかでの位置に応じて使い分けられている。もう1つ異なるのは、気まぐれな単語分割とおおざっぱな大文字の使い方だろう。第1フォリオのテキストでは、*itself*（それ自身）ではなく *it selfe* が使われており、現代英語では大文字化しない語がいくつか大文字となっている。この時期の大文字化は重要な語を強調する意図で使われており、*Euerlasting*（永遠に続く）, *Cannon*（大砲）, *King*（王）などの語がそれに当たることは明白だろう。また、語と語のつながりを強調するという意図もあり、これは *Flesh*（肉）と *Dew*（露）、*Heauen*（天国）と *Earth*（地上）などにみられる。しかし、この方式はもっとランダムに行なわれることが多く、たとえば、なぜ *Moneth*（月）は大文字化される必要があり、*months*（月々）はそうでないのか、明らかではない。現代版で、文中にて大文字化がなされている例に *Woman*（女性）という語があり、これは個人の女の人ではなく女性という性を指していることを示している。おもしろいことに、この語は第1フォリオでは大文字化されていない。もう1つ、現代の習慣と著しい差がみられるのは、多数の省略形であり、省略されている文字はアポストロフィで標示され、*'gainst*（= against）, *on't*（= on it）, *'tis*（= it is）のようになっている。これらの縮約形は韻律上重要であるから、現代版では保存されている。われわれは *can't*（〜できない）, *won't*（〜するつもりはない）, *isn't*（〜でない）のようにいまなお語の縮約を標示するのにアポストロフィを用いて

157

いるのだから、このような形態は現代の読者にはほとんど障害とならないだろう。このような形態が散文に現われ、それゆえに韻律的な意味あいをもたないところでは、縮約を示すためのアポストロフィを含めるか省くかという編集上の判断はより問題をはらむものとなる。そのような場合にアポストロフィを省くと、'gainst と gainst が異なる語であるとの誤った印象を与えることになるかもしれないし、逆にアポストロフィを含めると、不適切な口語的な調子がかもしだされてしまうかもしれない。おそらくもっと混乱を招くのは、われわれがアポストロフィを予期するところにそれが欠けている例、つまり Fathers body（父の体）のような所有格の名詞の場合である。このように、このアポストロフィの用法はのちの発展であり、<-s> 屈折の起源が his（彼の）の縮約形として誤解されたことに基づいている。個々の単語のスペリングが現代の習慣とは異なっているにせよ、その違いは一般的にいって比較的些細なものである。往々にして、その違いは語末の <e> の付加くらいのもので、possesse（所有する），satyre（風刺），breake（壊す），grosse（粗野な），selfe（自身）であるとか、複数形における windes（風），Teares（涙）などにすぎない。シェークスピアの戯曲集は広い読者層に向けられているものではあるが、その編者がこの程度のスペリングの変異が読者の理解にさしさわると考えてシェークスピアの作品を現代スペリングで提示しているのは、驚くべきことである。

　『ハムレット』からの抜粋から視野を広げて、第1フォリオ全体のスペリングをみてみると、この一節は全巻をよく代表しているということがわかる。というのは、第1フォリオにはスペリングの変異形はあるにしても、旧来の変異形は際立って稀であるからだ。たとえば、よくみられる変異として、truly/trulie（真に），many/manie（多くの），very/verie（非常に），bury/burie（埋める）のような語における無強勢の最終音節のスペリングに関するものがある。しかし、どちらのスペリングも第1フォリオを通じて見られるものの、<ie> のスペリングは <y> のスペリングよりもはるかに少ない。も

158

う1つのよくみられる変異として、*had / hadde*（持っていた）, *bad/ badde*（悪い）, *sad/sadde*（悲しい）のような語で、最終子音字を二重にし、<e> を付加する傾向がある。しかし、ここでもやはり、不規則なスペリングは、われわれが思うよりはるかに少ないことがわかる。このような例が示しているのは、17世紀初頭までに、スペリングの変異に対する許容度がかなり低くなっていたということだ。現代の標準スペリングを連想させる推奨スペリングは、およそ唯一の容認できるスペリングとして認識されつつあったのだ。不安定な状況が続いているようにみえる領域としては、*believe*（信じる）, *receive*（受け取る）, *grieve*（嘆く）のような語の母音の表わし方がある。<ie> のスペリングは *chiefe* などではより普通だが、*belieue* の例は1例のみであり、*beleeue* の生起例が多い。おもしろいことに、*receiue* のスペリングは *recieue*（2度しか現われない）よりもはるかに普通であり、*deceiue*（だます）と *perceiue*（知覚する）については、このスペリングしか記録されていない。これは、<c> の後では <ei> が好まれるという現代の傾向が、シェークスピアの時代までにかなりよく確立していたことを示唆する。

　シェークスピアのスペリングがこのように比較的高水準で一様だったために、チョーサーが「荘園管理人の話」でしたのと同じようなやり方で、非標準的なスペリングを用いて方言用法を標示することが可能だった。方言用法はシェークスピアの作品のとりたてて際立った特徴ではないが、いくつかの戯曲では非標準的なスペリングの特徴が利用された。その好例は、『リア王』の第4幕第6場に現われる。農夫に変装したエドガーが盲目の父親、グロスター公の手を引いてドーバーの崖へと連れて行くシーンである。ある執事に声を掛けられると、エドガーは田舎風の出で立ちをより本当らしくするために地方訛りでしゃべるのだ。

> *Stew.*　　Wherefore, bold Pezant,
> 　　　　Dar'st thou support a publish'd Traitor? Hence,

	Least that th'infection of his fortune take

Least that th'infection of his fortune take
Like hold on thee. Let go his arme.

Edg.　Chill not let go Zir,
　　　Without vurther 'casion.

Stew.　Let go, slave, or thou diest!

Edg.　Good Gentleman, goe your gait, and let poore volke
　　　passe: and 'chud ha'bin zwaggerd out of my life,
　　　'twould not ha'bin zo long as 'tis, by a vortnight. Nay,
　　　come not neere th'old man: keepe out, che vor'ye, or
　　　ice try whither your Costard, or my Ballow be the
　　　harder; chill be plaine with you.

Stew.　Out Dunghill.

Edg.　Chill picke your teeth Zir: come, no matter vor your
　　　foynes.

　　　　　　　　　　　（『リア王』第4幕第6場、227-41）

（オズワルド：なんだ、このどん百姓、

　　　　　　天下のお尋ねものをかばう気か？　どけ、どかないと

　　　　　　そいつの運命がきさまを道連れにするぞ。さあ、

　　　　　　そいつの腕を放せ。

エドガー：いやあ、おらあ放しゃあしねえぞ、そんくれえのことじゃあ。

オズワルド：放せ、下郎、いのちが惜しくないのか！

エドガー：ねえ、旦那、おめえさんこそどいてどん百姓を通らせるだな。

　　　　　おどし文句くれえでいのち吹き飛ばされるようじゃあ、おらあ

　　　　　もう二週間も前におっ死んでらあな。いやあ、じいさんのそば

　　　　　に寄っちゃあなんねえ、離れてねえと、ええかな、おめえさん

　　　　　のカボチャ頭とおらの棍棒とどっちが固えか、くらべっこする

　　　　　ことになるでよ。おらあはっきりさせてえだ。

オズワルド：なにを、この糞溜め野郎！

エドガー：その前歯、たたき折ってやらあ。さあ、おいでなせえ、おめえ

　　　　　　　　　　　　　　160

さんのお突きなんかこわかねえや。

〔『リア王』小田島雄志訳、白水社、1983年、p.190‐191〕）

　この対話でのスペリングは、一貫して真正なやり方で正しい方言を描こうとしているわけではなく、むしろシェークスピアが少数の顕著なスペリングを通じて田舎発音の雰囲気をかもしていることを示す。このうち最も明らかなものは、<f> の代わりに <v> の文字が使われ、<s> が予測されるところで <z> が使われていることだ。*vor* 'for'（〜のために），*vortnight* 'fortnight'（2週間），*vurther* 'further'（さらなる），*zir* 'sir'（だんな），*zo* 'so'（それほど），*zwaggered* 'swaggered'（いばって歩いた）などの単語に見られ、語頭の摩擦音が有声化した代替発音を表わしている。これはこの時期の南部諸方言の特徴であり、舞台が設定されているケントの地にも当てはまるものだった。今日、有声摩擦音は南西部に典型的であり、*Dorset*（ドーセット）を 'Dorzed'，*Somerset*（サマセット）を 'Zumerzet' とする地元発音に見られる。この方言のもう1つの特徴は、代名詞に I（私）ではなく *Ich* /ɪtʃ/ を用いていることだ。この代名詞は、*Chill* (Ich + will)（私は〜するだろう）と *'chud* (Ich + should)（私は〜するべきである）や、*che vor'ye* 'I warrant you'（私はあなたに保証する）といった表現にみられる。この代名詞の形態は、古英語の代名詞 *Ic* の発展形の1つであり、特に南部方言との関連が深い。しかし、この両方言の特徴はこの時期の南部方言用法と大雑把には一致するとしても、シェークスピアは地方訛りを現実のものとして描こうとしているわけではない。*chud*, *chill* や *che vor'ye* という表現の有声摩擦音を示すスペリングは、地方の話し方であることを示すものとしてエリザベス朝の舞台で普通に使われた紋切り型の舞台方言の一部をなしている。現代の社会言語学的な偏見を考えれば、この方言使用の描写は、非標準的な話し方が社会的な地位と関連づけられだした証拠であると解釈したくなるだろう。しかし、エドガーは確かに社会的に低い登場人物を装っているけれども、方言形態は社会階級というよりは田舎者であるこ

とを表わしているのだ。このような例はあるにせよ、シェークスピアの作品には方言用法の例はほとんど含まれていない。主たる例外はみな、地方訛りではなく、『ヘンリー5世』Henry V に見られるアイルランドやスコットランドやウェールズの訛りのような国別訛りを描写したものである。これが示唆するのは、シェークスピアと聴衆にとって、訛りは主として国家のアイデンティティの印であり、また上品な話者と田舎風の話者を区別する方法だったということだ。訛りが社会階級と結びつけられるのは18世紀と19世紀の出来事であった。これについて、次章で見ていこう。

6　スペリングの固定化

　18世紀には、英語のスペリングを改革するというよりは、さらなる堕落を防ぐべくスペリングをまつりあげることが重視された。偉大な言語的権威たるサミュエル・ジョンソン博士は、スペリングを改革する試みとそれが成功しないことに軽蔑的な態度を示し、スペリング体系は、不可避的に変わりつづけるだろう時代の発音の習慣に合わせようとして改変すべきものではないと論じた。ジョンソンの正書法に関する見解によれば、辞書編纂者は時代と伝統のお墨付きのある矛盾点は許容し、近年になって使われはじめた誤用を正すことを目指すべきであるという。

　　現在までに定まっておらず偶発的であった正書法を調整するにあたって、私は英語に内在し、おそらく英語そのものと同じくらい歴史のある不規則性と、近年の書き手の無知と不注意によって生み出された不規則性とを区別する必要を感じました。すべての言語には変則的なところがあります。それは不便であり、そもそもいちども必要だったことはありませんが、人間のなす不完全なものごとの1つとして許容されなければなりません。そのような変則的なことごとは、増えないように記録しておきさえすればよいのですし、混同されないように正しく指摘しておきさえすればよいのです。しかし、すべての言語に同じように不正確で不合理な語法があるのですから、それを正したり、禁じたりするのも辞書編集者の義務なのです。

　　　　　　　　　　　　　　　『英語辞典』の序文（1755年）

ジョンソンは英語のスペリングの矛盾点を、言語が話し言葉から書き言葉へ移される過程の避けられない結果だと見ており、スペリングの変異を訛りの多様性から直接もたらされたものであると説明した。そのような変異から、*strong*（強い）と *strength*（強さ）, *dry*（乾いた）と *drought*（旱魃(かんばつ)）, *high*（高い）と *height*（高さ）のように、非常に異なったスペリングを持つ関連語のペアが生じたのである。ジョンソンは、ミルトンが *height* を *highth* と綴ったことを軽蔑した。それを「類推への熱意」のせいだと述べつつ、ローマの詩人ホラティウスから 'Quid te exempta juvat spinis de pluribus una'（それほど多くのとげのうち、1本を抜いたからといって何の役に立つのか）と引用した。そして自身の言葉で続けて、「すべてを変えるなどというのは荷が重すぎるし、1つを変えたところで無意味だ」と述べている。ジョンソンは「野蛮な欠点」と名付けた、時とともに累積してきた正書法上の風変わりな点を許容した一方で、「真のスペリング」と呼んだ、本質的には語源から示されるスペリングを参照して、近年の誤りについては正そうと目指した。たとえば、ジョンソンはフランス語のスペリングに従って *enchant*（魔法をかける）と *enchantment*（魔法）というスペリングを好んだが、*incantation*（魔法）を好んだのはラテン語に従ってのことである。同様に、彼は *intire*（全体の）ではなく *entire* を採用したが、それはこの語がフランス語 *entier* に由来し、そのラテン語の祖形で、現代英語の *integer*（整数、完全体）の語源である *integer* に直接由来するのではないからだ。ジョンソンは、ロマンス系借用語がラテン語とフランス語のいずれから来ているのか区別するのがしばしば難しいことは認めていたが、フランス語は、一般的に言って当時の用法への影響がより強かったのだから、より起源としてありそうだと主張した。

　ジョンソンは確立された用法にはこだわること、「均一性を犠牲にして慣用をとる」ことを選んだ。たとえ、それによって、*deceit*（だまし）と *receipt*（受領）, *fancy*（空想）と *phantom*（幻影）のように、

6　スペリングの固定化

同じ音が異なるスペリングになるような矛盾したスペリングのペアが生まれることがあってもである。彼は別の例においても、同じ音を表わす文字の組み合わせのなかには、明確な理論的根拠もなく交替可能に使われるものがあるとも述べ、その例として *choak* と *choke*（窒息する）および *soap* と *sope*（石鹸）および *fewel* と *fuel*（燃料）を挙げた。そのような場合には、ジョンソンは異綴りの存在を認め、見出し語として2度挿入することまでして、「いずれの語形で検索する者にも、検索が無駄にならないように」計らった。ジョンソンが『英語辞典』で現行のスペリング習慣を受け入れていたのは、さらに見出し語での異綴りを許容したことからも明らかだ。*complete*（完全な）という見出し語は、*complete* と *compleet* の両方のスペリングで見つけられる。『英語辞典』中の他の矛盾点で、彼が解決しようと試みなかった例としては、*downhil*（下り坂）, *uphill*（上り坂）, *distil*（蒸留する）, *instill*（しみこませる）のように語末位置で子音字を重ねるか否かの用法や、*anteriour*（前方の）や *exterior*（外側の）のような語で <ou> と <o> のいずれを用いるかということがあった。最終的には、見出し語に用いられたスペリングは、ジョンソンの好んだ語形と考えるべきであるが、彼は引用文のスペリングは変えずに残し、読者自身にいずれのスペリングが好ましいかの判断を委ねると述べている。概して、ジョンソンの好みはつねに語源に最も近いスペリングにあり、より正確に当時の発音を反映するべくスペリングをいじろうと望む者には取り合わなかった。「われわれの書き言葉は口頭の発話の乱れに従うべきではないし、時や場所が変わるごとに異なってゆくものを写し取るべきではない。そのような変化を手本にしようとしたところで、それを観察しているそばからまた変化していくのだから」。

　ジョンソンにとって、スペリングは何よりも語源と伝統に関するものなのである。彼の辞典はスペリングに関して、「学者らしく古きものへの敬愛をもって、文法家らしくわれわれの言語の天才への敬意をもって進むこと」という姿勢によって編集されている。ジョ

165

ンソンは、彼が選んだスペリングが論争を招きうるということは認めているし、語源は不確かなままに残されていたり、時にはおそらく間違っていることもある。ジョンソンは自らの与えた語源のいくつかについて不確かさを感じていたことに関しては正直であり、*gun*（大砲、銃）という語の満足ゆく語源は知らなかったとも、*smell*（匂い）の語源は「かなり曖昧」であるとも認めている。他にももっともらしい語源を提案しようとする努力をしているが、かなり心得違いのところがあり、たとえば spider（蜘蛛）は「*spy dor*, 扉を見守る昆虫」から来ていると提案している。あるときには、ジョンソンの誤った語源によって、今日もなお使われているスペリングが採用されたこともある。たとえば動詞 *to ache*（痛む）は、古英語の*acan*（痛む）ではなくギリシア語の *achos*「痛み、苦痛」に由来するとジョンソンは信じていた。ジョンソンは見出し語としては *ake* という語形を用いていたが、「より文法的には」*ache* と書かれるべきだと注記した。フランシス・ベーコンからの引用にある *adventive*（土着でない）（ラテン語 *adventivus* 'of foreign origin'〔外国起源の〕）という語を *adventine* と誤読した結果、ジョンソンの『英語辞典』に幽霊語が導入されてしまったこともある。ジョンソンはこの単語に「外来の、外部から加えられた」と注解をつけ、少なくとも「めったに使われない単語」とは認識していた。ジョンソンの『英語辞典』の後世への影響は、のちの数々の辞書にもその語が現われることからも明らかである。たとえば、トマス・シェリダンの『英語大辞典』*Complete Dictionary of the English Language*（1789年）では、'Adventine: 外来の、外部から加えられた' という項目が含まれているし、ジョン・オーグルヴィーの専門科学語彙に特化した『上製辞典』*Imperial Dictionary*（1850年）にも、'*Adventine*, 外来の' とある。

　ある事例では、ジョンソンのいんちき語源により、語の実際の語源を隠すような異綴りが選択されるに至ったこともある。たとえば、*bonfire*（焚き火）という語は *bone*（骨）と *fire*（火）という語からな

る複合語で、骨を焚く伝統からそう名付けられたものであり、最初期のスペリング *banefire* や *bonefire* に反映されている語源である。第1音節は発音上短縮する傾向があり、そこから別のスペリング *bonfire* が用いられるようになった。ジョンソンはのちに、第1要素はフランス語の *bon*（良い）からきたとの誤った前提に立ち、このスペリングを採用してしまった。ジョンソンはまた派生語との視覚的な関係を保つスペリングを用いつづけた。*beggar*（こじき）という見出し語のもとで、ジョンソンは、この語は「より適切には」*begger* と書くべきではあるが、その派生語群も <a> で綴られるからという理由で、このスペリングを採用したと述べている。中英語ではいずれのスペリングも確認されるが、ジョンソンの時代には <-er> のスペリングのほうが普通であったから、彼がみなが好む用法を無視して他の要因を重視したことの例証となる。別のところでは、ジョンソンは望ましいスペリングを示しながら、見出し語としては採用していないことがある。たとえば、*devil*（悪魔）について、彼は「*divel* と書くのがより適切だ」と述べているが、なぜかは説明していない。*grocer*（食料雑貨商人）については、ジョンソンは「*grocer* とはもともと大量の取引をする者である」とし、gross 'large quantity'（大量）からの派生語であることを強調するスペリング *grosser* を好んだが、むしろ伝統的なスペリングを採録しつづけた。

practice（名詞〔実行〕）と *practise*（動詞〔実行する〕）について、中英語では両方のスペリングが交換可能だったが、ジョンソンの『英語辞典』の出版により、英語での用法の区別が確立した。ジョンソンは、名詞の見出しに *practice* と、動詞の見出しに *practise* と綴り、区別を遵守した。しかし、ジョンソンは見出し語のスペリングではこの区別を守ったけれども、『英語辞典』の他の箇所ではそれに従っておらず、名詞にも動詞にも *practice* のスペリングを用いることを好んだ。たとえば、*To Cipher*（算術計算する）の定義において 'To practice arithmetick'（算術を行なう）とあり、*Coinage*（鋳造）の定義には 'The act or practice of coining money'（お金の

鋳造を行なうこと）とある。現在 licence（名詞〔許可〕）と license（動詞〔許可を与える〕）のように綴られる語のペアについては、ジョンソンはスペリングの区別をまったくつけなかった。両方の見出し語が license と綴られている。ジョンソン自身が指摘しているとおり、名詞はフランス語 licence（もともとラテン語 licentia）に由来し、動詞はフランス語 licencier に由来していることを考えるならば、これは妙な選択である。ここでは、<s> によるスペリングは語源的な正当性がないことになるからだ。defence（防御）という名詞の場合には、ジョンソンはその起源がラテン語 defensio であると正しく認めていたにもかかわらず、<s> ではなく <c> のスペリングを採用した。defence というスペリングは、中英語期にフランス語の習慣に従って綴りなおされて生じた。これは、is が ice（氷）に、mys が mice（ネズミたち）に変化したのと同様である（104 ページを参照）。このスペリングは現代英語ではごく普通のスペリングになっている。しかし、OED では、2 つのスペリングが異綴りとしてあげられており、アメリカ英語では defense が普通であると記している。ジョンソンはまた、council と counsel の 2 語の区別を導入した。この 2 語は、異なるが関連のある意味をもつ 2 つの別々のラテン語 concilium 'assembly'（集会）と consilium 'advice'（助言）に由来する。中英語では、2 つのスペリングは交換可能だった。しかし、ジョンソンは、「人々が集まって協議する集会」を意味する council（ラテン語 concilium）と「助言、指南」を意味する counsel（ラテン語 consilium）を区別し、この区別が現代英語にまで生き残っている。

　ジョンソンが体系化したもう 1 つの現代的な区別は、2 つの形容詞 discreet（慎重な）と discrete（別個の）のスペリングに関するものである。中英語では、直接の起源であるフランス語 discret を反映する discrete がより通常のスペリングだった。16 世紀までに、discreet のスペリングのほうがずっと普通に用いられるようになっており、特に「賢明な、思慮深い」の意味ではそうだった。一方、discrete のスペリングはのちに「別々の、個々の」という専門的

168

な意味でのみ用いられはじめた。後者の意味は、古典ラテン語 *discretus*（分離した）に由来するものである。*discrete* のスペリングがこの意味で好まれたのは、その語源をより正確に反映しているからかもしれない。ジョンソンはこの区別を導入したわけではなかったが、2つの別々の見出し語に2つのスペリングをあてがうことによって、この区別が広く受け入れられていく一因となった。ほかにジョンソンの採用しなかった現代的な区別としては、*flower*（花）と *flour*（小麦粉）がある。この2語は同じ源から発しており、もとをたどればラテン語 *flos/florem* にゆきつく。「最良質の粗びき粉」の意味は、今では *flour* という単語によってのみ表わされているが、もともとは *flower* という語の下位に属する語義だった。ジョンソンの『英語辞典』では、*flower* の語が単一の見出しとしてあるのみで、いずれの語義もそこに収められている。しかし、そうはいっても、ジョンソンは『英語辞典』のなかで *flour* というスペリングは使っており、*biscotin*（ビスケット）の定義には 'a confection made of flour, sugar, marmalade, eggs, &c.'（小麦粉、砂糖、マーマレード、卵などで作った糖菓）とある。

　英語をさらなる堕落から守るべく固定化、あるいは「確定する」ことを重視する傾向は、ジョナサン・スウィフトやジョセフ・アディソンのような作家の著作にも明らかである。英語を標準化したいというこの願望は、どうしてももっぱらスペリング体系ばかりをあげつらうことになる。というのは、スペリング体系は最も容易に規制できる言語の側面だからである。スペリング改革へのさらなる反発は、発音に対する態度が変化しつつあったことにより生じた。スペリング改革の原則の1つは、スペリング体系を現行の発音に合わせるということだった。しかし、18世紀の発音に対する態度は、非常に規範主義的だった。結果として、日常的に使われている堕落した無知な発音を許容するようなスペリング改革がなされるべきだという提案はなかった。トマス・シェリダンは、1763年の演説法の講義において、誤った発音を批判するのと同様に、正しくないス

ペリングを批判した。「紳士にとって、慣習と違えて文字を省いたり、変えたり、追加したりするなど、綴り間違いの罪を犯すことは恥です」と。スウィフトは、スペリングは発音を反映すべきであるという見解と、彼が「語を省略するという野蛮な慣習」と呼んだものには特に軽蔑を示し、*tho* 'though'（けれども）, *agen* 'again'（再び）, *thot* 'thought'（考えた）, *brout* 'brought'（持ってきた）のようなスペリングをあざけった。1710年に発行された《タトラー》紙への投書では、スウィフトはスペリングの下手な人々を酷評し、スペリング体系を誤った発音に従属させるべきであるという見解をばかにした。

> これは、われわれの文体上の誤った洗練の仕方であり、正さなければならないものです。まずは、議論と公平な方法で正すべきです。しかし、もしこれが失敗するならば、権威を検閲官として利用し、年次で作成される「禁書目録」(*index expurgatorius*) により、良識に障るすべての語句を抹消し、母音や音節のあの野蛮な切断を非難すべきだと思います。この最後の点についてのよくある建前は、話すのと同じように綴るということです。言語に対するなんと気高い標準であることか！　単語は思考の衣服であるからと言って、短く切り、好きなように形を変え、自分の服よりも頻繁に変えるような気取り屋の気まぐれに従うなどとは。すべての理性ある人々は、そのような洗練家たちが慎重に言葉を使い、音節は略さずに使ってくれることで安心するだろうと、私は信じています。
>
> （《タトラー》紙、1710年、230号）

　しかし、スウィフトは、このようなスペリングに厳しく反対したけれども、出版された著作で自身が *tho* や *thro* を使っているし、彼の『ある貴婦人への手紙』*Epistle to a Lady* では視覚韻として *enuff* 'enough'（十分な）というスペリングが現われる。

6　スペリングの固定化

Conversation is but *carving*,
Carve for all, yourself is starving.
Give no more to ev'ry Guest,
Than he's able to digest:
Give him always of the Prime,
And, but little at a Time.
Carve to all but just enuff,
Let them neither starve, nor stuff:
And, that you may have your Due,
Let your Neighbours *carve* for you.

（l. 23 – 32）

（会話というのは、肉の切り分けにすぎません、
みんなのために切り分けなさい、あなた自身は飢えてしまいます。
すべての客に与えてはなりません、
消化できる以上のものを。
客にはいつも最高の部位を与えなさい。
それも、一時《いちどき》に少しずつです。
みんなに切り分けなさい、といっても十分な量だけを。
飢えもさせず、詰め込みもさせず。
そして、あなた自身が自分の取り分をとれるように、
客人に切り分けてもらってください）

　スウィフトは、「貴婦人の象牙製書記板に書かれた詩」"Verses wrote in a Lady's Ivory Table-Book"（1698年）という詩のなかで、「善き綴り」（'beau spelling'）と呼んだものを風刺した。婦人の手帳には、心のこもった愛情表現の注が付されているが、それはひどいスペリングで書かれている。

171

Peruse my Leaves thro' ev'ry Part,
And think thou seest my owners Heart,
Scrawl'd o'er with Trifles thus, and quite
As hard, as senseless, and as light:
Expos'd to every Coxcomb's Eyes,
But hid with Caution from the Wise.
Here you may read (*Dear Charming Saint*)
Beneath (*A new Receipt for Paint*)
Here in Beau-spelling (*tru tel deth*)
There in her own (*far an el breth*)
Here (*lovely Nymph pronounce my doom*)
There (*A safe way to use Perfume*)
Here, a Page fill'd with Billet Doux;
On t'other side (*laid out for Shoes*)
(*Madam, I dye without your Grace*)
(Item, *for half a Yard of Lace*.)
Who that had Wit would place it here,
For every peeping Fop to Jear.

（ページを隅々にわたって熟読してください、

そして自分がいま、この日記の持ち主の心を見ているのだと思ってください。

このように他愛もない走り書きですし、

難解で、意味もなく、気まぐれではありますが。

あらゆる愚か者の目にさらされて、

しかし賢き者からは注意深く隠されて。

ここに、あなたは読むことができるのです、"魅力的な聖人さま"と

"絵の具の新しい領収書"の 下に

ここに、"tru, tel, deth のような"善き綴りで

そこに、"far, an, el, breth のような"彼女自身のスペリングで

172

ここに、"愛しいおとめよ、私の運命を宣告せよと"
そこに、"香水を使う安全な方法を"
ここには、恋文で満ちたページが
裏のページには、"靴のために必要なもの"
"ご婦人、あなたの思いやりなしでは私は死んでしまいます"
"買い物：半ヤードの靴ひものために"
機知のある人ならば、ここに置いておくでしょうか、
あらゆる覗き趣味のおばかさんもあざ笑うように）

　スウィフトは、『英国の言語を正し、改善し、確定するための提案書』*A Proposal for Correcting, Improving, and Ascertaining the English Tongue*（1712年）で、表音的なスペリングは語源との関係を台無しにしてしまうし、つねに最新のものにしなければならないことになると主張した。異なる方言間であれ、個々の町の内部であれ発音には著しい多様性があるために、そのような改革をおしすすめるのは「正書法を混乱させる」結果となるだろうと。

　　われわれの言語を損なうのに少なからず貢献してきたもう1つの原因（おそらく上述に起因する原因）は、近年の先進的な愚かな提言である。つまり、われわれは話すとおりに正確に綴るべきだというものだ。これは、語源を完全に台無しにしてしまうという明らかな不都合があるばかりではなく、決して終わりを見ることはないだろう。イングランドのいくつかの町や田舎にも異なる発音の仕方があるが、ここロンドンでさえも、人々は単語を切り詰めるのに、宮廷ではある作法に従い、巷では別の作法、郊外ではまた別の作法に従っている。そして、数年後には、おそらく、気まぐれと流行が導くままに、すべてが互いに異なってくるだろう。このすべてが書き言葉に反映されれば、正書法は完全に混乱に陥るだろう。しかし、多くの人々はこの気まぐれがたいそう好きなようで、現代の本や小冊子を読むの

が時に困難なほどである。単語が切り詰められ、本来のスペリングとは異なって綴られているために、平明な英語に慣れてきた者には、見てそれとはほとんどわからないほどである。

スウィフトの関心は、何よりも、英語のスペリングがこれ以上変化していかないよう固定化することにあった。彼は、同書において、フランスのアカデミー・フランセーズを模範として、正用の規則を確立し、さらなる変化を統轄する責任をもつアカデミーを設立するよう、オックスフォード伯に依頼した。スウィフトは前世紀のあいだに英語が受けてきた変化を嘆き、その変化によって先人の著作を読むのに問題が生じるようになったことを嘆いた。スウィフトが英語がそのような速度で変わりつづけていかないように努力したのは、それが彼自身の著作の運命に与えかねない影響を考えれば、もっともなことだった。

18世紀を通じて、女性の書くスペリングはとりわけ非難の対象とされた。スウィフトはホワイトウェイ夫人への手紙で、彼女のスペリングを賞賛した。そして、彼女の手紙を受け取ったときには、「女性らしい走り書きや綴り方をしていないから」男性から来たものと思ったと告げている。スウィフトのステラ（訳注：Esther Johnsonのこと。内縁関係だったとも）との書簡をみると、次の例のように、彼女のひどいスペリングをいくつか正そうと試みたことが明らかになる。

rEdiculous（ばかばかしい）ですか、ご婦人。rIdiculous と言いたいのかと思いますが。もうそのスペリングはおやめください。それは『アタランティス』*Atalantis* の著者（訳注：Delariver Manley のこと。イギリスの風刺家、劇作家）のスペリングです。あなたの手紙でそれを直したことがありますよ。

（1710年12月14日）

6　スペリングの固定化

　1711年の手紙で、スウィフトはステラの犯したスペリングの間違いをいくつか一覧にしており、このうちのいくつが単なる書き間違いによるもので、いくつが無知ゆえかと尋ねている。

Plaguely, Plaguily.（うるさく）
Dineing, Dining.（食事）
Straingers, Strangers.（見知らぬ人たち）
Chais, Chase.（追跡）
Waist, Wast.（浪費）
Houer, Hour.（時間）
Immagin, Imagine.（想像する）
A bout, About.（〜について）
Intellegence, Intelligence.（知識）
Merrit, Merit.（長所）
Aboundance, Abundance.（豊富）
Secreet, Secret.（秘密）
Phamphlets, Pamphlets.（小冊子）
Bussiness, Business.（仕事）

　あらまあ、このうちいくつが単なる書き損じで、いくつが本当に間違えたスペリングなのか、どうぞ教えてください。でも14個しかありませんが、推測では20個と言いましたね。怒ってはいけませんよ、というのはあなたに正しく綴ってほしいからです。世間は放っておきなさい。結局のところ、これらの単語のそれぞれには1つの文字の誤りしかないのですから。今後は、私に送ってくる手紙1通につき、誤ったスペリングは6つまでとします。

（1711年10月23日）

　皮肉なことに、それから数週間も経たないうちに、スウィフトは

自分が *business*（仕事）の正しいスペリングを思い出すことができ
ないと気づいた。彼は、自らの頼りなさを、ステラの誤った単語の
スペリングを見たせいだとして非難し、そのことに罪の意識を示さ
なかった。

> bussiness はもうやめにして、busyness と綴ることにしまし
> ょう。まったく、綴り方を知っているのか、あやしくなってき
> ました。ステラさん、あなたの誤ったスペリングを見てしまっ
> たのが問題です。正しく見えないのです。えっと、bussiness,
> busyness, business, bisyness, bisness, bysness ですか。まっ
> たく、どれが正しいのかわかりません、2番めでしょうかね。
> これまでの人生でこのスペリングで単語を書いたことがないの
> だと思います。いや、だけど、書いたことがあるにちがいない。
> business, busyness, bisyness……混乱して、どうにも綴れま
> せん。ウォールズさんに聞いてください。business、これが正
> しいのではないでしょうか。そうだと思います。自分の小冊子
> で見ましたし、10行に2度見つけました。これで、私が以前に
> そんなふうに書かなかったことを納得させられるでしょう。あ
> あ、いまこれ以上なくくっきりとわかりました。だから、あな
> たのスペリングは、s が余分なのですよ。

（1711年12月1日）

　女性の書くスペリングの欠陥を正すために、若い婦人に正しいス
ペリングを教え込むことに特化したスペリング本が書かれた。エデ
ィンバラでは、「美しき知的クラブ」という婦人クラブが男性限定
の「アテネ・クラブ」に呼応して作られ、定期的に会合を開いて、
1722年に『女性のためのスペリング手引き書』*The Ladies Help to
Spelling* を著わしたジェームズ・ロバートソンからスペリングの指
導を受けた。同書は婦人と先生の対話形式であり、女性に対する指
導が欠けていると見られていたこのような事態を埋め合わせる狙い

6　スペリングの固定化

があった。そうしなければ、若い婦人がスペリングの修練の機会を
もてなかったことは、次のやりとりを見ても明らかである。

　　先生：英語の基礎として教えられる規則がいくつかあります。
　　　そこに注目すれば、文字に対応するさまざまな音を見つけら
　　　れますし、綴るということはけっして難しくありません。
　　婦人：そのような規則については何も知りません。というのは、
　　　私の教育は、女性のほとんどに授けられているものとほぼ同
　　　じ程度だからです。つまり、縫い物、舞踊、音楽、お菓子作
　　　り等です。一方で、母語については無知で、人前で話す勇気
　　　もないのですが、それは失敗を犯さないためです。自分の考
　　　えを居合わせない友人や仲間に伝えるということもなおさら
　　　できませんが、それはひどいスペリングで読む人のもの笑い
　　　の種となるのを恐れるためです。
　　　　　　　　　　　　　（ロバートソン、1722年、p.2-3）

　このようにスペリング体系を標準化し、男女ともに確実に正しく
使えるようにしたいという希望はあったものの、私的なスペリング
習慣では、かなりの変異が許容されつづけた。18世紀の日記や私
信では、多様な異なる非標準スペリングがあったのは明らかである。
ほとんどの書き手は公的な書き物では標準的な習慣を採用していた
が、私的な文書では独自の自己流のスペリングを使いつづけた。お
そらく、このことの最も印象的な例は、サミュエル・ジョンソンの
場合だろう。彼は『英語辞典』によって単一の体系が全国標準とし
て成文化され、採用される契機を作った人物である。前にみたよう
に、ジョンソンは見出し語のスペリングを慣例に据え、スペリング
が個人的な好みや発音を反映すべきだとする見解には賛同していな
かった。しかし、彼が私的な書き物に用いたスペリングはかなりの
変異を示しており、*complete/compleet*（完全な）, *pamphlet/pamflet*
（小冊子）, *stiched*（縫った）/ *dutchess*（公爵夫人）（訳注：/tʃ/ を表わす異

177

綴りの例として)、*dos/do's/does*（する）のごとくである。このことは、ジョンソンが私的な書簡では自らの辞書のスペリングを使うという制約を感じていなかった事実を示している。

　私的な書き物においてスペリングの変異が許容されていたというのは、17、18世紀では非常にありふれたことだった。アディソン、ドライデン、スウィフトといった書き手は、手紙や日記といった私的な書き物では多数の異綴りを用いた。スウィフトはステラの綴り間違いを非難したけれども、手紙では自分自身が多数の誤ったスペリングを用いている。たとえば、*gail* 'jail/gaol'（刑務所）, *belive* 'believe'（信じる）, *hear, here, heer* 'hear'（聞く）, *college/colledge* 'college'（大学）, *reach* 'rich'（豊かな）, *their* 'there'（そこで）, *legnth* 'length'（長さ）, *scheem* 'shame'（恥）, *mak* 'make'（作る）, *malic* 'malice'（悪意）, *hom*, 'home'（家庭）といった具合である。私的書簡での非標準的なスペリングは、読み書き能力や教育の標識ではなく、言葉遣いが相対的に形式ばっている程度を示すものと考えられていたように思われる。この私的なスペリングは印刷物には現われず、印刷物では容認された標準的なスペリングの習慣が守られているのだ。書き手は、スペリングの問題を、印刷テキストのために活字を組むことに責任をもつ植字工に任せるというのが、習慣だったようだ。この慣行からは、この時期に見られる独特な句読法の特徴がもたらされた。名詞の大文字化である。この慣行は、著者が書き物のなかで、ある重要な名詞を強調したいと望んだことに起源がある。スペリングと句読法の最終的な裁量は植字工にあったが、彼らはしばしば流れるような手書きの大文字と小文字を区別することができなかったために、デフォルトとして名詞の大文字化を方針として採用した。

　この時期のスペリングに関する議論はもっぱら正用という考え方を巡ってなされたが、スペリング体系に加えられた変化もいくつかあり、英語のスペリングに痕跡を残している。中英語期には、<g>の文字は古英語のように /j/ 音を表わすことはもはやなくなってお

り、/g/ と /dʒ/ という別々の2音のために用いられた。これにより混乱の可能性が生じていたが、この時期に <g> がどのような場合に硬い /g/ 音を表わすのかを示す発音区分符号として <u> が導入されて解決した。これにより、*guest*（客）と *geste* 'feat'（手柄）との区別がつけられるようになった。しかし、語頭の /dʒ/ を表わす方法には、フランス語に見られるように <i> の文字を用いるというもう1つの方法があった。前章でみたように、この環境で <i> の文字を <j> の文字で置き換え、現代英語にまで続く用法を提案したのは、スペリング改革者ジョン・ハートだった。現代のスペリング *guest* と *jest*（冗談）を比較されたい。

　母音のスペリングは、1500年–1700年の時期に、英語史において最も劇的な音変化、今日大母音推移として知られるところにより、混乱に陥ることとなった。大母音推移は、各長母音が口腔内での舌の高さの位置において1段階上がり、口のなかにある天井部に舌を押しつけるようにして発音される高母音は二重母音化するという一連の変化から成っている。この変化がどんな結果をもたらしたか、中英語と初期近代英語の次の語群の発音を比較するとはっきりする。

/liːf/ > /ləɪf/	'life'（生命）
/huːs/ > /həʊs/	'house'（家）
/deːd/ > /diːd/	'deed'（行為）
/foːd/ > /fuːd/	'food'（食物）
/dɛːl/ > /deːl/	'deal'（量）
/bɔːt/ > /boːt/	'boat'（舟）
/naːmə/ > /nɛːm/	'name'（名前）

　大母音推移は、中英語の母音 /eː/ が今日 *been*（= be の過去分詞），*seen*（= see の過去分詞）のような語で /iː/ と発音されるのはなぜか、中英語の母音 /iː/ が今日 *wife*（妻），*life*（人生）のような語で二重母音なのはなぜかを説明してくれる。この変化は、伝統的なスペリン

179

グが新しい音を表わしはじめたのであるから、スペリング体系にも広範な結果を及ぼした。以前は <i> の文字は長い i と短い i の音を表わしたが、今や *life* のような二重母音をも示すことができた。<a> の文字は長い 'a' と短い 'a' の音を表わしたが、今や *name*（名前）の二重母音を表わすことができた。中英語の <oo> は *mood*（気分）や *food* のような単語では長い 'o' の音を表わしていたが、大母音推移ののちには、この二重字は、今日これらの単語でそうであるように、u の音を表わすようになった。したがって、中英語では1文字が単一の母音の長い音価と短い音価を表わすというより素直な体系があったのだが、この様式は崩れ、予測可能性のずっと低い体系で置き換えられてしまった。大母音推移がより予測可能な発音を生み出す効果をもったのは、<ou> あるいは <ow> で綴られた単語についてのみだった。*house*（家）, *town*（町）のような語は、/u:/ をもつ古英語の単語 *hus, tun* に由来し、<ou> や <ow> の二重字は中英語期にノルマン人によってもたらされた（105 ページ参照）。<ou> と <ow> は英語で /u:/ を表わす特に論理的な方法ではないけれども、大母音推移後にこれらの語が発音上もつようになった二重母音を表わすのには比較的効率の良い方法である。

　大母音推移ののち、もう1つの変化が長母音体系に影響を及ぼし、その体系をわれわれが今日用いている発音の体系に近づけた。中英語期の大部分を通じて、<ee> で綴られる単語は /ɛ:/ か /e:/ で発音されえた（107 ページ参照）。大母音推移ののち、この区別は維持されたため、*see* のような単語は /si:/ と発音され、*sea* は /se:/ と発音された。*meet*（会う）は /mi:t/ と、*meat*（肉）は /me:t/ と発音された。しかし、18 世紀に、この2音はイーストアングリア方言で融合し、単一の発音 /i:/ となった。この地域からロンドンへの移住が起こったため、この融合はロンドン方言に採用されることになり、*sea*（海）と *see*（見える）が同じように発音される現代英語の状況を生み出すに至った。この融合が採用された過程は、明らかに緩慢なものだった。スウィフトやポープのような一流作家が *speak*（話す）

と *awake*（目覚めて）、*speak* と *take*（取る）のようなペアを脚韻として使いつづけたくらいである。この融合により、現代英語の音とスペリングの関係にさらなる混乱がもたらされ、*meet*/*meat*, *sea*/*see* のように異なる母音二重字をもっていた語が実際には同音語となるという状況に至った。これには例外も多少ある。*break*（壊す）, *great*（偉大な）, *steak*（ステーキ）, *yea*（実に）の例では、すべて <ea> で綴られるが、現代英語でも融合の前の時代の発音が保持されている。

19世紀には、特に世紀の後半に、読み書き能力の大普及が生じた。1850年には30％の男性と45％の女性が自分の名前を署名することができなかったが、1900年までにその数字は男性女性ともにたったの1％までに縮小していた。19世紀に使われた言語は安定を維持しており、今日使われている言語とおおかた同じものであると、しばしば想定されている。しかし、この時期にはスペリングの変化があったし、18世紀を生き延びた非標準的な形態も、特に私的な書き物では、使用されつづけていた。たとえば、18世紀を通じて保持された私的なスペリング習慣と公的なスペリング習慣の区別は、この時期にもしつこく残っていたのであり、作家たちは手紙や日記では非標準的なスペリングを使いつづけていた。一方、印刷業者や植字工は印刷物における正用の守護者として機能していた。

書き手がスペリングと発音について印刷業者に依存していたことは、1808年のケイレブ・ストウの『印刷家の文法』*Printer's Grammar* でのコメントから明らかである。「ほとんどの著者は、本が読者にとってわかりやすく意味をなすように、その原稿を綴り、句読点を打ち、原稿をまとめることを印刷家に期待している」。19世紀が安定的な固定したスペリングの時代とみなされる理由の1つは、現代の編者は概して19世紀の手稿に見られる非標準的なスペリングを校訂するからである。たとえば、チャールズ・ディケンズの小説の手稿には、*recal*（思い出す）, *pannel*（パネル）, *poney*（ポニー）, *trowsers*（ズボン）などの非標準的なスペリングがしつこく残っている。そのような不規則性は、現代の編者により「終生の綴り間違

い」と表現され、一般には現代の読者のために正しい形態で置き換えられる。独特のスペリングのなかには、著者のお墨付きがあったかのように見せるべく、編者がそのままとしたものもある。ワールド・クラシックス版（訳注：オックスフォード大学出版局）の『荒涼館』*Bleak House* には、*favored*（気に入られている）, *parlor*（休憩室）, *humor*（ユーモア）で <-or> のスペリング使用が残されているとともに、*secresy*（秘匿）, *gypsey*（ジプシー）, *chimnies*（煙突）のようなもっと独特なスペリングも残されている。*villanous*（悪辣な）のように、独特な形態のなかには、編者がディケンズの綴り間違いなのか真正なディケンズ式のものなのか確信がもてない例もある。ディケンズの『大いなる遺産』*Great Expectations* の手稿の複写版で最近出版されたものは、著者の改訂、加筆、非標準的なスペリングを完備しており、それを見てあるジャーナリストはディケンズの「ひどい手書き」と「テキストスピーク（訳注：携帯メール風の表記）」の使用に驚いたという（《ガーディアン》紙、2011年12月8日）。ディケンズ自身は非標準的なスペリングを使っていたものの、ピップが最初に読み書きの努力をしたところのディケンズの描写には、明らかな社会言語学的な偏見が示されている。ピップがそうした努力をはらった場面は教育のなさを示しているのみならず、ピップの発音のひどさをも露呈させている。たとえば、*hope*（望む）の代わりの *ope* というスペリングに見られるｈの脱落の傾向や、*habell* 'able'（能力のある）の <h> の追加に見られる過剰修正である。

"MI DEER JO i OPE U R KR WITE WELL i OPE i SHAL SON B HABELL 4 2 TEEDGE U JO AN THEN WE SHORL B SO GLODD AN WEN i M PRENGTD 2 U JO WOT LARX AN BLEVE ME INF XN PIP."

（『大いなる遺産』第7章）

（「シンアイナルジョーコゲンキテスカハヤクアナタニモオシレルトヨイ

テスネセシタラホクタチトテモウレチイテショウネジョーソレカラジョー
アンダガカケレタラナンテユカイテセウピッブヨリ」

〔『大いなる遺産（上）』山西英一訳、新潮社、2013年、p.94〕）

　このような例が示しているのは、標準スペリング体系が確立して、
それが教育や他の社会的業績と結びつけられるようになったことで
あり、それにより、書き手が非標準的なスペリングを、田舎くささ
や社会的に下流であると表わす印として利用できるようになったと
いう状況だ。シェークスピアでは控えめに使われていた舞台方言は、
18、19世紀の小説では、はるかに惜しみなく使われている。例と
して、フィールディングの小説『トム・ジョーンズ』Tom Jones の
地主のウェスタンという登場人物を検討してみるとよい。彼の南西
部出身という出自が、田舎訛りを示すのに用いられている非標準的
なスペリングによってほのめかされている。

　'Come, my lad,' says Western, 'd'off thy quoat and wash thy
　feace; for att in a devilish pickle, I promise thee. Come,
　come, wash thyself, and shat go huome with me; and we'l zee
　to vind thee another quoat.'

（『トム・ジョーンズ』第5巻、12）

（「さ、君、」ウェスタンが言う、「上衣を脱いで顔を洗うんだ。ひどい恰
好<ruby>好<rt>こう</rt></ruby>だぞ、ほんとうに。さ、さ、体を洗っていっしょに家に来たまえ。何か
着がえの服を見つけてやろう。」

〔『トム・ジョウンズ（1）』
朱牟田夏雄訳、岩波書店、1951年、p.284-85〕）

　この文学上の方言の著しい特徴の1つは、語頭摩擦音の有声化で
ある。つまり、標準発音では /f/ や /s/ で発音される語が、ここで
は /v/ や /z/ で発音される。これは、『リア王』のエドガーが用い

183

る田舎方言を標示する特徴でもあった。この南西部訛りの特異な特徴は南部諸方言で書かれた中英語のテキストにもみられるが、標準スペリング体系がなかったのであるから、そのようなスペリングは代替発音を示しているにすぎなかった。18世紀までには、そのような逸脱した発音は社会的に非難されるようになっていた。フィールディングが地主のウェスタンの描写で意図しているのは、明らかに、登場人物に本当らしさを付加するのではなく、彼の作法に汚名を着せることである。こう考えるのが正しいのは、描写に一貫性がないことを考えれば、さらに確かなものとなる。もし本当の訛りを現実的に描くつもりであるならば、地主の対話のすべてにおいてそのようなスペリングが現われなくてはおかしいだろう。しかし、訛りの使用は気まぐれであり、したがって社会的な標識として用いられているということを意味している。地主の娘のソフィアが、その地方で育ったにもかかわらず、田舎訛りでしゃべっていないことも印象的である。おそらく、訛りのもつ卑しい地方風の含蓄は、小説のヒロインにはふさわしくないと感じられたためだろう。

第1章で、ジェーン・オースティンの未刊の原稿におけるスペリングと発音の習慣についてのコメントが引き起こしたマスコミの熱狂ぶりのことを述べた。しかし、他の19世紀の作家たちの手紙や手記の似たような綴り間違いと並べてこれを考えてみれば、そのようなスペリングは当時は完全に容認されていただろうとわかる。オースティンの原稿には、次のような綴り間違いが含まれている。ディケンズ式の *poney*（ポニー）、そして *fearfull*（恐れている）の例のような <l> が2つか1つかという迷い、それから *tho'*（けれども）, *thro'*（～を通り抜けて）のような縮約形の使用である。最後の2つは、スウィフトが非難したが彼自身が常用していたスペリングである。ジェーン・オースティンは一貫して /iː/ のために <ei> を用いて、*teizing, teized* 'teasing, teased'（からかっている、からかわれた）や *beleive* 'believe'（信じる）と書いていたが、これはすべてのスペリングの規則のなかでも最もよく知られている「c のあと以外では、

184

e の前に i を」を適用しそこねたことを示すものであり、そう簡単には許されるものではないと思われるかもしれない。しかし、このスペリングを使ったのはオースティン1人ではなく、*OED* は *believe* の見出しのもとに、いくつかの例を記録している。*OED* の引用している1716年の手紙のなかで、M・W・モンタギュー夫人は 'I find that I have a strong disposition to beleive in miracles'（私には奇跡を信じる強い傾向があるとわかっています）と書いている。このような例が示しているのは、オースティンのスペリングを誤りとみなすのは時代錯誤ではないかということだ。誤りというよりも、このようなスペリングは、未刊行の書き物では完全に容認可能とみなされていた異綴りとみるべきなのである。

　19世紀のもう1人の著述家で、その日記とノートからスペリングの習慣にかなりの変異があったことと、一貫性と標準に関心がなかったことが確認できる者として、チャールズ・ダーウィンがいる。ダーウィンは、ビーグル号での航海中のさまざまな観察を集めた3000ページほどのノートを手書きした。学者たちはこのノートを通じてスペリングの習慣の変化を観察しており、これを用いてこの著作のさまざまな事項の日付を同定している。しかし、スペリング選択の変化には日付同定可能なパターンが見られるといっても、非標準的なスペリングが標準スペリングに置き換えられていくという単純な問題ではない。ダーウィンは、短いあいだ、*occasion*（機会）という標準スペリングを用いていたが、1831‐1836年の長期にわたり、お気に入りの語形は非標準的なスペリング *occassion* だった。*coral*（サンゴ）の例では、航海の最初の2年間には1つの <l> と2つの <ll> でのスペリングがみつかるが、もっぱら *corall* の形に置き換えられることになった。1835年には、ダーウィンのサンゴ島についてのエッセイのなかで、*coral* のスペリングが *corall* に置き換わった。*Pacific*（太平洋）は1834年まではこの語の唯一のスペリングだったが、その年に *Pacifick* というスペリングに置き換えられ、それが1836年まで使われたものの、この年に以前のスペリングが

再び現われた。ダーウィンのノートに記されたほかの非標準的なスペリングとしては、いずれも直されたり置き換えられたりはしていないが、*neighbourhead*（近所）, *thoroughily*（完全に）, *yatch*（ヨット）, *broard*（幅広い）, *mæneuvre*（術策）, *Portugeese*（ポルトガル人）がある。

ダーウィンが単語の綴り間違いを犯しがちなことは、姉のスーザンが1834年の手紙で強調している。彼女は、彼の日記に現われる次のような誤ったスペリングを指摘した。*lose* 'loose'（解き放たれた）, *lanscape* 'landscape'（景色）, *higest* 'highest'（最高の）, *profil* 'profile'（輪郭）, *cannabal* 'cannibal'（人食い人種）, *peacible* 'peaceable'（平和を好む）, *quarrell* 'quarrel'（喧嘩）, *berrys* 'berries'（漿果、ベリー）, *barrell* 'barrel'（樽）, *epock* 'epoch'（新時代）, *untill* 'until'（〜まで）, *priviledge* 'privilege'（特権）。スーザンは、この間違いについてコメントして、「この間違いは慌てたせいだと言ってよいでしょうが、グラニー［彼女自身の愛称］として、指摘しておくのが義務です」と書いている。

スペリングに対して無頓着な態度は、省略形の頻用と相まって、この時期の一連の私的な書簡にも見出せる。これを例証するために、マンチェスター大学の言語学教授デイヴィッド・デニソンの集めた後期近代英語の散文コーパスからいくつか例をとってみた。この電子コーパスは主としてアンバリー卿と夫人の手紙と日記やガートルード・ベル、アーネスト・ダウソン、ジョン・リチャード・グリーン、シドニーとビアトリス・ウェブの手紙から抜粋された2万語のブロックからなる。この手紙と日記の収集に記録されているスペリング習慣を概観すると、かなり省略形に頼っていることが明らかとなる。たとえば、よく見られるのは *altho'*（= although〔けれども〕）, *tho'*（= though〔けれども〕）, *thro'*（= through〔〜を通り抜けて〕）, *shd*（= should〔〜すべきである〕）, *cd*（= could〔〜できた〕）, *wch*（= which〔どちら〕）, *wd*（= would〔〜だっただろう〕）, *yr*（= your〔あなた（がた）の〕）などである。書き手たちの、アポストロフィに対する無頓着な態度もここには見られる。省略形においてアポストロフィをしばしば省い

て、*cant* 'can't'（～できない），*wont* 'won't'（～するつもりはない），*dont* 'don't'（～しない），*oclock* 'o'clock'（～時ちょうど）のようにしていたり、必要でないところに加えて *her's* 'hers'（彼女のもの）としていたりする。手紙からは、*its*（それの）と *it's*（それは～である）が混同されがちであるという違反スペリングも見てとれる。これは、今日かなりの蔑視の対象となるが、当時はそこそこよく見られたもののようだ。このような省略形や縮約形とならんで、綴り間違いはたくさんみつかり、そのなかには今日もよく犯される *embarassed*（当惑した），*installment*（分割金），*accomodation*（宿泊施設）（多くの朝 食 付 宿 泊 所^{ベッド・アンド・ブレックファスト}の看板にありがちな特徴）がある。これは、二重子音字が1語の中にいくつあるかがあやふやであることによる。他の綴り間違いにはもっと特異なものもあり、英語のスペリングのもついくつかの複雑さに関する問題点を示している。*doutbless* 'doubtless'（疑いなく）というスペリングは、黙字 <b> に気づいてはいるが、それをどこに置けばよいのかわからないことを示している。*guages* 'gauges'（尺度）で <u> の置き場について混乱しているのと似たようなことだ。この手紙の抜粋にみつかる他の綴り間違いからは、外来のスペリングに関する問題も浮き上がってくる。たとえば *buscuits* 'biscuits'（ビスケット），*croqueses* 'crocuses'（クロッカス），*maccaronni* 'macaroni'（マカロニ）などである。さらには、別に表音的に綴ろうとする試みも示されており、例として *umberella* 'unbrella'（傘），*subtilty* 'subtlety'（微妙），*tempemomy* 'temporary'（一時の），*sens* 'sends'（送る）があり、おそらくは *werry* 'very'（非常に）も1例だろう。

　しかし、私的な書き物ではこのようにスペリングに対して無頓着な態度だったが、やがてスペリングは社会的地位の印として明らかに制度化されるようになっていった。フランシス・ホジソン・バーネットの1886年の小説のなかで、7歳のセドリック・エロルはフォーントルロイ卿としての新しいアイデンティティを獲得したけれども、その育ちの卑しさは、まだ彼のスペリングがあてにならず、

手紙を書くしきたりを知らないことから明らかである。'Dear mr. Newik if you pleas mr. higins is not to be interfeared with for the present and oblige, Yours rispecferly, FAUNTLEROY.'（「しんあいなるニュイクさま。どーぞ、ヒギンズさんをたちのかせることは、とーめんはみあせるようおねがいします。／けいぐ／フォントルロイ」『小公子』*Little Lord Fauntleroy* 脇明子訳、岩波書店、2011年、p.182）彼がおじいさんに、これが *interfered*（邪魔されて）の正しいスペリングかと尋ねると、ドリンコート伯は「辞書にある綴りとはちがうようだな」（脇明子訳）と回答する。こうした物言いを目にすると、辞書に正書法の正しさを決める最終的な権威としての地位のあることが、いかにも印象づけられる。しかし、正しいスペリングの権威として辞書はよく引き合いに出されるが、辞書編纂者はしばしば各見出し語のスペリングのいくつかの異形のいずれかを選択しなければならないのであり、最終的な選択は恣意的で一時的なものであることを忘れてはならない。リンダ・マグルストーンが記録しているように、『新英語辞典』*New English Dictionary*（のちの『オックスフォード英語辞典』）の編集長であるジェームズ・マレーは、ある単語の正しいスペリングについて権威のある判断をしてほしいと一般の人々からよく依頼を受けたという。しかし、マレーはしばしば決定的な回答は与えられないと判断し、*whisky*（ウィスキー）の正しいスペリングについての問い合わせに対して、「急いでいるときには、寸暇を節約して whisky と書いてもよいし、だらだらするときには引き延ばして whiskey としてもよいです……好みの問題ですから、『正しい』も『間違い』もないです。この問題には自由があるのです」と提案した。このような回答は、明確さと正しさを求める投書者にとっては、当惑してしまうほど曖昧で放任主義的なものに思われたにちがいない。*OED* 自体も、この単語のスペリングについては言質を与えることを拒み、両方のスペリングを異綴りとして見出しに掲げた。*OED* は、この変異がスコットランドの *whisky* とアイルランドの *whiskey* の現代の商売上の区別を反映しているとも記してい

る。*OED*によれば、一般的に使う場合には、*whisky* はイギリスでの、*whiskey* はアメリカでの普通のスペリングだと記している。

1888年に出版された *OED* の第1巻の序文で、マレーは異綴りのいずれを採るかの判断はしばしば「現代用法としてよく用いられるほう」に基づいていると説明した。はっきりとした優先順位がないときには、語源、発音、実用的な利便性を考慮に入れた。マレーは結論として、「多くの場合、実際に選ばれた形が、補助的に付された別の形よりも内在的にすぐれているという意味あいはない」と忠告している。*OED* の見出し語としてあるスペリングが採用される際にさまざまな要因が関与しているのは、初版と2版の *axe*（斧）の取り扱いを比較するとわかる。（1884年出版の）初版では、見出し語として *ax* というスペリングが使われており、このスペリングが「最近優勢になってきた axe よりも、語源、音韻、類推のいずれの根拠においてもより優れている」と記されている。しかし、1989年の第2版では、引き続き *ax* というスペリングを支持しているものの、見出し語に *axe* を採用し、*ax* は多くの利点があるけれども現在までにまったく廃用となってしまったと述べている。

1860年代には、スペリング改革の問題が「言語学協会」として知られる言語学者の学術協会によって再び取り上げられた。1871年に、A・J・エリスはグロシック（Glossic）という、英語の文字の既存の音価に基づいたより表音的なスペリング体系を提案した。子供たちに読み書きを教える際に、伝統的なスペリングと並行して用いられ、標準英語のスペリング習得に関わる問題点のいくつかを緩和する方法として企図されたスペリング体系である。エリスが標準的な正書法に最小限の調整だけを加えて学習者の手助けをしたいと望んだことは、のちの改革提案にも重要な影響を及ぼした。このような改革アルファベットの発案に手を染めたことで生じた関心がもととなって、1879年には英国スペリング改革協会が設立されることになった。その会員には、テニソン卿や、スペリングに明らかに問題を抱えていたことからもさほど意外ではないと思われるが、

チャールズ・ダーウィンも含まれていた。この協会はいくつかの新しい計画を提案したが、最後には余剰的な文字の多すぎる点など、最も深刻な不規則性を根絶する提案でまとまった。しかし、これは純粋に学術的な活動以上のものではほとんどなかった。提案は、言語学者集団の外では採用されることがなかった。

スペリング改革の目的に特化して設立された協会に、英国スペリング簡略化協会というものがあった。これは20世紀初頭に設立され、最初は言語学協会のお歴々の会員、たとえば語源学者ウォルター・スキートやジェームズ・マレーなどに支持されていた。しかし、このような専門的言語学者は総じてスペリング改革を支持したけれども、書き言葉は単に話し言葉を反映しさえすればよいという安易な前提には懸念を示していた。『新英語辞典』のまた別の編集者であったヘンリー・ブラッドリーは、スペリングと発音の対応のない状況が「深刻な悪徳」であることに同意していたが、書き言葉の「表意的」価値を擁護していた（ブラッドリー、1913年、p.13）。表意的価値とは、それによって印字された記号が直接思考に翻訳されるというものだ。ブラッドリーは、日常語はその意味が長いあいだに語源から逸脱してしまっているのだから、そのスペリングは語源を反映している必要はないと認めていたが、「文学」語においてはこのつながりを保持することは重要だと感じていた。特にスペリングの語源とのつながりがその意味への価値ある案内役となるような、古典語形に由来する単語においてはそうだった。語源の利点はそのような語の発音にも及ぶものであり、ブラッドリーも発音は密接にスペリングに基づいているべきであり、その逆ではないと論じた。ブラッドリーは、スペリング体系の伝達能力は、話し言葉を正確に映し出す力にかかっているのではなく、またそれは同音異義衝突によって損なわれることがあると認めていた。彼は、発音のみがスペリングの案内役となるようなスペリング体系が問題含みであることと、それが引き起こす混乱の可能性を強調した。「もし 'My deer Sir'（私の鹿だんな）と始まる手紙を受け取ったならば、心の耳

がそのあと発音を認知する以前に、角のある動物の幻影をみたことになる」（1913年、p.5）。スペリングの区別がなければ、'We must consider Oxford as a whole, and what a whole it is' (p.15)（われわれはオックスフォードを全体として〔穴として〕考慮しなければならない、それがいかなる全体〔穴〕なのかを）のような叙述において混乱が生じることを想像されたい。

　ブラッドリーにとって、書き言葉の真の目的は「意味を表わすこと」である。彼は、単語を「意味の直接の記号」(p.5) とみなし、それは完全に発音器官を迂回して直接に脳に伝えられるのだとみなした。ブラッドリーにスペリングへの保守的な態度をつらぬくようにさせていたのは、スペリングはすでに基本的な体系に習熟している人にとっての読むための手段であるという考え方だった。読み書きを学ぶ人にとっては、もっと表音的な体系のほうがずっと有用だろうとは考えていた。ブラッドリーがより表音的なスペリングを支持した1領域に、外来の借用語があった。彼は、表音的なスペリング体系を採用すれば、安易な外来語の借用がなくなり、われわれは「自分たちの言語を外来のものとの不自然な連帯から解放し、本来語の資源の発達を促し、複合と派生という朽ちた力をよみがえらせること」(p.16) ができるようになると論じた。ブラッドリーはまた、より表音的なスペリング体系は彼のいう英語の「民主化」に貢献し、ラテン語やギリシア語の教育を受けていない読者層にも近づきやすい言語にすることができるだろうとも認めていた。より表音的なスペリング体系を採用すれば、古典借用語の発音は容易になるのはそのとおりかもしれないが、単語を発音できたからといって、それを理解できるような助けとはほとんどならない。

　ブラッドリーがスペリング改革を支持した別の領域は、固有名詞だった。しかし、この提案は、スペリング改革者の提案したかなり根本的な変化の多くのものと比べても、いっそう失敗しやすそうである。ある種の名前の伝統的なスペリングは、*Wild* と *Wilde*（ワイルド）のように異なる家族の区別をつける方法であるばかりでなく、

相当な文化的威信を帯びている。*Beaulieu*（ビューリ）や *Beauchamp*（ビーチャム）のような名前は、発音とは大きく異なるフランス語のスペリングを保持しているが、名家の印として機能しているのであり、ノルマン貴族にまでたどれる家系であることを示しているのだ。*Cholmondeley*（チャムリー）, *Colquhoun*（カフーン）, *Mainwaring*（マネリング）のような名前は、'Chumley', 'Cahoon', 'Mannering' と綴られるかのように発音されるが、それはスペリングどおりに発音するのが当然と誤って受け取る知識の乏しい人を排除するのにも役立っている。このように想像もつかない発音の姓が社会的に望ましいとされることは、なぜ P・G・ウッドハウスの登場人物の名称に、'Fanshaw Ewkridge'（ファンショー・ユークリッジ）と発音される Stanley Featherstonehaugh Ukridge など、変なものが多いのかの原理的説明となっている。そうしたおかしな名前が社会的に卓越したものであるという含みが、ウッドハウスが作り出した Psmith（スミス）という名前の裏にある。Psmith は、同じ名前をもつ多くの他の人々と自らを区別するために <p> を採用したのだ。彼は困惑する女中との次のやりとりのなかでこう説明している。

　　「お帰りになったら、僕が来訪した旨を伝えていただけますか？　名前はスミス、ピースミスといいます」
　　「ピースミス様で？」
　　「いやいや。P・s・m・i・t・h です。説明しておいた方がいいでしょうね、僕は、生まれたときは最初の文字抜きでしてね、父は簡単なスミスに終生固執しておりました。でも、世の中にはただのスミスがわんさといるので、これにバラエティーをもたせるのも悪くない、というのが僕の考えでした。スミスのアイをワイにしてスミス〔Smythe〕とする手もありましょうが、僕の見るところでは、これは臆病な回避策だし、また、他の名前を前にくっつけてハイフンでつなぐという最近流行の習慣は、僕はいやでしてね。その結果、僕が採用したのが

Smithの頭にPをつけたスミスなんです。念のために言うと、このPは発音しません。phthisisとかpsychicとかptarmiganとかいった言葉の場合と同様にね」

（『スミスにおまかせ』*Leave it to Psmith*

〔古賀正義訳、創土社、1982年、p.52〕）

　語頭の <p> は黙字なのだが、Psmith は、誰かが彼をただの Smith と呼ぶときには、どういうわけかいつも気づくことができ、急いでそれを訂正するのだ。おもしろいことに、ジェームズ・マレーは実際、*psychic*（精神の），*psychology*（心理学）のような <Ψ> 'psi'（サイ）の文字で始まる、もとをたどればギリシア語起源の単語における <p> は発音すべきであると主張した。だが、*psalm*（賛美歌）のようなより日常的な語はその限りではないとも考えた。こうした <p> のあるなしにどのような利点を見るべきなのかは、よくわからない。限られた専門家の集団が用いる専門用語は、それほど問題を引き起こすことはなさそうだ。<p> を脱落させるか、それを発音するかによって本当の利益がありそうなのは、より一般に使われるそのような語の場合であるにちがいない。

　20世紀にも引き続きスペリング改革への意欲はみられ、それは主に節約の原則に基づいていた。伝統的なスペリングは黙字や二重字がふんだんに使われており、本の印刷に関わる費用を増加させ、印刷する時間と紙もより多く必要とするようになった。したがって、黙字や二重字の少ない無駄を削ったスペリング体系であれば、印刷業者と読者の双方にとって、重要な節約となるだろう。これこそが「カット・スペリング」の指導原理である。これは、英語スペリング協会の会員クリストファー・アップワードの独創的な案であり、余剰的な文字を切り落として単純にするというものである。カット・スペリングでは、*doubt*（疑う），*lamb*（子羊）の <b> は除去され、*night*（夜）の <gh> も同様である。無強勢音節の母音もしかりで、*given*（与えられた）が *givn* となり、*helped*（助けた）が *helpd* となる。

193

このような変化はスペリング体系にもっと節約をもたらし、しかも理解しにくくなるわけでもないが、スペリング体系は誤解をある程度の範囲内にとどめるのに役立つ、ある種の余剰性をもって作用するのを思い出すことは重要である。そのような切り詰められたスペリングでは同綴りとなる語は避けられるかもしれないが、ひどく見慣れないものが導入されることになるため、読者に解読する時間と注意をこれまで以上に要求することは疑いの余地がない。しかし、最も説得力のある反論は、この種の改革を履行するいかなる試みにもつきものの困難の存在である。考案者たちは、履行に関する実際上の困難に立ち向かうのにひるむことはないが、理想的なシナリオが夢物語であると認めている。カット・スペリングが世界の英語使用者のみな、つまり「英語世界の中心的大都市の辞書編纂者から、英語とせいぜい間接的な接触のある程度の国の農民や市場の商人まで」に同時に受け入れられるとは考えていない、と。

　より穏健な提案が、スウェーデンの言語学者アクセル・ヴィークによりなされ、その体系は『規則化英語──英語のスペリング改革問題の研究と新しい詳細な解決案』*Regularized Inglish: An Investigation into the English Spelling Reform Problem with a New, Detailed Plan for a Possible Solution*（1959年）として出版された。これはスペリング改革の提案というよりは、むしろ一貫性のない部分をより規則的なもので置き換えるという計画である。ヴィークにとって、英語のスペリングを規則化する目的は、現行のスペリング体系のさまざまな記号を、それが最も頻繁に使われる用法において、実際上も理論上も体系的に保つことだった。ヴィークは、厳密に表音的なスペリング体系という目標は到達できないものであるとみなし、単一文字と結びつけられる音の数や、単一音を書く方法の数を制限することに対して大きな関心を払った。たとえば、<g> の2つの用法（*gentle*〔優しい〕と *get*〔手に入れる〕）は、数世紀の使用により確立しているという理由で、またほとんど問題を引き起こさないという理由で、保たれている。これは、/k/ を表わす3つの文字（<c, k,

qu>) や /s/ を表わすための <s> と <c> の使用についても同様である。確立している先例を尊重するというヴィークの姿勢は、*high*（高い）や *sight*（視覚）のように黙字である場合の二重字 <gh> を保つことにさえ及んでいる。彼がなくしたほうがよいと提案した規則的な記号は、二重字 <ph> ただ 1 つである。これは、ギリシア語源の単語を標示する以外の目的を果たさず、<f> で綴ってたやすくすませることができるものである。ヴィークは、新しい音記号を 2 つだけ導入することを提案した。*father*（父）の長い 'a' 音を表わす <aa> と、現代正書法ではともに <th> で綴られる有声音 /ð/ とそれと対応する無声音 /θ/ に区別を与える合字 <dh> である。奇妙なのは、<dh> は語中でしか使ってはならず、語頭では <Th> が両音を表わすのに用いられつづけるということだった。有声と無声の摩擦音の対立を一貫して示すということから、<z> の使用を拡張させるという提案が生じた。そうすれば、<z> は *abzolve*（免除する），*theze*（これら），*vizion*（視野），*pleazure*（喜び）のような語で規則的に有声の /z/ 音を標示できるだろう。ヴィークが個々の母音を表わすさまざまな方法を合理化しようと試みた結果、いくつかの改訂案が提示されるに至った。たとえば、ヴィークは、<ai, ay> という記号の使い方として広く行なわれているのは *maid*（女中），*day*（日）のような長い 'a' 音を表わすものだと判断し、この音をもつすべての事例はそれに従って綴るべきであり、<ay, ai> の二重字が異なる発音をもっている *says*（言う），*plait*（ひだ），*quay*（波止場），*aisle*（側廊）のような語は *sez, plat, kea, yle* に変えるべきだと提案した。

　『規則化英語』の単語は、日常英語の単語の 90 〜 95％と一致し、さらに正書法の主たる規則的な特徴を保っていたので、ヴィークはこの計画を、他の失敗した計画に比べて、支持を得やすいと考えた。ヴィークは、年配世代は改心させることはできないと考えており、それゆえ改革は徐々に十分に長期にわたる移行期間を与えつつ子供たちに導入せよと主張した。ヴィークは、6 歳で「普通の知性」のある子供たちは、体系を習得し、1 年でそれなりによく読めるまで

になるだろうと述べた。新体系を段階的に導入する際の明らかな困難の1つは、子供たちが2つの体系の学習を要求されることだった。不規則性をすべて含んだ現行の体系に徐々に移行できるよう、ヴィークは子供たちが2年間を費やして規則化したスペリングの体系のみを学ぶべきだと薦めた。これに習熟すれば、子供たちは、あらゆる大人向けの出版物で出くわし、雇用主が要求しつづけるだろう伝統的な体系の複雑さに取り組む準備ができているということになる。『規則化英語』の体系は主として英語を読むためのものだったが、ヴィークは子供たちにこの体系を使って書くことも教えるべきだと主張し、それが受け入れられるのが不当に遅延しないように取りはからおうとした。

　ヴィークは、1つではなく2つのスペリング体系の使い方を学習して余分な問題が生じることはないだろうと請けあったが、この言語実験の実験台となる子供たちにとって、これがどうして利益になるとみなせるのか、理解に苦しむ。ヴィークにとってこの主張が真実であることは自明だったが、懐疑的な人々も実際に試してみれば容易に説得できるだろうと考えていた。ヴィークはそのような試行を何も実施しなかったが、自信を持って成功を予期していた。「この試行の結果がどのようなものになるか予想することは難しくない。1つよりも2つの体系を学ぶほうがずっと容易であるということが、まったくの疑いもなく示されるだろう」。この移行期に2つの体系を学ばなければならない子供たちには公正ではないかもしれないとは譲歩したが、彼らこそが改革から最も恩恵を受ける世代であり、「彼ら自身が『費用』の主たる部分を寄付しなければならないというのは、おそらくまったく公正なことである」。ヴィークは、伝統的な正書法を書くように要求されるような職業へ進む可能性のある子供たちだけがそれを学べばよいのではと提案したが、これはきわめてばかげたある種の言語差別を導入すべきだと主張することにほかならなかった。彼は、新しいスペリングの見栄えが「見苦しく、異様で、概していまわしい」という予想される異論に対しては、そ

196

のような美意識は新しいスペリングに馴染んでいないがゆえの偏見以上のものではないと反論した。そして、そのような根拠に立って改革スペリングを論難する前に、英語史発展の概略や英語音声学の教本に目を通せば新しいスペリングの価値がわかるようになるだろうと述べた。ヴィークの提案した改革は、伝統的正書法に対する態度こそ穏健で妥当ではあったが、それを学ぶ必要のある教師や子供たちに、かなり多くの忍耐と努力を要求したことは明らかだろう。

　ヴィークの直面した最後の2つの反対意見は、異なる発音と訛りがもたらす諸問題と、借用語のスペリングの問題に関するものである。アメリカ英語の例について、ヴィークは訛りの差異を取り込むには異なるスペリングが必要となるだろうとは認めていた。イギリス英語で *baath*（風呂）, *caar*（車）となるところが、アメリカ英語では <a> を単一にして、短母音 /æ/ などを表わすことになる、といった具合だ。イギリス英語とアメリカ英語の違いを追加導入するというのは不都合なように思われるが、ヴィークにとっては、*colour/color*（色）や *centre/center*（中心）のような純粋に書き言葉上の差異を保つよりは正当化しやすいものだったのだ。しかし、ヴィークはアメリカ英語には異なるスペリングを認めているが、英語の地方訛りがこのように扱われることを認めるつもりはない。ヴィークにとって、アメリカ英語とイギリス英語のスペリングの模範が「洗練された集団の方言」でなければならないのは自明のことなのである。一方、新体系を用いて借用語を綴る問題についてのヴィークの結論は、完全に同化している借用語は新体系を用いて綴られるべきであり、「外国語っぽいとの印象を与える」借用語は完全に同化するまでは外国語風のスペリングを保持すべきだ、というものだった。これは理論的には理性的な方針のように思われるが、実際上はもちろんこの2つに区別をつけるのは果てしなく難しいだろう。

　もっとずっと急進的なスペリング改革の手段が、ジョージ・バーナード・ショーによって提案された。ショーは、ローマン・アルファベットを完全に改訂された特注の体系で置き換えるべきだと主張

し、各音が独自の文字をもち、関連する音は関連する字形で表わされるという体系を目指した。ショーには英語のスペリングに対して異論があったが、それは非常に無駄が多いという理由からだった。2文字で1つの音を表わす二重字が多数あることや、不要に紙とインク、そして書き手と印刷業者の時間をも浪費する黙字が多数あることだ。

　「他の人々にとって、われわれの26文字のアルファベットの欠陥は取るに足りないものにみえるだろうし、改変にかかる費用はひどく高くつくと思われるでしょう。私の考えでは、改変は、経済的に不可能であるどころか経済的に必要なことです。それを支持する数字は、いままで計算されても考慮されてもこなかったものですが、天文学的です。［中略］2文字でなく4文字で "Shaw"（ショー）と綴り、"though"（けれども）を6文字で綴るということは、人々にとってほんの何分の一秒の時間の浪費にすぎないでしょう。しかし、この一瞬の時間に毎日印刷される "though" の数を掛け合わせてやると［中略］何分の一秒はあっという間に膨れあがって、何年、何十年、何百年という時間となり、何千、何万、何百万という費用に膨れあがるのです。［中略］シェークスピアは、自分の名前を7文字ではなく11文字で綴るのに要した時間があれば、2つや3つ多くの戯曲を書くことができたかもしれません」。

　　　　　　　（《ジ・オーサー》誌収録の書簡より、1944年
　　　　　　　　〔カーニー、1994年、p.483 - 4 より引用〕）

　ショーはまた、この体系を強制的に学ばされた児童が無駄にしている時間を嘆きもした。ショーは現行の形態をジョンソン博士のせいにして、この体系を軽蔑的に「ジョンソン風」と呼んでいた。ショーは後半生の多くを、英語スペリング体系への反対運動に費やした。《タイムズ》に長々とした手紙を書き、スペリングの欠点に対して一般読者の注目を引こうとした。しかしショーは、1916年と

198

いう早い段階から、戯曲『ピグマリオン』 *Pygmalion*（1913年）の序文（1916年版）において、コックニーの花売り少女が音声学教授に発音の修正教育を受けるという設定で、英語のスペリングの欠陥について不平を漏らしていた。「イギリス人は自国語を大切に思わず、子供たちに正しい喋り方を教えようとしない。［中略］正しく綴ることもできない。このため、読んだだけでは誰にも正しい発音の仕方が分からない。（小田島恒志訳、光文社、2013年、p.9）」と。ショー自身はアイザック・ピットマンの考案した速記体系を用いて書いていたが、速記体系は、主として手書きをしやすくするために発明されたものであるから印刷には適さないのであり、全国的なスペリング体系としては決して機能しえないだろうということはわかっていた。ショーがこのことをはっきり自覚したのは、ヘンリー・ヒギンズ教授という登場人物の部分的なモデルとされたオックスフォードの音声学教授ヘンリー・スウィートから受け取った葉書をみたときのことである。その葉書はスウィート自身の 'Current Shorthand'（草書体の速記）で書かれており、それは各音が各記号に対応する単音文字として用いられるべく考案されたのだが、その文字をスウィートが一種の速記として用いていたため「最高に謎めいた暗号文」に堕してしまっていたのだ。ショーの『ピグマリオン』第3幕では、ヒギンズの母が、息子が新案の速記で書いてよこした綺麗な葉書を読めず、「通常の書体」で書きなおされた写しに頼らざるをえないことを嘆いている。

　自分には新アルファベットを考案する力はないと考えたショーは、「イギリスの」アルファベットを開発するための金を遺産として残した。少なくとも40文字が含まれ、関連する音は関連する字形によって表わされ、結果として英語の書記法がより効率よいものになるアルファベットでなければならないと。遺言の条件に関するさまざまな法律上の問題があったため、彼の死の7年後にようやくコンクールが宣言された。ショーの遺言の規定に従って最良のアルファベットを考案した者は500ポンドを受け取るというコンクールだ。

合計467の応募が受理され、審査団はこのうち4つで賞金を分割することを決めた。完全に容認できると判断された案はなかったのである。コンクールのもう1つの目的として、ショーの戯曲『アンドロクリーズと獅子』*Androcles and the Lion*（1912年）を新アルファベットで書いた版を出版するということがあったので、勝利した4人の応募者は専門審査団からの助言により同案を洗練しつづけてくれるようにとの提案がなされた。

　この過程の結果、キングズリー・リードの考案したアルファベットの改訂版が選ばれることになり、「バーナード・ショー」あるいは「ショー」アルファベットと名付けられた。ショー・アルファベット（図6.1）はローマン・アルファベットから思いきって逸脱したものであり、ヘンリー・スウィートが考案し、ショー自身も好んで用いたような、一連の速記体系に似た字形を使用するものである。伝統的な体系との連続性はある。文字は左から右へ書かれ、単語は空白で区切られる。しかし、逸脱するところもあり、たとえば大文字と小文字の区別がないが、これは不要に煩雑な区別だとみなされたからである。大文字が必要な場合には、ショー・アルファベットでは「名前化」する点を文字の上に置けばよい。個々の字形は、筆記体では書きにくくなるように図案化されていた。つまり、急いで書かれると不明確となり混同しがちになるような不要なつなぎ線が加えられていた。急いで読まれるときに混乱の可能性が起きないよう、文字の区別が十分に明確になるようにするために、多大な時間と努力が費やされた。同時に、素早く書くのが容易となるように、なるべく少ない画数で書ける文字を作りだすことにも、注意が払われた。ショー・アルファベットの文字の多くは1画である。ショーは、関連する音に関連する形を与えよと要求していたが、この要求はある程度は満たされている。すべての母音は「短字」とよばれる、アセンダ（訳注：b, d, f, hなどの、xの高さよりも上に出る部分）もディセンダ（訳注：p, q, j, yなどの、xの高さより下に出る部分）ももたない字形で表わされているし、子音の有声と無声のペアには関連する字形が

6 スペリングの固定化

図6.1 ショー・アルファベットの書き方

各ペアのあいだの二重線は「高文字（Tall）」「深文字（Deep）」「短文字（Short）」の相対的な高さを示す。「なるべく右方向に書きおえる」ようにすること、および、「星印のあるものは上方向に書くこと」という指示がなされている。

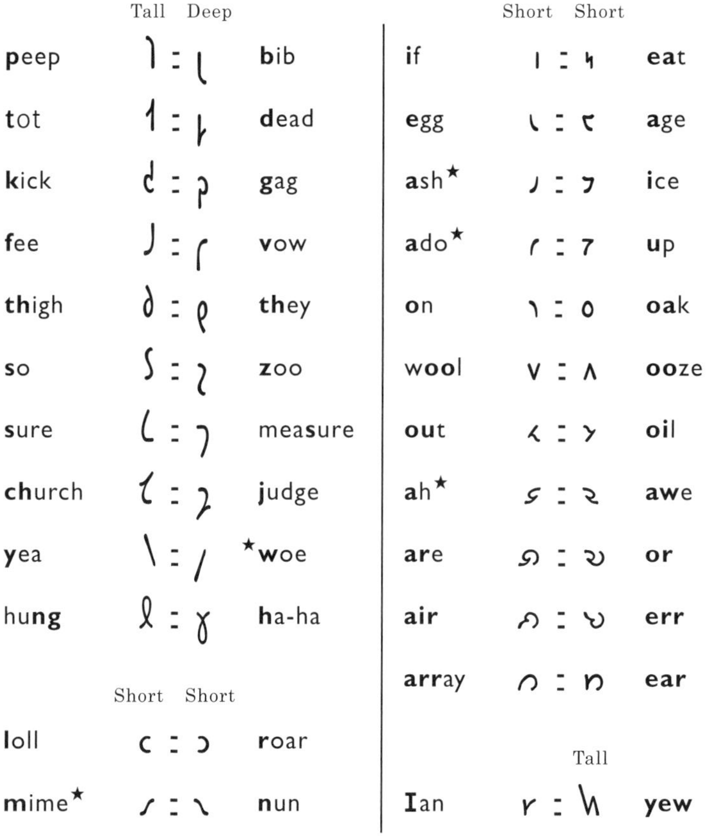

	Tall	Deep			Short	Short	
peep	﹚ : ﹙	bib		if	ı : ﹄	eat	
tot	↑ : ↓	dead		egg	↖ : ↗	age	
kick	ᴄ : ᴐ	gag		ash★	﹍ : ﹁	ice	
fee	∫ : ∫	vow		ado★	ᵣ : ⁊	up	
thigh	∂ : ℓ	they		on	ᴵ : ᴏ	oak	
so	∫ : ∫	zoo		wool	ᴠ : ᴧ	ooze	
sure	(: ⊃	measure		out	⟨ : ⟩	oil	
church	ζ : ϩ	judge		ah★	ϛ : ϟ	awe	
yea	﹨ : ⁄	★woe		are	ᴔ : ᴕ	or	
hung	ℓ : γ	ha-ha		air	ᴕ : ᴖ	err	
	Short	Short		array	ᴖ : ᴗ	ear	
loll	ᴄ : ᴐ	roar				Tall	
mime★	ᴣ : ᴦ	nun		Ian	ᴦ : ᴄ	yew	

（邦訳版編集部注：*Journal of the Simplified Spelling Society*, No.23所収の記事、Kingsley Read 'Sound-Writing 1892-1972: George Bernard Shaw and a Modern Alphabet'、およびWikipedia 'Shavian alphabet' を参考に作成した）

与えられている。

　図6.1に提示されたアルファベットの左段を下に読んでいけば、左側には無声子音が、右側には有声子音が与えられているのがわかるだろう。それぞれの例で、2つの文字は単純にひっくり返っているから、たとえば無声の /p/ を表わす記号は単に上下をひっくり返せば対応する有声音 /b/ となる。ずっとたくさんの音にも配慮し、関連する音をこのように関係づけることで、ショー・アルファベットの体系は、第2章で述べた理想的なアルファベットのいくつかの主要な特徴を獲得するのに、より近いところまで来ている。しかし、ショー・アルファベットには明らかな欠陥がある。最も明らかなのは、伝統的な体系からそれほどまでに過激に逸脱したものを導入する経済的・社会的なコストという、実際上の問題である。ローマン・アルファベットに対するショーの主たる反論が無駄に費やされる時間と金だったことを考えると、皮肉のように思われるが、ショーの名前を帯びた体系こそ、確実に採用されるには莫大な財政支出が必要となるはずなのだ。もう1つの明らかな欠点は、文字の形のいくつかが似ているということである。この類似性は新アルファベット提案ならば必ず備えているべきものではあったが、ショーの体系で使われている文字は弁別性が不十分である。zoo（動物園），measure（計る），judge（判断する）の音に使われる3記号は、文字の下端に曲線などをつけるという小さな違いしかない。この違いは、素早く手書きされれば、間違いなくぼやけてしまうだろう。リード自身も、字形は書きやすいように考案されているが、必ずしも十分に区別できるものではないことを認めており、読者には似たような短い字形を注意深く区別するようにと助言している。しかしながら、このアルファベットを読むのにより多くの注意と、それゆえに時間が必要になるなら、それが拠って立つ節約の原理は平然と無視されたことになる。同じ問題は書き手にも当てはまり、書き手は書いた文字が十分に区別されるようにするのに、より一層の注意を払わなければならないのだ。そのような体系が、本当にショーの主張する

ようにシェークスピアの戯曲の数を増やすことになりえたかどうか、疑問に思えてきてしまうだろう。キングズリー・リードが考案して洗練させたショー・アルファベットの体系は、ショーの戯曲『アンドロクリーズと獅子』の1962年の出版にしかるべくして用いられ、ショーの遺言の条件を満たした。出版された本には、ジェームズ・ピットマンの書いた序文が付されており、この体系案の長所の概略が述べられている。ピットマンは、ショーの文字はより判読しやすく、紙幅の点では3分の1だけ節約になり、書くのも80〜100%増しの速さになると論じている。ピットマンは、ショーの書体が伝統的な文字よりも遠くから読めることを例証する独特な方法を思いついた。読者にどちらの書体も読めないよう、本を鏡の前で上下逆さまに持ってもらう。読者は、本を口元に押し当てたまま、鏡に向かって近づいていくよう促されるが、伝統的な文字よりも先にショーの書体が読み取れるようになることに気づくという、そんな方法だった。ピットマンによれば、その独特な文字を習得するにはほんの3、4時間しかかからない。彼は読者にその体系を学習し、他の読者にも学習を薦めるようにと促している。「この本の価格はほとんどただです。友人に1冊買ってもらい、そのアルファベットを学ばせて、互いに書きあえるようにしてください。あるいは、『目を慣れさせておく』必要もないまでに習熟したら、だれかにあげてしまいなさい」（ピットマン、1962年、p.15）。しかし、ピットマンの熱烈な指導や、ショー・アルファベットの体系を用いて印刷された季刊誌《ショー・スクリプト》の出版にもかかわらず、ショー・アルファベットの体系は新しい改善版英語スペリング体系を求めて行き詰まったもう1つの例に終わった。

　ここで考えたいスペリング改革の試みの最後のものは、ジェームズ・ピットマン自身の考案した初等教育アルファベットである。ジェームズ・ピットマン卿は、大成功を収めた速記大系の発案者、アイザック・ピットマンの孫であり、バーナード・ショーの遺言の受託者の1人だった。彼は1901年にロンドンで生まれた。1945年か

ら 1964年のあいだにバース選出の国会議員を務め、加えて 1972年から 1981年にはバース大学の副総長の職にあったが、精力的なスペリング改革者でもあった。ピットマンのスペリング改革への主たる貢献は、初等教育アルファベット Initial Teaching Alphabet (ITA) である。これは、読み学習の過程を簡単にするために改訂されたローマ・アルファベットだった（図6.2）。初等教育アルファベットの役割は、より容易で、より表音的な体系を子供たちに紹介し、その後に7歳の段階でより複雑な標準体系へ移行させるというものだった。初等教育アルファベットは42個の文字から成っており、標準的なローマ字に加え、子供たちが正しい音価を判断しやすくなるように少々の変更を加えた追加ローマ字の一式がみられる。たとえば、<t> の文字は、<th> の二重字のなかで使われるときには下のほうにちょっとした曲線が付けられるし、二重字 <sh> のなかでは 18世紀の長い <s> がよみがえっていたり、有声音 /z/ を表わす <s> の代わりには <z> を反転させた形が用いられるといった具合だ。

　本書を通じて検討してきた多くのスペリング体系の改革案とは異なって、ピットマンの体系は、予備的なものではあったが、実際に実行された。初等教育アルファベットは、1960年代初期にイギリスの学校に導入された。要求する変更箇所が比較的小さいものだったことと、標準体系の置き換えではなく訓練用のアルファベットとして使われるということが相まって、教育者の中には便利な教育的ツールであると考えた者がいたのだ。しかし、問題もあった。この体系は、容認発音（RP）という標準的な南部の発音に基づいていたので、地方訛りで話す子供たちにとっては、ずっとわかりにくいものであった。さらに問題だったのは、初等教育アルファベットを習得した多くの子供たちが、標準体系へ移行するにあたって困難に出会ったのである。ピットマンの初等教育アルファベットは、1960年代から 1970年代のあいだに進歩的ないくつかの学校で使われ、オーストラリアや北米にまで広がったものの、決して主要な教

6 スペリングの固定化

図6.2 初等教育アルファベット　©The Pitman Collection, University of Bath
（印刷家は、path のような単語について、地域によって発音が異なる場合には'𝐚' を用いること。教師と生徒は、自らの発音に合わせて、a あるいは ɑ のいずれかを用いること）

育的ツールとして受け入れられることはなかった。2001年のピットマンの初等教育アルファベットを扱ったBBCのリポートは、その40周年記念を祝うものだったが、最初にこの体系を使って読むことを教わった人々に、数々のよからぬ記憶を思い起こさせた。初等教育アルファベットを教わったかつての「学童」はこう想起している。「学校の最初の数年間、初等教育アルファベットには苦しみました。結果として、7歳のときには、ようやく読み書きできるかどうかという段階でした」。別の元学童は、その体系に馴染みのない家族の年長者たちと文通するのに困難があったと報告している。最も極端な例として、早くにピットマンの初等教育アルファベットに出会ってしまったせいで終生スペリングが下手になってしまったという人々もいた。しかし、大きく成功していないとはいえ、初等教育アルファベットは、その使用を推進し、保持し、促進するという使命のもと初等教育アルファベット財団によって推進されつづけている。財団は、この目標を達成するために、読み書き能力を推進すべく初等教育アルファベットを使用したいと望む非営利団体へ、資金的・技術的支援を提供している。財団は訓練と計画遂行を支援するほか、初等教育アルファベットを普及したいと望む人々のために手引き書を出版したり、この体系を用いて読む学習をする子供向けの読み物教材も出版しているが、初等教育アルファベットを使う訓練を受けた子供たちが「読み書き能力の成長の初期段階において複雑なスペリング様式と取っ組みあうことなく、熟練した読み手かつ書き手になる」という大胆な主張を裏づける証拠は、そのウェブサイトのどこにも載っていない。

　初等教育アルファベットは、成功はしなかったが、実際にイギリスの教室で試験的に実施された点で、改革スペリングを目指す他のほとんどの計画にもまして先に進んでいた。本章と前章で検討してきた他の多くのさまざまなスペリング改革案は、英語の今日のスペリングにほとんど、あるいはまったく影響を及ぼさないできた。次章では、アメリカ式スペリングの発展を検討するが、そこでわれわ

206

れは英語のスペリングに対して長期にわたる影響を及ぼす提案を掲げた数少ないスペリング改革者の1人に出会うことになる。

7 アメリカ式スペリング

　アメリカ英語の起源は、ピルグリム・ファーザーズと最初期の植民者たちの用いていた初期近代英語という変種にある。したがって、最初期のアメリカでの文書は、当時、生まれつつあった英語の標準スペリング体系で書かれていた。この慣行はイギリスからの本の輸入によって強化されつづけ、結果として、権威ある英語の模範たるドライデン、ポープ、アディソンの作品が新世界に影響を及ぼしつづけた。最初期の植民地の作家たちは、自分たちの原稿をイギリスに送って印刷させることによって、さらに確かに英語の標準スペリング体系を支持させつづける一因となったのである。植民地諸州では高等教育を担う大学の設立が比較的遅かったために、裕福な植民地主義者の子弟はしばしば教育のためにオックスフォードやケンブリッジに送られた。イングランドのスペリング慣習とのこのようなつながりが維持されたために、アメリカ式スペリングは初期近代英語と同様の標準化の過程を経た。そこには、<u> と <v> の使用の規則化や、<i> の代用としての <j> の導入のような発展が含まれていた。スウィフトやアディソンのような古典主義のイングランドで活躍した作家たちの影響力は、標準的なアメリカ用法の固定化と保護を監督するアカデミーの設立が叫ばれたことにも見てとれる。イングランドの作家がそのような提案において直接影響力があったことは、提案された機関名の候補にも表われている——「英語を洗練し、改善し、確定するためのアメリカン・アカデミー」。1780年のこの提案は決して実行されることはなかったが、1820年には「言語と純文学のアメリカン・アカデミー」が、ジョン・クインシー・

アダムズ大統領のもとで設立された。しかし、この機関にせよ、のちの同種のアカデミーにせよ、アメリカ式スペリングになんら影響を与えることはなかった。

　政府がスペリングを規制しようとする試みが成功を収めた一領域として、外来語をアメリカ式スペリングへ翻字したということがあった。これは地理的名称の場合には特に急を要することだった。地名においては、元来の形態がしばしば外国語に由来しており、固定したスペリングを採用することが実際的に必要とされたからだ。1890年には当時のベンジャミン・ハリソン大統領が地理的名称に関する合衆国委員会を設立し、その権限により政府官庁のなかでおよび地図類において統一した地名のスペリングを確定しようとした。この委員会の重要な機能は、アメリカ市民にとって発音の適切な案内役となるような地名のスペリングにすることだった。異綴りの問題、とりわけ外国語のスペリング習慣を用いた異綴りについては、ノア・ウェブスターが1803年のスペリング教本の序文で焦点を当てていたが、そこでは *Ouisconsin*（ウィスコンシン）や *Ouabasche*（ウォバッシュ）のような地名のフランス語のスペリングを保持することへの異論が唱えられた。

　　無学のアメリカ人は、このようにフランスの装いをした Ouisconsin や Ouabasche という名前の発音をどうして知りえようか。この発音が、Wisconsin や Waubash だと思うことがありえようか。われわれの市民は知りもしない正書法に、このように悩まされるべきではない。

　1822年の地図で *Wisconsin* のスペリングが採用され、1845年の決議文ではこのスペリングが正しいと宣言されたものの、地理的名称に関する合衆国委員会が1901年に公刊した報告書でも、ウィスコンシン川について 'Wisconsin; river in Wisconsin (Not Ouisconsin, nor Wiskonsin)'（ウィスコンシン──ウィスコンシンの川〔Ouisconsinで

も Wiskonsin でもない]）と注記されている。アメリカ先住民の言語からとられた名前もアメリカ化の過程を経て、より慣れたスペリング習慣に従うことになった。たとえば、*Unéaukara*（ナイアガラ）は現在では *Niagara* であり、*Mauwauwaming*（ワイオミング）は *Wyoming* となった一方で、*Machihiganing*（ミシガン）は *Michigan* となった。そのような名前がすべてこのようにアメリカ化したわけではなかった。多くのアメリカ先住民の名前は生き残っており、不注意な人が罠にはまってしまうような豊かで複雑怪奇な子音字の組み合わせを保存している。*Tallahassee*（タラハシー）, *Susquehanna*（サスケハナ）, *Mississippi*（ミシシッピ）, *Allegheny*（アレゲーニー）, *Massachusetts*（マサチューセッツ）などである。

　同委員会は、今日のアメリカの地名にいまだ影響力の見られるような他の改革の導入にも功績があった。たとえば、*borough*（市）という語は *boro* と省略され、イギリス地名 *Marlborough*（マールボロ）とアメリカ地名 *Marlboro* の対比を生み出した。さらなる変化としては、*burgh* の語末の <h> を落として、*Gettysburg*（ゲティスバーグ）や *Williamsburg*（ウィリアムズバーグ）のような名前を生み出しもした。しかし、*Pittsburgh*（ピッツバーグ）は例外であり、語末の <h> を伴って綴らなければならない。これは、ピッツバーグ市民たちが故郷の町のスペリングを変えるのを拒んだからである。委員会はついに1911年に態度を軟化させ、伝統的なスペリングを保存することを許可したが、同時にアメリカの地名のなかで最もよく綴り間違えられるスペリングとなってしまった。

　土着の地名をアメリカ化する際の問題点は、アメリカ先住民の言語から借用された他の語のスペリングを確立する際にも同様に表われた。*raccoon*（アライグマ）という語はアルゴンキン語の単語 *aroughcun* に由来するが、標準スペリングが確立する前には、豊富な異形態で確認され、*rahaugcum, raugroughcum, aroughcoune* など幅広かった。植民者がアルゴンキン語の名前を採用したもう1つの土着の動物は *opossum*（オポッサム）であり、これはアルゴン

キン語の単語 *op*（白い）＋*assom*（犬）からなる。この語の最初の使用例では、*aposoum, apossoun* のように語頭の母音が <a> で綴られているが、語頭母音が完全に消失した「頭音消失」形態 *possown* が現代英語の *possum* の祖先ということになる。ポーハタン語からの借用語 *mockasins*（モカシン）は、アメリカ先住民の履く靴底の柔らかい革靴を指すが、現在の英語でのスペリング *moccasin*（モカシン）に定まる前に同じように幅広いスペリングで確認されており、たとえば *maccaseene, mogginson, mawkisin, mogasheen, mognesan* などが使われていた。*wigwam*（テント小屋）という単語はオジブワ語の *wigwaum* に由来し、それ自身はアルゴンキン語の *weekuwom, wikiwam*（文字どおりの意味は「彼らの家」）の異形である。*powwaw*（まじない師）は、ナラガンセット語でシャーマンや心霊治療師を表わす語で、もともとはアルゴンキン語の「夢見る人」を意味する語根に由来するが、最初の用例では *powahe* というスペリングで確認される。16、17世紀に記録されている異綴りは、異なる発音を反映しているようにみえる。*pauwau* の例では、第2音節は第1音節に同化している。*powwow* については逆のことが言え、現代英語の形態はこちらのスペリングに由来している。*toboggan*（トボガン、競技用そり）という語はカナダの先住民の言語ミクマク語の *tobâkun* に由来する。この語は最初フランス語に *tabaganne* として借用され、そこから派生して、英語での最初期のスペリングとしては *tabagane, tobognay, tarboggin, treboggin* が用いられた。

　アメリカとイギリスのスペリングの大分裂が生じたのは、18世紀後期と19世紀初期に著名なアメリカの言語学者たち何名かがアメリカ式スペリングを改革しようと試みたときであった。スペリング改革の提案者の1人にベンジャミン・フランクリンがいたが、彼は英語のスペリングを発音に近づける意図をもった改革アルファベットを作り出した。フランクリンは、スペリングは語源ではなく発音を反映すべきであると考えていた。語源というものが語の意味への信頼に足る案内役とはならないのだと。フランクリンは、純粋に

表音的な体系では数多くの同音語が生まれてしまうことを認識していたが、どんな混乱の可能性も再読しさえすれば容易に回避できると信じていた。フランクリンは、各文字が1音を表わし、余分な文字、つまり黙字のない表音素的な体系を提案した。結果として、ローマ字 <c, j, q, w, x, y> を切り落とし、既存文字を改変した6つの新しい文字を用いるアルファベットが生み出された（図7.1）。フランクリンは、そのアルファベットをより「自然な」順序で並び替えることから始めた。調音器官を使わずに作られる「単純音」で始まり、それから舌が口の前のほうへ動いてゆくという並び順を用いたのだ。この並び順では、<g> は舌が「軟口蓋」という軟らかい天井部分と接触して作られるので、早い順番で現われる。それから舌が歯に接触する <dh> や <th> のような歯子音が続き、唇が閉じられる <m> が最後の文字となる。フランクリンは <c> の文字を、不要であるとの論拠に基づき、なくした。/k/ には <k> を、/s/ には <s> を使ったのである。これはアルファベットの論理的な合理化の手段のようにみえるかもしれないが、フランクリンが <j> をなくし、その代わりにある種 <h> をもじったような新しい文字を加えようと決断したことは、説明がつきにくい。フランクリンは、この文字は組み合わせにおいて特に有用であり、たとえば *James*（ジェームズ）は *dhames, cherry*（さくらんぼ）は *theri*、フランス語の単語 *jamais*（決して〜ない）はこれからは *zhamais* と書き表わせるようになると主張した。このような新スペリングがなぜ改善策と考えられたのかは図りかねるが、<g> の文字を硬い /g/ 音のためにとっておけるという副次的効果はあった。短母音と長母音は文字を1つにするか2つにするかで区別され、たとえば *mend* 'mend'（修理する）と *remeend* 'remained'（とどまった）、*did* 'did'（行なった）と *diid* 'deed'（行為）のようにされた。フランクリンの体系では、/θ/ のために <t> と <h> の合字が、/ð/ のために <d> と <h> の合字が、/ŋ/ のために <g> の尾部をもつ <n> が、/ʃ/ のために縦棒に湾曲を付した <s> が用いられた。

7 アメリカ式スペリング

TABLE OF THE REFORMED ALPHABET.

SOUNDED, RESPECTIVELY, AS IN THE WORDS IN THE COLUMN BELOW.

Characters		Characters	
o	Old.	r	Art.
*a	John, folly; awl, ball.	t	Teeth.
a	Man, can.	d	Deed.
e	Men, lend, Name, Lane.	l	ell, tell.
i	Did, Sin, Deed, seen.	s	Essence.
u	Tool, Fool, Rule.	z	(ez) Wages.
*ɥ	um, un; as in umbrage, unto, &c. and as in *er*.	*ɧ	(th) think.
h	hunter, happy, high.	*ɧ	(dh) thy.
		f	Effect.
g	give, gather.	v	ever.
k	keep, kick.	b	Bees.
*ɧ	(sh) Ship, wish.	p	peep.
*ɥ	(ng) ing, repeating, among.	m	ember.
n	end.		

*The six new letters are marked with an asterisk (*), to distinguish them and show how few new sounds are proposed.

図7.1 ベンジャミン・フランクリンの改革アルファベット

（邦訳編集部注：Online Library of Liberty所収の*The Works of Benjamin Franklin, Vol. V Letters and Misc. Writings 1768-1772*より引用。一部 Wikipedia 'Benjamin Franklin's alphabet-sample letter.png' を参考に活字を充当した）

　フランクリンは、1768年のメアリー・スティーヴンソンへの手紙のなかで、改革アルファベットについて説明した。彼女は同年に返事を送っているが、そこではその改革アルファベットが用いられていた。明らかに彼女はある程度詳しくそれを学んでおり、いくつか説得力のある異議を唱えた。スティーヴンソンは、読者が特定の語の正しい発音を判断することが容易になる点で利点はありうる――ただし、仮にそのような判断が最終的になされるならば――とは述べたが、同じスペリングをもつ同音語の問題を指摘するとともに、語源との断絶と、それに応じて語の意味を判断するのが難しくなることも指摘した。スティーヴンソンは結論として、みなに伝統的なスペリングをさせておくようにフランクリンに助言し、元のやり方

に戻って手紙の結びを「古い方法」で綴ることで釘を刺したのである。'With ease and with sincerity I can, in the old way, subscribe myself, Dear Sir, Your faithful and affectionate Servant.'（末筆ではございますが、私は難なく心をこめて、古い方法で名をしたためとうございます。あなたを愛する忠実な僕より）フランクリンは返信で、改革アルファベットは読み書き能力の向上に非常に利するものであり、それによってスペリング体系の欠陥ゆえに困難を抱えている綴りの下手な人たちもより良い綴り手となれるのだと主張した。フランクリンはまた、語源は現行の意味の健全な案内役とはならないことを、Neev 'knave'（悪漢）と Vilen 'villain'（悪党）を例にとって指摘した。これらの語は、「少年」や「村人」という古い意味に従って理解してしまうと、ほとんど侮蔑的でなくなってしまうからだ。フランクリンはのちにこの改革スペリング体系を、『政治的な、雑多な、哲学的な作品集』Political, Miscellaneous, and Philosophical Pieces（1779年）のなかで「新アルファベットと改革スペリング法の計画」"Scheme for a New Alphabet and Reformed Mode of Spelling" として出版したが、アメリカ式スペリングになんら影響を及ぼさなかった。フランクリンのアメリカ英語のスペリングへの影響は間接的なものにとどまる運命だったが、彼の励ましと感化によって、この時期の最も重要なアメリカの言語学者ノア・ウェブスターが生まれたのだ。

　ノア・ウェブスターは法律家として訓練を受けたが学校教師に転身し、故郷コネチカット州に自らの学校を設立した。この学校が1782年に閉校すると、ウェブスターは初等教本を書くようになった。その最初の教本は、1785年までに40を超える版で出版されていたイギリス人の著者トマス・ディルワースによるスタンダードだった教本『新英語指導書』A New Guide to the English Tongue（1740年）に取って代わることを狙ったスペリング教本だった。ウェブスターは学術的な根拠でディルワースの著書を用いることに異を唱えた一方で、この著作の座を奪いたいという望みは部分的には愛国主

義的なものでもあった。「彼［ディルワース］は時代おくれなだけ
ではなく、本当に著作のあらゆる箇所に間違いと欠陥があります。
アメリカは『政治的に』独立すると同様に、『文学的に』独立しな
ければならないのです。『武器』と同じように『教養』でも優秀に
ならなければなりません」（マナハン、1983年、p.28）。ウェブス
ターは1783年に『英文法講義第1部』*A Grammatical Institute of
the English Language, Part I* として出ることになる著作を出版する
ために借金をしなければならなかった。より迫力のあるもともとの
題名は『アメリカ語教則』*American Instructor* だったが、イェー
ル大学学長の提案により、これを棄てて、気どった題名を選んだの
である。1784年には、第2部の文法篇が続き、1785年に読本が続
いた。しかし、この出版企画で成功を収めたのはスペリング教本で
あり「騒々しいほどのベストセラー」として、ペンシルヴェニア、
ニューヨーク、コネチカット、ヴァーモント、マサチューセッツの
各州の出版社のあいだで話題となった。

　ウェブスターのスペリング本は、子供たちの読み教育を意図した
ものであり、数百の単語の発音の仕方を理解させるのに役立つもの
だった。ウェブスターにとって、スペリングと発音のあいだには緊
密な相互関係があったのだ。結果としてウェブスターは、英語を書
くだけではなく話す方法を提示するものとしてスペリング教本を捉
えていた。ウェブスターは先輩文法家たちが発音に注意を払ってこ
なかったことを嘆き、方言が多様なのは彼らのせいだと非難した。
ウェブスターのスペリング教本がディルワースのものと異なってい
たのは、音節区切りの方法であった。*salvation*（魂の救済）のよう
な語はそれまで *sal-va-ti-on* と区切られていたが、ウェブスターは
sal-va-tion と区切った。ウェブスターはまた、個々の文字の音に
網羅的な説明をほどこそうと努めた。たとえば、G の文字につい
ては、「G には2つの音があります。1つは *go*（行く）にあるような
音、もう1つは *gentle*（優しい）にあるように *j* に似た音です。*a, o,
u* の前では最初のほうの硬い音となり、*e* と *y* の前では一般に2つ

めの軟らかい音となりますが、*i* の前では硬いことも軟らかいこともあります」（1793年、p.16）。各文字の多様な用法を説明するにあたって、ウェブスターは正用と副用を区別し、ある文字が別の文字の役割を担う場合には強奪という概念を用いた。たとえば、Z の記述では「Z には2つの音があります。正用音は *zeal*（熱意）にあるとおりで、*zh* の音は *azure*（空色）にあるとおりです。その役割は *wisdom*（知恵）や *reason*（理由）にあるように、よく *s* に強奪されます」（1793年、p.16）。ウェブスターのもう1つの新機軸は、母音の長さと種別を同定する案内として数字のインデックスを導入したことだった。上付き文字の1は母音が長いことを示し、上付き文字の2は母音が短いこと、3は *hall*（広間）における「広い a」、4は *not*（〜でない）や *what*（何）の母音という具合だ。著作の最後には平易な語を含むいくつかの練習課題がついており、そこには子供たちに読んで「本分を知る」ことを教える狙いがあった。これは、いかにも道徳的でキリスト教的な教育であり、幼い学習者に罪を避け、主を信じ、学校で勤勉に学ぶよう促すものだった。次の例からその雰囲気が感じとれるだろう。「良き子供は嘘をついたり、罵ったり、盗みをしたりしてはいけません。家で良い子にして、本を読むことを求め、起きたら手と顔を綺麗に洗うのです。髪をとかし、急いで学校に行くのです。悪い子がするように、途中で遊んだりしてはなりません」（1793年、p.56）。

　ウェブスターのスペリング本は大当たりしたものの、非難する者もあった。たとえば、「ディルワースの亡霊」と自称する匿名の作家は、ディルワースを剽窃したとしてウェブスターを責め立て、発音を固定化しようとする試みを嘲笑した。ウェブスターは返答として自らの著作の独自性を主張したが、こうした著作はすべて必然的に編集物であると譲歩し、言語は完全たる標準を達成すれば固定化しうると論じた。ウェブスターは1783年の初版に続けて、1787年に新題『アメリカ式スペリング本』*The American Spelling Book* として改訂版を出した。改訂版の2版も同じ題名で1804年に出てお

り、1818年にもさらなる少数の修正をへて世に出た。初版と2版の主たる違いは、ウェブスターの初等教育に関する深い道徳観を示す、諺や寓話を加えた点にある。たとえば、次のような金言一覧がみられる。「賢者は心に舌をもつが、愚人は舌に心をもつ。話すよりも聞くようにしなさい、教えるよりも学ぶようにしなさい。青春は、春のようにすぐに終わってしまう。輝くものすべてが金ならず」。このような金言だけでなく、次のような道徳的な教えもみられる。「学校でうるさくおしゃべりする者は、よく自らの本を学ぶことはないだろうし、他人にも学ばせることを許さない。おしゃべりしない者はやがて賢くなり、多くの愛情と好意を得るだろう」。

　ウェブスターはスペリング本の始めに、1音を書くのに多くの方法があるという英語のスペリングの呈する諸問題について不平を述べたが、規範としてはジョンソンの『英語辞典』で使われていたスペリングを採用し、異綴りを提案しようとは試みなかった。生涯のこの段階では、ウェブスターはスペリングへの態度に関して頑強に保守的であり、変更を提案する人々を嘲笑していた。ウェブスターは、のちに自らが進んで推奨するようになったのだが、*favour*（好意）や *honour*（名誉）の <u> を取り除くことを主張した人々を特に批判し、そのような改革は落とす文字を間違えていると主張した。むしろ、ウェブスターはこれらの単語を *onur* や *favur* と綴ることを提案した。ウェブスターはまた、やはりのちの彼の改革の1つだったのだが *judgement*（裁判、判断）の <e> を落とすことに反対し、軟らかい <g> を示すのに <e> を用いることによって <e> は「この単語のなかで最も必要な文字」となると論じた。ウェブスターにとって、スペリングと発音が近い関係にないという事実は「不都合で残念なことだが、直すことはできないものなのである」。

　ウェブスターは1786年にフィラデルフィアでベンジャミン・フランクリンと出会い、のちに友人となったが、まさにこのことが、ウェブスターが真剣にスペリング改革の可能性を考える刺激となった。ウェブスターは、その出会いのすぐあとにジョージ・ワシント

ン総司令官に国に奉仕したいとの希望を伝える手紙を書き、英語を洗練し、完全に規則的なものにすれば、ひいては教育の向上につながると訴えた。ウェブスターの提案は、フランクリンの考案した革新的な文字の数を減らすことで改変を加えようと試みたものであり、政治的に愛国主義的な機運をとらえて採用されるよう取りはからった。改革アルファベットを支持するさまざまな理由を挙げたが、最も印象的な理由は、愛国主義上の利点だった。「国語は国家の絆であり、アメリカ以上にそれを必要としている国はあろうか？」（レポーア、2003年、p.5）。ウェブスターは、改革アルファベットはアメリカ風の英語使用に国家的アイデンティティを与える手段であり、国中に一様な言語を確かに行きわたらせる一方法であるとみていた。しかし、標準スペリング体系を発音固定化の方法として考えていたウェブスターは、スペリングと発音の関係を誤解していたのだ。ウェブスターの改革は『英語についての論文集』*Dissertations on the English Language*（1789年）への補遺に明示されているが、そこで提案しているのは、黙字を除去し、文字と発音の関係をより予測可能とし、さらに字形も少しいじるというものだった。1790年に、ウェブスターは、彼の書いた種々の文章を集めた『随筆と折々の文筆集』*A Collection of Essays and Fugitiv Writings* を出版した。この比較的新しい小論は改革版正書法で書かれていたが、一般読者には好ましく受け止められなかった。ウェブスターが1793年に辞書を世に出すことを提案したとき、彼の改革スペリング体系がそのような著作に組み入れられるという発想に対しては、相当な反発があった。《合衆国フィラデルフィア新聞》の編集者は、標準語の容認規範ではなく個人の気まぐれに特権を与えるようなスペリングをもつ辞書を皮肉る反応を示した（マナハン、1983年、p.118 − 19）。

To Mr. Noab Wabstur
Sur,

7 アメリカ式スペリング

by rading all ovur the nusspaper I find you are after meaking a nue Merrykin Dikshunary; your rite, Sir; for ofter lookin all over the anglish Books, you wont find a bit of Shillaly big enuf to beat a dog wid. so I hope you'll take a hint, and put enuff of rem in yours, for Och 'tis a nate little bit of furniture for any Man's house so it 'tis.

PAT O'DOGERTY

As I find der ish no DONDER and BLIXSUM in de English Dikshonere I hope you put both in yours to oblige a Subscrybur

HANS BUBBLEBLOWER

（ノアッ・ヲブスター氏へ　新聞じゅーを読んで、あなたが新しいアメリカ語辞書を作ろうとしていることを知りました。あなたわ正しいです。というのは、英語の本をくまなく見渡しても、犬を打てるほどの大きさのShillaly〔棍棒〕を見つけることはないでしょおから。それに気づいて、辞書にそういったものを入れてもらえればと思います。というのは、それはどんな人の家にもあるすてきな調度品ですから、それは。──パット・オドジャティ。

その英語辞書には〔オランダ語の〕「雷（ドンダ）」や「稲光（ブリクセム）」がみつかりませんので、一購読者への感謝として、両語をあなたの辞書に入れてもらえればと思います。──ハンス・泡吹（バブル・ブロアー）き）

　ウェブスターは、このような侮蔑的な批判にもうろたえずに、1800年に熱心に辞書の企画を始めた。だが、『簡明辞書』 *A Compendious Dictionary* がようやく出版されたのは、1806年だった。序章でウェブスターは、もっと極端な変化や新しい文字を含むフランクリンの改革案からは距離を置き、より穏健な立場を取った。ウェ

ブスターは、発音の変化を反映するためのスペリング改革を提案し、言語をさらなる変化が起きないように完全化し、固定化すべきだという見解にはもはや与していなかった。『簡明辞書』のスペリングには、彼の好んだスペリングがいくつか含まれていた。*tung*（舌）, *determin*（決心する）, *melasses* 'molasses'（糖蜜）, *honor*（名誉）, *music*（音楽）, *theater*（劇場）など。しかし、*hed*（頭）, *giv*（与える）, *nabor* 'neighbour'（隣人）などは避けた。財政上、スペリング本の商業的成功に依存していたために商業センスがより研ぎ澄まされていたウェブスターは、賢明にも改革スペリングをその著作に含めることを避け、注意深く伝統的な正書法に踏みとどまった。しかし、改革スペリングのいくつかを印刷に忍び込ませるという試みを、1790年出版の『小読者補助読本』*The Little Reader's Assistant* ですでに行なってはいた。この本は中級用の読本となるように企図されており、学習者に英文法の基礎とともにアメリカの歴史と政治を教えるものだった。その本は、奴隷制の慣行を早くから非難したものとして、特に注目すべき本である。ウェブスター自身が奴隷制廃止運動に濃密に入れ込んでいたのだ。ウェブスターの初期のスペリング改革の痕跡は、*nabors*（隣人たち）, *yung*（若い）, *hed*（頭）, *giv*（与える）, *cathecizm*（教理教育）のようなスペリングの使用に見ることができる。

　1830年に学校向け版の辞書が出版されると、ウェブスターは改革英語正書法に関する最終的な見解を最も明確なかたちで世に出した。ここでウェブスターは、現在アメリカ式スペリングの容認された特徴としてよく知られている改革を多く提案した。たとえば、*honor*（名誉）, *favor*（好意）において <-our> ではなく <-or> を使ったり、*meter*（韻律、メートル）, *theater*（劇場）で <-re> ではなく <-er> を使ったり、*traveled*（旅行した）のように母音で始まる接尾辞の前では子音を1つにしたりすることだ。ウェブスターのスペリング改革はイギリス式とアメリカ式スペリングに差を生み出し、当時の愛国的な関心を満足させただけでなく、アメリカ式スペリング

を発音により近づけもした。*colour*（色），*honour*（名誉）の <u> は発音されず、したがって余剰的だったし、*metre, theatre* の <re> のスペリングは発音の参考にならないものである。ウェブスターはまた、*labor*（労働）のような発音は *laborious*（骨の折れる）のような派生形との関係を確立すると主張した——*meter, theater* の場合では、*metrical*（韻律の），*theatrical*（劇場の）のような関連語形を考えれば <re> のスペリングのほうが好ましいはずなのに。ウェブスターの主張に反して、これらの単語のイギリス式スペリングには、改革では失われてしまう利点もある。*colour*（色），*favour*（好意）の <our> のスペリングのほうが、*actor*（俳優），*author*（著者）のような <or> をもつ動作主名詞の語と区別がつけられるようになるし、*theatre*（劇場），*centre*（中心）という <re> の語尾は、*helper*（助っ人），*driver*（運転手）のような <er> をもつ動作主名詞の語との区別を可能にしてくれる。そういうわけで、*metre*（韻律、メートル）と *meter*（計量器）はイギリス式スペリングで区別されているのだ。

　ウェブスターはまたイギリス英語にあった *practise*（動詞〔実行する〕）と *practice*（名詞〔実行〕）の区別を、両語とも *practise* と綴ることで取り除いた。この変更を正当化するウェブスターの理論的根拠は、*defence*（防御）のような語はラテン語では <s> で綴られており（ラテン語 *defensum* は禁止されている物事を意味する）、*defensive*（防御的な），*offensive*（攻撃的な）のような派生語も <s> で綴られているからというものだ。しかし、なぜ現代英語のスペリングがラテン語での用法を反映しなければならないのかは、説明されてもいないし、正当化されてもいない。変更案はスペリングと発音を連動させることにはなるが、同じ語の異なる文法クラスを視覚的に区別する有用な方法が失われることにもなる。ウェブスターはまた *patronize*（ひいきにする）のような動詞で <z> の文字を採用した。だが、この改革は体系的には実行されず、その辞書には *criticise*（批判する），*circumcise*（割礼をほどこす）などのスペリングも含まれている。ウェブスターはまた、2音節以上の語において <-ed> のよ

うに母音で始まる接尾辞の前では子音を1つにするべしとの規則を施行した。アメリカ式スペリング *traveled*（旅行した）とイギリス式スペリング *travelled* を比較されたい。*distil*（蒸留する）や *fulfil*（履行する）のような語では、ウェブスターは二重の <l> を使うことを提案したが、*movable*（動かせる）, *debatable*（議論の余地のある）では黙字の <e> を落とすことを提案した。ウェブスターの提案した変更のなかには、イギリス英語で採用された変更と対応するものもあり、たとえば *logick*（論理学）, *masque*（仮面）を *logic*, *mask* のスペリングに単純化する例などがあった。ただし、これも体系的に施行されたわけではなく、*traffick*（交通）, *almanack*（暦）, *frolick*（戯れ）は引き続き使われた。ウェブスターは *connection*（連結）, *inflection*（屈折）, *reflection*（反射）などの語を <x> ではなく <ct> で綴ることを提案したが、これは動詞 *connect*（連結する）, *inflect*（屈折する）, *reflect*（反射する）との類推によるものだ。ウェブスターはまた <ise/ize> で終わる語のスペリングを規則化しようと試みた。ラテン語やギリシア語に由来する語は、*moralize*（道徳を説く）, *legalize*（合法化する）のように <ize> で綴るべきであり、フランス語由来のものは、*surprise*（驚かす）, *enterprise*（事業）のように <ise> で綴るべきだと。ウェブスターは *determin* 'determine'（決心する）, *altho* 'although'（けれども）, *crum* 'crumb'（パン粉）, *ile* 'isle'（島）, *fashon* 'fashion'（流行）において黙字を省略することを提案したが、このように定着しなかった変化もあった。

　1806年の『簡明辞書』には影響力があったが、アメリカ式スペリングの大部分を確立させたのは1828年の『アメリカ英語辞典』*An American Dictionary of the English Language* だった。このスペリングはさらにウェブスターのスペリング本『綴字入門』*The Elementary Spelling Book*（1829年）の改訂版により推進された。『アメリカ英語辞典』では、1806年の『簡明辞書』で提案されていた比較的急進的な改革案はいくつか放棄されていた。特に、*ake*（痛む）, *aker*（エーカー）, *bild*（建てる）, *nightmar*（悪夢）, *tung*（舌）,

wo（悲哀）, *iland*（島）のような、語の黙字を取り除くという提案は放棄された。19世紀半ばにも、スペリング本は1年に150万部という大量の部数で売れつづけた。1880年にウェブスターのスペリング本の出版契約を結んだ出版社の社長ウィリアム・H・アップルトンが、どの本がベストセラーかと尋ねられたとき、こう回答した。「ウェブスターの『スペリング本』です。これは聖書を除いた世界のあらゆる本のなかで最も売れています」。ウェブスターのスペリング本はアメリカの教室の主たる指導教本として他のものに代わって用いられるようになるとともに、スペリングの権威としての地位も保ちつづけた。それは、最もアメリカらしい娯楽であるスペリング競技会の規則書としてしばしば受け入れられていることからも明らかだろう。

　スペリング競技会は1700年代に始まったものであり、児童教育の重要部分を構成するものだった。1800年までには、スペリング競技会はむしろ社交的な娯楽と見なされるようになってきていた。このような軽薄な楽しみに顔をしかめた清教徒たちもいて、彼らは教育的な価値に焦点を与えるべきことを改めて主張しようとして、それをスペリング「学校」と呼んだ。スペリング競技会はニューイングランドの社会では徐々に開催されなくなったが、辺境地域の文化では、正しいスペリングがいまだ教育と社会的地位の指標と考えられたために、続けられた。小説『インディアナ州の教師』*The Hoosier Schoolmaster*（1871年）（訳注：エドワード・エグルストンの小説）の出版により、スペリング競技会の熱狂に火がつき、そのあとで *spelling bee*（スペリング競技会）の名称が導入された。*bee*（ミツバチ）という語は、この種の社交集団を指すものとして、しばしば特殊な目的を念頭において *applebee*（干しリンゴ作り会）, *husking bee*（トウモロコシ皮むき会）, あるいは卑劣な *lynching-bee*（私刑集会）などのように使われていたが、これはミツバチそれ自体の社会的な特徴を示唆する点に基づいている。しかし、この会は社交上のものではあれ、別の名称 'spelling fight'（スペリングの戦い）が明らかにして

いるように、非常に競争的なものでもあった。最初の全国スペリング競技会は1925年に行なわれ、のちの1941年には スクリップス・スペリング競技会と名前を変えられたが、現在もなお隆盛を誇っている。第1章で述べたように、この競技会は年々しだいに熾烈なものになってきており、最近では外来語起源の珍しい専門用語をうまく綴らなければ勝てなくなっている。2万ドルという賞金額は、子供にとっては大金だが、スクリップス・スペリング競技会での優勝に付随する社会的な名声と全国的賞賛と比べればたいしたことはない。スペリング競技会は、イギリスよりもアメリカでのほうがはるかに人気である。イギリス版の BBC による《ハード・スペル》は短命に終わった新企画だったし、イギリスの学校は、アメリカ社会にとって必要不可欠な要素であるスペリング競技会には、めったに関わらない。

アメリカとイギリスのスペリングの区別は徐々に減ってきているが、それはウェブスターの導入したアメリカ式スペリングのいくつかがイギリス用法において以前よりも普及するようになったからだ。そのような単純化の1例としては、*abridgment*（簡約), *judgment*（裁判、判断）のように、<dg> の後の黙字 <e> を、接尾辞 <ment> が続く場合に取り除くというものがあった。イギリス式スペリングではこの黙字の <e> は保たれたが、この <e> は直前の <g> が、*get*（手に入れる）の語頭音のような硬い /g/ 音ではなく柔らかく発音されることを示す標識、あるいは発音区別符として機能している。したがって、黙字 <e> はまるきり余剰的にみえるかもしれないが、有用な機能を果たしているのだ。『オックスフォード英語辞典』の編者ジェームズ・マレーは、このような場合の <e> の省略を非難し、「<e> や <i> が後続しない場合には、英語では g はそれ以外のすべての場合に硬いのだから、類推、語源、正音法のすべて」に反するものだと主張している。しかし、これは確かにそのとおりだが、<dg> の組み合わせはつねに軟らかいのだから、*badge*（バッジ), *bridge*（橋), *abridgement*, *judgement* のような語で発音区別

符を用いる必要性は薄いように思われる。中英語期由来のこうした語における <e> の使用は、これらを <gg> とともに綴られると硬い音と軟らかい音との混同をまねいてしまう可能性を高めてしまったのである。マレーの反論にもかかわらず、明らかにアメリカ式スペリングの *judgment* がイギリス用法のなかでも広く受け入れられるようになってきている。*judg(e)ment* のスペリングについては、H・W・ファウラーの古典的著作『現代英語用法辞典』*Dictionary of Modern English Usage*（1926年）でも検討されている。「現代用法」としては *judgment* が好まれていると認めていながら、ファウラーは「より古くからある、理性的なスペリング」として *judgement* を推奨した。この判断（*judg〔e〕ment*）は、ファウラーの第3版（1996年）が出版されるまでには変化しており、その編者 R・W・バーチフィールドは「-e- の有無は正誤の問題ではなく、単にさまざまな出版社の慣習の問題にすぎない」(p.429) と述べた。

　合字 <æ> と <œ> がたとえば *gynæcology*（婦人科医学），*æcology*（生態）のような古典借用語で用いられるのは、19世紀にはアメリカのスペリングでもイギリスのスペリングでも普通のことだった。しかし、1950年代後半までには、これは <ae> に単純化され、もっと普通には <e> に置き換えられて、*gynaecology, gynecology* となっていた。<æ>/<ae> と <œ>/<oe> のスペリングは、当初はギリシア語からの借用語における二重母音字 <AI> と <OI> を表わす1つの方法としてラテン語に導入された。イギリス用法は、そのような単語で <æ> か <ae> を保っている点でより保守的な傾向を示してきたが、<e> で綴るアメリカ式スペリングが *encyclopedia*（百科事典），*medieval*（中世の），*paleography*（古文書学）のごとく、より広く採用されるようになりはじめている。しかし、これらの単語を <ae> で綴るスペリングもまだみられる。このような変更にもかかわらず、*archaeology*（考古学），*Caesar*（カエサル）のような語や、人名 *Michael*（マイケル）では、<ae> のスペリングがいまだに好まれている。<oe> のスペリングは *amoeba*（アメーバ），*diarrhoea*（下

痢）のような医学・科学用語では維持されてきた傾向がある（こうした単語のアメリカでのスペリング *archeology, Cesar, ameba, diarrhea* を参照）。ときには、*dæmon*（ギリシア語 *daimon*）の例のように、異綴りが独自の用法を発達させることもある。この語は、ギリシア神話で神々と人間の中間的な存在である低位の神格を指すのに用いられていた。この語を <æ> で綴るのは、*demon* というスペリングと結びつけられるユダヤ・キリスト教独自の「悪魔」の意味から区別するための意図的な方法だった。もっと最近のことだが、*dæmon*（ダイモン）のスペリングは、フィリップ・プルマンが《ライラの冒険》*His Dark Materials*（1995 – 2000年）3部作で、架空世界に住む人間の動物としての表象を指すものとして用いて、よみがえった。この語は一貫して *dæmon* と綴られているが、著者は注をつけて、意図した発音は現代英語の単語 *demon* と同じであると指摘している。おそらく、この異綴りを採用することで、同様に、より早い時代の資料に確認される現代英語的な *demon* の意味と区別しようと試みたのではないか。

　<ise/yse> と <ize/yze> の動詞語尾の選択は、ずっと複雑である。<ize/yze> の接尾辞はギリシア語に起源をもっており、<ize/yze> と綴ることでもともとはギリシア語に由来する語を反映させるというのがイギリスでの習慣である。先に、ウェブスターもこれらの単語においてこの語源主義の方針に従うことを主張した経緯をみた。しかし、いくつかの例外が残る。少数の語群は、ギリシア語起源ではなく、フランス語やラテン語起源であり、それゆえに <ise> と綴られるのだ。例として、*advertise*（宣伝する）, *advise*（助言する）, *apprise*（通告する）, *arise*（起こる）, *chastise*（非難する）, *circumcise*（割礼をほどこす）, *compromise*（妥協する）, *despise*（軽蔑する）, *disguise*（変装する）, *improvise*（即興で作る）, *supervise*（監督する）, *surprise*（驚かす）がある。しかし、同じ語尾をもって /aɪz/ で発音される語では <ize> が広く使われているために、混乱の可能性が高くなる。現代のアメリカ用法ではこれらの単語はすべて <ize/yze> と綴ら

れる傾向がある。ごく最近では、<ize/yze> のスペリングがイギリス用法のなかでもだんだん普通になってきており、これはアメリカ式スペリング習慣の影響があることを示唆している。しかし、この現象はそれほど単純に説明しきれるものではない。<ize/yze> のスペリングは単にアメリカ化の事例であるだけではなく、*OED* で優先されているスペリングでもあるのだ。*OED* の説明によれば、「これらすべての単語について、フランス語と同様に英語でも *-ise* のスペリングを使う者もあれば、ラテン語要素をもとにフランス語や英語で作られた単語では *-ise* を用いるが、ギリシア語要素から作られた単語では *-ize* を保持するという者もある。しかし、接尾辞そのものは、いかなる要素に付加されようとも、起源としてはギリシア語の *-ιζειν*、ラテン語の *-izāre* であり、また発音も *z* であるのだから、英語が特別なフランス語のスペリングに従って、語源的でも音声的でもあるスペリングに逆らう理由はない。本辞典では、語末は一様に *-ize* で書かれる」(*OED* 2版、1989年、-ize 語尾の項目)。したがって、<ize> のスペリングの拡大はイギリスのスペリングのアメリカ化であるようにみえるかもしれないが、実際にはギリシア語起源への回帰を表わしているのかもしれない。

　ウェブスターの死後、スペリング改革の問題は、アメリカ・スペリング改革委員会によって再検討された。この委員会は、単純化スペリング委員会として知られ、1906年にアンドルー・カーネギーの資金援助を受けて設立されたものである。委員会には評価の高い学者や辞書編纂者が含まれており、たとえば、図書十進分類法を考案したメルヴィル・デューイや作家のマーク・トウェインがいた。のちに会員になった者には、W・W・スキート、ヘンリー・ブラッドリー、ジェームズ・マレーなどの卓越したイギリス人辞書編纂者がいた。委員会は300の改革スペリングの一覧を公表することから始めた。その多くは、すでにウェブスターの辞書のような主たる辞書ですでに用いられていたものであり、セオドア・ローズヴェルト大統領が政府印刷所にもこれを採用するように命じたので、大

統領のお墨付きも得ることができた。ローズヴェルトがこの改革スペリングを施行しようと試みたことは、シェークスピアの言語をいじくりまわす試みだとしてイギリスの記者たちの嘲笑を買った。《サン》紙の侮蔑的な反応は典型的だった。「アンドルー・カーネギー氏とローズヴェルト大統領は英語のスペリングを改革しようとして、民衆の楽しみを増やすのに最善を尽くしている。疑いなく、その意図は正しいが、目的は愚かとはいわずとも、間違っている」('Mr Andru Karnegi [or should it be Karnege?] and President Rusvelt [or is it Ruzvelt?] are doing their [or ther] best to ad to the gaiety of nations [or nashuns] by atempting to reform the spelling of the English langwidge. No dowt their [or ther] intentions [or intenshuns] are orl rite, but their [or ther] objekt is orl rong, not to say silly [or sily].')。その年の終わりまでに、議会は以前のスペリング体系に復帰することを決議し、ローズヴェルトはスペリング改革の戦いを諦めた。カーネギーは単純化スペリング委員会に出資しつづけたが、成果が上がらないことにだんだんと不満を募らせた。1915年にはカーネギーは委員長に手紙を書き、委員たちを責めた。「生み出された効果から判断するに、これほど役立たずの集団が集まったことはいまだかつてない。彼らは、12語を取り上げてその受け入れを促すのではなく、最初から急進的な変更を企て、これを達成することができないのである。［中略］もう十分長いこと我慢してきたと思う。［中略］私は年間2万ドルをもっとずっと有効活用できる」（アンダーソン、1999年を参照）。カーネギーの遺言では、スペリング改革に関する条項はなく、それで単純化スペリング委員会は、カーネギーの死後1年たって1920年に解散した。同年に『単純化スペリングの手引き』*Handbook of Simplified Spelling* が出版されている。

　この『手引き』の始めには、英語のスペリングと、その「真の機能」、その不規則性、その「音声的な」（'fonetic'）起源の説明がほどこされており、それが異なる種々のスペリング体系を輸入した

がゆえに乱されてきたこと、また「語源的迷信」という妙な言い方をされた「語源的」根拠に基づく改革の試みや最初期の印刷業者の「へたな」試みにより乱されてきたことを述べている。歴史的な説明は多少粗雑とはいえおおむね正確だが、印刷業者のもたらした影響については、あまりに大袈裟に表現している。その印刷業者は「オランダ人であり、英語とその適切な発音についてほとんど知識がなく、英語のスペリングの権威としてはふさわしくないにもかかわらず、多くの語形をオランダ語の正書法の慣習に合わせようとして変形させた」（グランジェント他、1920年、p.3）というのだ。第5章でみたように、そのような影響に帰することができるのはほんの少数のスペリングのみであり、そのうちで現代英語にまで生き残っているのは ghost だけである。『手引き』はこの例のほか、別の3例を引いている。aghast（仰天した）と、ghost（幽霊）と同じ語から派生した ghastly（青ざめた）と、gherkin（ピクルス用のキュウリ）である。gherkin の <gh> のスペリングについては、OED で最初に記録されているのは1834年のため、初期のオランダ人印刷業者のせいにすることはできない。他の例はすべて今日生き残っていないスペリングであり、たとえば ghospel（福音書）, ghizzard（砂嚢）, ghossip（うわさ話）, ghest（客）, ghittar（ギター）などであり、さらなる改革が必要だという強い根拠とはほとんどならないものである。印刷業者は、さまざまなスペリング習慣をとっかえひっかえ用いる傾向があり、それは18世紀という遅い時期にまで一貫性のないスペリングを生み出した可能性があるとして、さらに非難された。このような状況は、スペリング改革のための申し立てというよりは、スペリング標準化のための申し立てである。実際、さらなる変更を行なえば、印刷所間の一貫性のなさという問題は、改善するというよりは悪化してしまうのではないか。語源的根拠に基づくスペリング改革の試みが引き起こした問題についても大袈裟な表現がなされており、現行のスペリングは「多くの語の真の由来」について誤解を招くものであると主張している。この種の誤ったスペリングは、

第5章でみたように、英語語彙のわずかな一部を代表するにすぎない。

『手引き』は改革の必要性を訴えているが、アルファベットに16の新しい文字を導入したアイザック・ピットマンの速記術のような急進的な改訂には批判的だった。『手引き』はそのような「激しい」変更は一般大衆には受け入れられないと考えており、印刷所が採用するにはあまりに費用と時間が高くつくとも考えていた。おもしろいことに、『手引き』はまたピットマンの新文字の審美的な価値について「印刷上よろしくない」と不満をもらしている。『手引き』は急進的でも革命的でもなく、それでいながら現行体系の枠内で規則性と一貫性を増す体系を提案した。しかし、単純化スペリング委員会は、そのような体系を提案するにあたってなんら特別な権威をもっていないことを明言し、次のように認めたことでその目的もいくぶん傷つけられてしまった。「実際のところ、正書法の決定的な標準はないのである。そのような標準を設けるいかなる権威もどこにも存在しない。スペリングは決して安定するものではない。容認された辞書が合法的になしうるのは、変異する用法を記録することのみである」（グランジェント他、1920年、p.17）と。このように認めはしたものの、委員会は、その野心は純粋でありその意図は妥当であるとの根拠に立ち、一般大衆に支持を訴えた。「しかし、単純化スペリング委員会は、心底に文明化という関心事のみを抱く人々の独立した団体として、人類の理性に訴えかけるのであります」と。委員会の指針は、選択肢のなかから最も短く単純なスペリングを選ぶことであり、したがって *honour*（名誉）ではなく *honor* を、*though*（けれども）ではなく *tho* を、*catalogue*（カタログ）ではなく *catalog* を選ぶことだった。できるかぎり、黙字は取り除くべきであり、したがって *frend*（友達）, *helth*（健康）, *scool*（学校）, *crum*（パン粉）, *thru*（〜を通り抜けて）, *yu* 'you'（あなた〔がた〕）とし、またより複雑なスペリングは単純化すべきであり、したがって *enough*（十分な）ではなく *enuf*、*wise*（賢い）ではなく *wize*、 *rhyme*（韻）ではなく *rime*、*tongue*（舌）ではなく *tung* とするのがよい。語末の <e> は *activ*（活発な）, *comparativ*（比較の）, *favorit*（お気に入りの）のような場合には落とすが、先行する母音の長さを標示するのに用いられる場合には *arrive*（到着する）, *care*（世話）, *confuse*（混乱させる）のように残す。動詞の語尾が /t/ で発音されるのであれば、<ed> のスペリングの代わりに <t> を用いて、*stopt*（止まった）, *kist*（キスした）, *notist*（気づいた）のようにするのだ、と。

　このような変更を正当化して、『手引き』は、子供たちが読み書き能力を習得するのがやさしくなるはずであり、子供のスペリング教育に要する時間を1年は短縮し、したがって教育予算からおよそ1億ドルを削減できると主張した。しかし、この大胆な主張の裏づけとなる証拠は提出されていないのだ。委員会はまた、この改革は生徒と教師の健康および「神経エネルギー」に計り知れない効果を及ぼし、「気分と肉体をおおいに破壊させ」うる教室での摩擦と「神経体温」の値を下げるだろうとも主張した。真に表音的な体系を導入すれば、英語話者は発音するとおりに単語を綴ることができるようになるという主張はほとんど根拠がない。というのは、提案された体系は完全なる表音性からまるでかけ離れているからだ。委員会は、現代の多様な発音を考えれば、そのような体系には問題もあるだろうとは認めたが、そのような体系を抱き込むのに必要とされるスペリングの変異については、ささいな問題と考えていた。「スペリングは書き手の話し言葉を正しく表現するはずであるから、普通の聞き手の耳にとって現行の英語の発音の変異が問題とならないのと同様に、普通の読み手の目にとってスペリングは問題とならないだろう」。これは、一貫性のない非標準的な体系の引き起こす問題についてこれまで言われてきたすべてのことを公然と無視した、ひどい発言である。この種の変異が、将来の世代のために多様な英語の話し言葉を記録するものとして非常に有益であるという主張は、委員会の目的と完全に相反するもののようにみえるし、真に表音的なスペリング体系を採用すれば最終的には異なる訛りが消えていく

だろうという提案は、完全に言語学的な世間知らずであることを露呈している。このような議論によって明らかになりつつあるのは、科学、教育、読み書き能力へのこのような訴えかけの背後に、正しい発音という保守的な見解があり、地方語法を規制したいという欲求があるということだ。「話し言葉をより正確に表わすべく英語のスペリングを単純化するために今とるべき手段のひとつひとつが、英語の話し言葉の純粋さと正確さを取り戻す一歩なのである」。

　先に述べたように、単純化スペリング委員会には、作家マーク・トウェインが含まれていた。トウェインのスペリングへの関心と当代の体系への不満は、1899年に書かれた小論「単純化アルファベット」"A Simplified Alphabet" から明らかである。しかし、トウェインはスペリングの不規則性について、聞き覚えのある不平不満を口にしたものの、彼の解決策はスペリング体系の改革ではなかった。トウェインは、改革はせいぜい問題の部分的な解決を与えてくれるにすぎないだろうと考えていた。

> 　私自身、単純アルファベットの綴り手です。ウィスキーを減らしてやりながら酔っ払った古いアルファベットを、辛抱強く、希望をもって改革しようと努める、あの不幸な同業組合に所属しています。まあ、それで改善はするでしょう。やりきって、そいつをできるかぎりその方法で改革できたとして、半分ほど酔いを覚ましてやれる程度でしょう。それ以上よい状況には、その方法で持ち上げてやることは決してできません。ウィスキーを完全に取り上げて、その酒瓶をピットマンの健全で病んでいないアルファベットで満たしてやらないかぎり、満足のいく、持続的な、本当の改革というのはないのです。
>
> （トウェイン、〔1899年〕、2010年、p.195‐6）

　トウェインが現行体系に基づいた改革スペリングに対して反対していたもう1つの根拠は、改革スペリングの醜い外見を嫌ったこと

だった。改革スペリングは彼が単語の「表情」と呼ぶところのものを損なっているからだ。トウェインはシェークスピアの『マクベス』*Macbeth* から 'La on, Makduf, and damd be he hoo furst krys hold, enuf! ' (Lay on, Macduff, and damned be he who first cries, hold, enough!) （かかってこい、マクダフ、先に「まいった」と／弱音を吐いたやつが地獄へまいることになろう。〔小田島雄志訳、1983年、白水社、p.170〕） という1行を改革スペリングを使って引用し、これを評して「以前のスペリングのようにはぞくぞくしない。単純化によって、すっかりスリルが吸い取られてしまっている」と述べた。これは、スペリングの審美的な価値を強調している点で興味深い反論である。*enough* という伝統的なスペリングは審美的な魅力をもっており、それは *enuf* で置き換えられると失われてしまうと示唆しているのだ。トウェインが慣習的なスペリングに抵触する改革スペリングを見下していたのは、彼が書いたとされる、英語のスペリングを改善するための風刺的な提案に表われている。

For example, in Year 1 that useless letter *c* would be dropped to be replased either by *k* or *s*, and likewise *x* would no longer be part of the alphabet. The only kase in which *c* would be retained would be the *ch* formation, which will be dealt with later. Year 2 might reform *w* spelling, so that *which* and *one* would take the same konsonant, wile Year 3 might well abolish *y* replasing it with *i* and Iear 4 might fiks the *g/j* anomali wonse and for all.

Jenerally, then, the improvement would kontinue iear bai iear with Iear 5 doing awai with useless double konsonants, and Iears 6-12 or so modifaiing vowlz and the rimeining voist and unvoist konsonants.

Bai Iear 15 or sou, it wud fainali bi posibl tu meik ius ov thi ridandant letez *c*, *y* and *x* — bai now jast a memori in the maindz ov ould doderez—tu riplais *ch, sh,* and *th* rispektivli.

Fainali, xen, aafte sam 20 iers ov orxogrefkl riform, wi wud hev a lojikl, kohirnt speling in ius xrewawt xe Ingliy-spiking werld.

(Kimball, 2002)

（たとえば、1年めに、あの役立たずの文字 *c* をなくして、*k* か *s* のいずれかで置き換えることにする。そして同様に *x* ももはやアルファベットの構成要素ではなくなる。*c* が残る唯一のケースは、*ch* の形成のみであり、それは後で扱うことにする。2年めには *w* のスペリングを改革し、*which*〔どちら〕と *one*〔1〕は同じ子音字をもつことになる。そして、3年めには *y* をなくして *i* で置き換えるのがよく、4年めには変則的な *g/j* を根治するのがよかろう。

概して、改善は年々進んでいき、5年めには役立たずの二重子音字を廃し、6年めから12年めあたりで母音字および韻を踏む有声・無声の子音字を改変することになろう。

15年めあたりまでには、最終的には、*ch, sh, th* に変わって *c, y, x* という余剰な文字を——今ではよろよろ歩く老人の記憶に残るばかりの文字を——使うことが可能となるだろう。

それから最後に、正書法改革の20年ほど後には、英語世界の至るところで、論理的で一貫したスペリングが行なわれていることになろう。

キンブル、2002年）

英語のスペリングのためのトウェインの解決策は、現行体系の改革ではなく、完全に新しいアルファベットの導入だった。トウェインが好んだのは「表音素アルファベット」の使用、つまり英単語を書くに際しての「あの見事なアルファベット、あの聡明なアルファベット、あの霊感を受けたアルファベット」の使用であり、それによってどんな単語も正しく綴り、発音することができるはずだった。そのような体系の最大の利点は、英語のスペリングが完全に予測可

能になることである。トウェインは「単純で日常的な単語」の例として *phthisis*（肺結核）を挙げ、これは表音的に綴れば *tysis* と表現され、綴り手は「すべての教養人から笑われる」ことになるだろうと述べた。トウェインはまた表音素文字を、その経済性ゆえに評価した。印刷するのに必要な文字の数が少なくなるし、書くにも画数が減るだろうと。しかし、奇妙にも、トウェインはこの速記アルファベットを使って、単語を完全に書くべきだと主張したのである。トウェインは、単純化スペリング体系は学ぶのにかなりの時間を要するが、表音素体系は習得が早く、いったん覚えてしまえばすべての語が発音に従って綴れると論じた。単純化スペリングが単語個別のものであり、さらなる改変を受ける可能性もある一方で、表音素アルファベットはいったん導入されれば固定化したままである。トウェインはこう書いている。「チョーサーの腐ったスペリングのいくつかを単純化するのに500年もかかった［中略］そして、腹立たしい新しい『単純化した堕落』を受け入れさせて、支障なく使いこなしていくのに、もう500年は要するだろう。しかも、われわれは今と比べてそのときにより幸福になっているわけではないだろう。というのは、その頃にも、単純化推進派が行使している特権をまだもっているからである。望む誰もが、スペリングを変更することができるのだ」。もちろん、これはかなり楽観的な見方である。トウェインは、発音が変わりうるし、実際に変わるという事実を、そして表音素アルファベットを用いて綴った個々の単語のスペリングも、表音的でありつづけるかぎり変わらざるをえないということを、考慮していないように思われる。実際のところ、表音素アルファベットは、それと比べれば表音的ではないスペリング体系よりもかなり変わりやすいだろう。さらに言えば、トウェインが表音素体系でシェークスピアを読むことについてどう感じていたのか知りたいところである。当然ながら、同じように英語の気品と壮大さが損なわれるはずではないだろうか。

　アメリカでのスペリング改革への賛成論は、《シカゴ・トリビュ

ーン》紙の編集長ロバート・R・マコーミックによって推進された。彼は、1930年代に改革スペリングがより広く使われるように推進すべく、それを用いたのだ。マコーミックの好んだスペリングには、*frate* 'freight'（貨物）, *grafic* 'graphic'（図式の）, *tarif* 'tariff'（関税）, *soder* 'solder'（はんだ）, *sofisticated* 'sophisticated'（洗練された）があった。しかし、この編集長の死後、同紙は1955年に改革スペリングを諦めた。その方針転換を伝えた《タイム》誌の記事では、同紙の新しい編集主幹ドン・マックスウェルの言葉が引用されていた。ドン・マックスウェルがそのように決断したのは、憤ったシカゴの学校教師たちの陳情運動ゆえであり、教師たちは子供たちに正しいスペリングを教えようとしている自分たちの努力が、《トリビューン》のスペリングによって損なわれていることに我慢がならなくなったのだという（《タイム》、1955年8月29日号）。

　したがって、アメリカ式スペリング改革史は、ノア・ウェブスターの提案した改革スペリングの多くが今日もまだ使われているという点で、ある程度の成功を収めたがゆえに、イギリスのスペリング改革史とは異なっている。では、ウェブスターはなぜ、同国人の多くを含めたみなが失敗したところで、成功できたのだろうか。その成功の理由の1つは、ウェブスターの改革が比較的穏健だったことだ。彼が他の人たちよりも穏健な立場をとって、より急進的な改革スペリングのいくつかから手を引いたので、人々に受け入れられやすくなったことは間違いない。ウェブスターの企てが成功した明らかに最重要の要因は、大成功を収めた権威的なスペリング本と辞書のなかで改革スペリングを護り、それによってアメリカ中にそれを普及させ受け入れさせられるようにしえたことである。もしジョンソン博士が異なる正書法の見解をもっていたとして、彼の『英語辞典』は改革スペリングを推進するのに同じように権威の源泉となっていた可能性があるだろうか。ジョンソンはスペリング改革にはほとんど共感していなかったが、その可能性はある。しかし、ウェブスターのスペリング改革の成功の背後には、もう1つの要因がある。

7　アメリカ式スペリング

この改革案の背後にある動機づけと、その成功の理由は、単に教育的なものばかりではなかった。ウェブスターは、アメリカ英語をイギリス英語から分けへだてることにより、愛国主義と国民的アイデンティティの感覚を築くのに役立つと彼が信じていた1つの国語を作り出したいと思っていたのだ。

> 国語は国家の団結の絆である。あらゆる手段を用いて、この国の人々を国家の民とし、自らの国への愛着を呼びさまし、国家的特質の誇りを吹き込まなければならない。いかに独立と政治の自由を誇っているにせよ、その理念は十分に独立していない。もとの国の芸術と文学を驚くほど尊び、その作法を考えもなく模倣することが、いまだにアメリカ人のあいだには流行しているのだ。
>
> 　　　　　　　　　（ウェブスター、1789年、p.397‒8）

ジョージ・バーナード・ショーが、イングランドとアメリカを「共通の言語に分断された2つの国」と表現したことは有名である。ウェブスターのスペリング改革の導入と推進は、スペリング体系におけるその分断をまつりあげようとする意識的で意図的な試みだったのだ。

8 スペリングの現在と未来

　今日、英語のスペリングに影響を及ぼしている主たる要因は、スペリング体系の未来にも密接な関係をもつかもしれないが、携帯メール、電子メール、ツイッターなどの電子的な方法によるコミュニケーションの影響である。電子媒体ははるかに即時的なコミュニケーション手段であり、メッセージは、しばしば文法、スペリング、句読法の詳細には注意を払わずに、すばやく書かれる。中世の写字生が数多くの省略記号を用いて、手で本を写す過程を早めるために筆記体で書く傾向があったのと同様に、電子的コミュニケーションも日常語の短縮形や一連の定着した省略記号に頼っている。よくある省略の方法としては、たとえば *2moro* 'tomorrow'（明日）, *4ever* 'forever'（永遠に）, *gr8* 'great'（偉大な）のように音節の代わりに数字を用いるものがあるし、*cu* 'see you'（またね）のように文字の名前を用いるものもある。もう1つよくある省略法は、ある表現を頭文字にまで切り詰め、たとえば *btw* 'by the way'（ところで）, *imho* 'in my humble opinion'（私見によると）, *omg* 'oh my God'（たいへんだ）などとすることである。そこまで日常的ではなくなるが、不要な文字、特に母音字を脱落させ、*pls* 'please'（おねがいします）や *txt* 'text'（テキスト、メールする）とするものも見られる。少数の使い方となるが、*thx* 'thanks'（ありがとう）のように、二重字 <ks> の代わりに <x> の文字を用いる例もある。印象的なのは、テキストスピークで最もよく用いられる省略記号が、標準スペリングたるべく目指した正真正銘の試みであると誤解されるのはほとんどありえないということだ。ほとんどの場合において、そのような省略形を誤

って、より形式張った書き言葉に直してしまう人を想像するのは難しい。

　しかし、英語のスペリングの規則に逆らい省略形を使うこの傾向は、伝統主義者たちをひどく憤慨させた。彼らはそのような行ないを、英語を堕落させるものとみなすのだ。2002年に《ガーディアン》紙に寄稿したユニバーシティ・カレッジ・ロンドンのジョン・サザーランドによれば、テキストスピークは「陰鬱で味気ない速記である。退屈で萎縮したおしゃべりだ。［中略］言語的には、めちゃくちゃである。［中略］難読症と下手なスペリングと精神の怠惰を生み出すものだ。携帯メールの文章は読み書きできない者の書法だ」。2007年の《デイリー・メール》に掲載された記事では、ニュースキャスターのジョン・ハンフリーズが、携帯メールを用いる世代は英語を破滅させていると非難し、その世代を「800年前にチンギス・ハンが隣国に対してなしたことをわれわれの言語に対してなしている破壊者」であると表現した。ハンフリーズは、『オックスフォード英語辞典　簡約版』*Shorter Oxford English Dictionary* が6版（2007年）の出版に際し1万6000語ほどからハイフンを取り除く決断をしたことに反応していたのだ。*OED* の編者は、この方針の変更は、そのような単語では、この符号の追加を入力するのに余分な時間がかかるからという理由で、人々がハイフンをもはや使わなくなっているという事実に応えたものであると説明している。ハンフリーズは、この変化を牽引している真の元凶は、省略形を頻繁に利用する携帯メールの使い手であると疑っている。しかし、複合語を標示するのにハイフンをいかに使うかは言語学的に非常に不確かな領域であり、多くの人々がハイフンを省略するという手段に訴えかけてきたと知っても驚くべきことではないのだ。ハイフンの目的は、どのような場合に2語の組み合わせが1つの複合語であると考えてよいのかを示すことであり、したがって新しく作られた複合語にはしばしばハイフンがつけられるのである。いったんこの複合語が広く受け入れられれば、ハイフンは脱落するのが普通である。

239

多くの現代英単語の起源は複合語であり、当初はハイフンで区切られていたのだが、今日では1語のように書かれるようになったのである。*instead*（代わりに）と *tomorrow*（明日）のような語は前置詞に名詞が続いた句として始まり、*in stead* は文字どおりには 'in place of'（〜の場所に）であり、*to morrow* は文字どおりには 'for the next day'（翌日のために）だった。句ではなく複合語とみなされるようになるにつれ、*in-stead, to-morrow* のようにハイフンで書かれるようになり、のちに1語で書かれるようになった。どの時点で句が確立した複合語になったとみなしうるのか、そしてそれによりハイフンを失うべきなのかを判定することは、必然的に、かなりの憶測と主観を含む行為である。辞書は、このような語でハイフンを取り除くと決めるにあたって、確立した習慣に応じているだけなのだ。古英語と中英語では、接頭辞と語幹を分断する傾向があったので、*mis deed*（非行）や *mis fortune*（不運）のようなスペリングがみつかる。中英語期に、そのような語形成にはハイフンが付されるようになりだした。このようなものの多くは、やがて単一語として書かれるようになったが、接頭辞 *mis* が *s* で始まる基体に付加されるような語に関しては、いまだに混乱がみられる。たとえば、*misspell*（スペリングを誤る)、*mis-spell*、あるいは場合によっては *mispell* のいずれで綴ればよいのだろうか。

　しばしば、辞書はハイフンの付け方などの扱いにおいては保守的であり、同時代の用法としては廃されてしばらく経ったあとでも、それを保持する傾向がある。たとえば、*OED* は *lap-top*（ノートパソコン）や *desk-top*（デスクトップパソコン）をハイフンつきで綴るが、この2単語は事実上いまではほとんどつねに *laptop, desktop* として現われる。ハンフリーズは、記事のなかで「将来、*pigeon-hole*（整理棚）を *pigeonhole* と、*leap-frog* を *leapfrog*（馬跳び）と綴らねばならないだろう」と不平をもらしている。ハイフンなしの *pigeonhole* というスペリングは、実際、広く使われるようになって、ある程度の時間が経っている。*OED* には、このスペリングを

含む用例が引用されているが、これはハンフリーズの記事が掲載されたまさにその新聞《デイリー・メール》の1994年からの引用である。これが示しているのは、辞書は何が正用かについて決断するわけではなく、代わりに言語が変化しているさまを反映しているのである。辞書の新版が出版されると、われわれは具体的な言語変化に注目するけれども、その変化が確実に辞書に含まれる頃には、すでに広く使われるようになってある程度の時間が経っているはずである。

　前述したように、テキストスピークについてしばしば槍玉に挙げられる特徴の1つは、二人称代名詞 *you*（あなた〔がた〕）を表わすのに <u> の文字を用いたり、*to*（～へ）や *for*（～のために）の代わりに数字の <2> や <4> を用いるといった、省略記号や語記号の使用である。しかし、言語学者のデイヴィッド・クリスタルは、携帯メールについての著書において、携帯メールの文章のなかで省略記号はわずかな割合を占めるにすぎず、ここに挙げたような比較的わかりやすい例にしばしば限られていると論じた。この習慣は携帯メールの初期の時代にはよくみられたかもしれないが、テキスト予測機能が登場したために、そのような省略記号は有用でなくなってきた。ナオミ・S・バロンは、『常時接続——オンラインとモバイルの世界の言語』*Always On: Language in an Online and Mobile World*（2008年）という著書で、彼女の学生がインスタントメッセージを利用するときの言語習慣の研究を実施した。そこからわかったのは、デイヴィッド・クリスタルの結論とよく一致しており、省略記号や頭字語の使用はかなり稀なことであり、短縮が用いられるのも話し言葉に比べてずっと少ないということだった。彼女の研究からは、綴り間違いと句読点省略の実例の数は、著しく少ないということもわかった。12.8回の情報転送に1つしか綴り間違いは現われなかったのだ。さらに、その間違いの9％は自己訂正されており、この研究から、彼女の学生たちがインスタントメッセージを格式度の低い話し言葉としてではなく、格式張った書き言葉として強く感じ

ているということが示唆されるのである。しかし、スペリングと句読法の扱いは比較的格式度が高かったけれども、アポストロフィの正用についての関心はずっと低かった。バロンの観察した句読法とスペリングの間違いの3分の1以上が、アポストロフィの省略であり、そのいずれもあとから自己訂正されることはなかった。バロンがこの研究から結論づけるのは、インスタントメッセージは、略式のくだけた文体ではあるものの、いまだ書き言葉の格式張った領域と強く結びつけられているということだ。学生たちは、レポートや求職票のような格式張った文脈にある場合と同じスペリングや句読法の規則を守る傾向があるのだ。

　われわれは、携帯メールの潜在的な影響力を評価するにあたって、書き言葉で省略記号を用いるという現象が新しいものではないということも念頭に置くべきである。*every1* 'everyone'（みんな）や *4eva* 'forever'（永遠に）のようなスペリングは、携帯メールの技術が発展するはるか前から、10代の若者による落書きでは広く使われていた。古代と中世を通じて伝承されてきたラテン語のテキストにも、多数の省略記号が用いられていた。中世の写字生の用いた省略記号のあるタイプは、接頭辞や接尾辞を表わすのに変形した文字を用いるもので、たとえば数字の9に似た文字で接頭辞 *con-* を省略して、*9tra* 'contra'（〜に対して）のような語を表わしたり、*p* の尾部に横線を付して接頭辞 *per-* の省略とするものなどがあった。別のタイプの省略記号として、1つの記号を用いて完全語を表わすものもあり、たとえば横線を入れた <l> を *vel* 'or'（あるいは）として用いたり、<ē> や <÷> を *est* 'is'（〜である）として用いたりした。古英語の写字生は、この同じ方法での省略記号を多く採用しつつも、自ら発明した方法も導入し、たとえば横線を付した <Þ> を 'that' の省略記号として用いた。この時期に導入されたラテン語の語記号がもう1つ、現代の記号 <&> 'and'（そして）として生き残っている。これは、ラテン語で 'and' を意味する <et> を構成するラテン文字 <e> と <t> を結合させたものに基づいている。この記号は 'ampersand'

（アンパサンド）として知られており、文字どおりには 'and, per se
= and' つまり「そして、それ自体での and」を意味した。この名
前の起源は、中世のアルファベットの最後に現われることによる。
アルファベットがすべて唱えられると、「そして、それ自体での
and」で締めくくられるのだった。中世のあいだずっと使われた
'and' に対するもう1つの省略記号は、'Tironian nota'（ティロの記
号）として知られる <ꝛ> である。こう呼ばれるのは、キケロの書
生のティロが口述記録を速く取るために開発した速記法のなかで初
めて導入したからである。この省略記号は現代英語では廃用になっ
てしまったが、ティロのもう1つの省略記号は *viz*（すなわち）とい
う単語に生き延びている。ここの <z> の文字はもとをたどれば
<et> で終わる文字列に対する省略記号としてセミコロンを用いた
ことに由来する。いったんこのセミコロンが1画で書かれるように
なりだすと、数字の 3 に似てきた。そこから、ラテン語テキスト
に、*licet*（許可される）を表わす *l3* や *oportet*（ふさわしい）を表わす
o3 のような省略記号がよく見られるのだ。現代の単語 *viz* は、*vi3*
に由来し、これは *videlicet*（〜のように思われる）の省略形である。
いったんこの省略記号の起源が忘れられてしまうと、初期の印刷業
者たちは <3> を <z> と取り違え、結果として *vi3* という語は *viz*
と印刷されだした。

　テキストスピークが *2nite* 'tonight'（今夜）のように語記号をも
っと大きな語の一部として用いるのと同じように、古英語の写字生
も *hꝛ* 'hand'（手）のように ꝛ をもっと長い語を省略するのに用いた。
ローマン・アルファベットを用いて書いていたアングロサクソンの
写字生は、ときにルーン文字の名前を語記号として利用した。特に
ᛗ を *mon* 'man'（男）として、ᛞ を *dæg* 'day'（日）として、ᚹ を
wynn 'joy'（喜び）として、ᛟ を *eþel* 'homeland'（郷土）として用い
て、それぞれの名前を日常語に対応させた。この代用法は、行間注
解として追い書きされたテキストと関連づけられることが非常に多
く、たとえば『リンディスファーン福音書』に付された古英語の注

243

解では、余白を確保するのに明らかに役立つ方法となっている（60ページの 図3.2 を参照）。しかし、ルーン文字は、有名なアングロサクソン叙事詩『ベーオウルフ』などの詩でも、謎々や散文でも使われており、単独で用いられることもあれば、Solo ᛗ ‘Solomon’（ソロモン）のような長い単語の縮約に用いられることもあった。詩人キュネウルフはルーン文字を書き手本人の署名としても用い、書いた詩には、彼の名前のスペリングを構成する個々のルーン文字の名前と等しい語を組み込んだ。つまり、ルーン文字それ自身が単語の代わりとして使われたのであり、それによって、語記号であり、かつ詩の作者の名前を構成する個々の文字でもあるというそのルーン文字の役割を強調したのである。

　中世ラテン語の写本に見つかる他の種類の省略記号で、今日もまだ普通に使われているものには、*e.g.* ‘exempli gratia’（たとえば），*i.e.* ‘id est’（それはすなわち），*etc.* ‘et cetera’（その他），*et al.* ‘et alii’（その他諸々）などがある。ピリオドの続くのが普通だが、‘concerning’（～に関して）を意味する *re* という単語は *regarding* の省略形ではなく、実はラテン語の単語 *res*「物事」の奪格形である。少し異なる種類の省略記号として、省略語の各音節の頭文字からなるものがあり、たとえば *cf.* が *confer* ‘compare’（参照せよ）の代わりに、*lb.* が *libra* ‘pound’（ポンド）の代わりに用いられる。ラテン語の単語 *libra*（ポンドを表わす単位）は省略記号 <£> の基となるものでもある。これは、大文字の <L> とそれを横切る線からなっている。横線というのは、中世における省略記号であることを示す方法の1つだが、のちに *Mr.*（～氏），*Dr.*（～博士），*Ms.*（～さん〔女性〕）に見られるようにピリオドに置き換えられた。古い方法によって作られる別の省略記号で、最近ツイッターのおかげで使用が復活してきているものとして、<#> ‘hash tag’（ハッシュタグ）がある。これは、もとをたどればラテン語の *numerus* ‘number’（数）を表わす <N> の文字に横線を付したものに基づいている。さらにもう1つの省略記号で、電子時代になって特に目立つようになってきた記号で、同じように

古代に起源をもつのが、電子メールのアドレスで用いられるアット
マークこと、<@> である。この記号の起源はラテン語の前置詞 *ad*
'to, towards'（〜に）であり、合字 <ad> からなるが、<a> の文字を
包み込む大袈裟な上向きのはねをもっている。このように、省略記
号は中世の写本では広く用いられており、急いで書かれたりぞんざ
いに作られた本に限定されたものではなかった。日常的に省略され
るもう1つの語群は、聖書写本によくみられる、DS (*Deus* 'God'
〔神〕) や SPS (*spiritus* 'Holy Spirit'〔聖霊〕) といった神聖な名前で
ある。*Jesus*（イエス）を表わすラテン語の省略記号 IHS はギリシア
語の省略記号 IHC を部分的に改変したものである。元来のギリシ
ア語文字 < H > 'eta'（エータ）は、間違えてローマ字と取り違えら
れたため、変わらずに保たれた。この混乱により、のちに *Jesus* の
代わりとしての *Ihesus* というスペリングが広く用いられるように
なってしまった。そのあとこの省略記号をさまざまに解釈しようと
する独創的な試みが量産され、なかには *Iesus hominum salvator*
'Jesus, saviour of men'（イエス、人間の救世主）のようなものもあっ
た。豪華な聖書の写本にも神聖な名前の省略形が頻繁に現われてい
たという事実から、省略形はだらしないとか、くだけたものとは考
えられていなかったにちがいないと改めて指摘することができるだ
ろう。

　しかし、古代と中世を通じては、写字生は批判を招かずに省略記
号を用いることができたものの、この寛容な態度は18世紀に変わ
ってしまった。この時期、ジョナサン・スウィフトやジョセフ・ア
ディソンのような規範主義者たちは *tho* 'though'（けれども）, *agen*
'again'（再び）, *thot* 'thought'（考えた）, *brout* 'brought'（持ってきた）
のような省略されたスペリングに反対し、スウィフトのいう「単語
を省略するあの野蛮な習慣」を軽蔑した。そのような非難は、現代
における携帯メールの文章での省略記号の使用に対する反感の先取
りである。省略記号の習慣にずけずけと反論する人々もいるそばか
ら、沈黙の抗議に訴えかけてその受け入れを拒むような人々もいる。

ジャーナリストで作家のリン・トラスは、ベストセラーの著書『パンクなパンダのパンクチュエーション　無敵の英語句読法ガイド』で句読点間違いに対して有名な「非寛容」の立場を取っているが、自身の携帯メールでの習慣を《ガーディアン》で説明して、次のように書いている。

　　携帯メールをほぼ途切れずに送っている者として、私は何にもまして、携帯メールのある側面を楽しんでいます。混みあった列車で座りながら、苦労してかなり長い単語を完全に綴ることができ、大量の句読法を使い、かつ誰にも私がどれほどのとんでもない社会破壊活動家であるかを悟られないでいられるということです。私の携帯メールは、叙事詩のように長いのです。
　　　　　　　　　　　　　　　（《ガーディアン》、2008年7月5日）

　携帯メールの文章で省略に反対する人々がしばしば引用するもう1つの要因は、子供の読み書き能力の水準に破滅的な影響を及ぼしうるということだ。しかし、コヴェントリー大学の研究者たちによる調査によれば、省略の使用が及ぼす悪影響はないということがわかった。事実、わかったことから示唆されるのは、標準英語が必要とされないこの種の遊び心に富む試みは、読み書き能力の習得によい影響を与えているかもしれないという可能性だ。携帯メールにより、子供は読み書き能力の発達にとって重要な段階で文章に触れる機会が増すのであり、省略を用いるのは「音韻的な気づき」つまり、単語の音の構造に関する気づきの発達を助けることにもなる。子供たちがこの略式的な慣習をもっと形式的な書き言葉にも持ち込んでしまうだろうという心配も、根拠のないもののようにみえる。少なくとも、A－レベルの試験を受ける子供に関してはそのようである。デイヴィッド・クリスタルの報告によれば、A－レベルの試験に合格した生徒との面談では、ほとんどの生徒は学校の課題に携帯メール式の省略を用いるかどうかと訊かれたときに、疑いと不信を表明

したという。「生徒たちは、携帯メールの文章が携帯電話用のものであり、他の目的用ではないということについて、心の中で完全によく理解していた」のだ（クリスタル、2008年、p.152）。

　おそらく、もっと年齢の低い、一般中等教育課程の生徒についての懸念には、もっと多くの理由があるだろう。2006年のスコットランドのスタンダード・グレード（訳注：かつて行なわれていた中等教育課程）試験の試験官は、いくつかの問題が携帯メール使用に起因しうることを報告した。生徒たちは「書き言葉の表現上の習慣を遵守することや、少数の例では話し言葉の略式表現、そしてときには『携帯メールの言語』の不適切な使用を回避すること」に関する問題に遭遇した。解決法は、省略の使用を禁じることではなく、むしろ子供たちを教育して、それを使ってよいのはどのようなときなのか、そして標準英語だけが容認されるのはどのようなときなのかを学ばせることである。したがって、携帯メールの文章は、子供たちが遊び場で自由に用いているが、教室では使わないようにしなければならない俗語、方言、非標準文法など他の種類の略式的な語法とまったく異なるところはない。

　似たような問題は、電子メールでしばしば用いられる非標準的なスペリングの流行に関するものである。電子メールは一般的に略式的な媒体と考えられており、そこでは標準英語の文法、スペリング、句読法の規則を緩めても許される。ネット時代の文章ガイドブック『WIRED文書ガイド』 *Wired Style*（1997年）が助言しているように、「ぶっきらぼうな感情表現や文の断片をみてみましょう。［中略］スペリングと句読法は緩くて遊び交じりです（赤ペンを手にもって電子メールを読む人はいません）」（ヘイル、1997年、p.3）。もちろん、どのくらい緩くスペリング慣習を適用してよいのかを正確に知ることは困難である。特に電子メールが携帯メールよりも広い範囲の言語機能のために用いられることを考えれば、それは困難だろう。非標準的なスペリングで書かれた電子メールを友人にばらまくのは許されるかもしれないが、就職活動中に将来の雇用

主に対して書くときには不適切であり、有用ではないだろう。電子メールは携帯メールのもつ短命さを共有しているが、しばしばずっと長く保存されるものであり、印刷されたり、ファイルに整理されたりすることもありうる。ここで引用したような文章ガイドブックはあるとはいえ、電子メールで採用すべき正しい使い方や文体に関してはかなり曖昧なところがある。電子メールは手紙を投函するよりは略式であるが、やはり書き言葉のコミュニケーションであり、しばしばよく似た状況で用いられる。では、呼びかけの正しい方法は何だろうか。電子メールは 'Dear X'（親愛なるXさま）と始めるべきだろうか、あるいはそれでは堅すぎるだろうか。しかし、'Hi X'（やあ、Xさん）や単に 'X'（Xさん）という代替案は、しばしば略式でぶっきらぼうなように思われる。末尾の挨拶も、もう1つのよくわからない領域だ。慣習的な手紙の書き方では、'Yours sincerely'（親愛なるあなた）が求められるが、電子メールでは不適切なように思われる。'Best wishes'（心をこめて），'Cheers'（じゃあね），'Yours'（あなたのものである）などさまざまな代替案があるが、送り手にとって適切な格式張った度合いを測るのは難しい。

　電子メールの略式的なスペリングのもう1つの側面で、'e-spelling'（電子スペリング）と呼んでもよいものがある。これは、英語のスペリングの慣習を単に破るというよりは、もてあそぶものであることが多い。*nite* 'night'（夜），*kool* 'cool'（かっこいい），*coz* 'because'（〜だから）のようなスペリングは、正しいスペリングを書こうとして書けなかったようにみえるかもしれないが、「かっこいい」「すごい」を意味する *fat* の逆対応のスペリングである *phat* であるとか、「迷惑メールを送ること」を意味する *phishing*（フィッシング）や *phreak*（フリーク）のような電子スペリングは、英語のスペリングの異なる習慣を理解していることを示すものである。ここでは、*philosophy*（哲学）のようなギリシア語起源の学識語において /f/ 音を表わすのに用いられる <ph> の二重字が、電子媒体に特有の俗語に適用されているのだ。<f> の代わりに <ph> を用いると

1文字追加となってしまうことからわかるように、そのような代用は必ずしも速度の節約のためではない。携帯メールは若い世代の読み書き能力を完全に失わせているという不安はあるものの、携帯メールの文章でごく普通に使用されている非標準的なスペリングがいかに「伝統的」であるかは印象的である。*gonna*（= going to），*coz*（= because），*skool*（= school），*goin*（= going）等々のスペリングは、電子コミュニケーションの夜明けのずっと以前より広く使われていた。

　デイヴィッド・クリスタルが著書『言語とインターネット』*Language and the Internet*（2006年）で見つけた別の逸脱したスペリングの習慣は、もっと自由だが、もっと特殊化したものであり、'Leeguage'（リーゲージ）と命名されてきた10代の言葉遣いに属する。たとえば、<o> の文字を <0> の数字で置き換えて *d00dz* 'dudes'（やつ、人）としたり、百分率の記号を用いて *c%l* 'cool'（かっこいい）としたりするものだ。この言葉遣いのもう1つの特徴は、<k> の文字を強調の接頭辞として用いるもので、*k-kool*（くー、かっこいい）のような語にみられる。このような用法は以前の非標準的なスペリングにはなく前代未聞であるが、そのような新形態で使われるのが <k> の文字であることがいかに多いかは印象的である。

　英語の未来を憂う人々への反論として示すべきさらなる証拠としては、若い人々は洗練された方法で携帯メールの相手に応じてスペリングを変えているとわかっているということだ。先に言及したコヴェントリー大学学部生の携帯メールの文章習慣の研究では、親密な世間話が交わしやすくなるような略式の使用域を設定するのに、非標準的なスペリングが用いられることがわかった。この集団の携帯メールの文章は、排他的で理解不能な媒体などでは決してなく、部外者にもすぐに理解できるものだった。省略形で書かれていたのは、メッセージ内容の20％のみだった。記号の使用も比較的まばらであり、非アルファベット記号が用いられるのは主としてキスを表わす <xxx> や感嘆符としての <!!!> に限られていた。顔文字は、時に皮肉交じりに用いられることはあってもさほど使われず、*GR8* （great〔偉大な〕）や *RU*（are you〔あなたは〕）のような数字や文字を使った省略形もごく稀に確認される程度だった。ずっとよく使われるのは、*haha!*（ハハ！）や *arrrgh*（アーッ）などの感嘆表現や方言スペリングであり、これはおそらく親しみをこめた略式の使い方を表わすように感じられたからだろう。

標準的な英語のスペリングに対するこの遊び交じりで破壊的な態度は、*woz*（= was）, *wot*（= what）, *skool*（= school）のような発音スペリングを頻繁に使用するなどの、落書きにみられる故意の綴り間違いの歴史を参考にしている。落書きは、破壊的で反文化的な媒体である。このようなスペリングは読み書き能力がない証拠とはならず、むしろ標準英語スペリングの規範への故意の反発の証拠である。故意にそのような規則を破ることによって、その責任を負うべき者は自分の社会の慣習に従いたくないという気持ちを表明しているのだ。'the Curse of St Custard's'（聖カスタード学院の厄介者）ことナイジェル・モールズワース（訳注：ジェフリー・ウィランズとロナルド・サールが創造したキャラクター）が 'skool'（学校）に通っていた時代についての記述に用いたスペリングの背景にも似たようなことがある。モールズワースの散文には綴り間違いがやたらと多いのだが、これは部分的には彼には基礎的な読み書き能力がないことを表わすとともに、彼が標準に従うつもりはないという姿勢を反映してもいる。これは、英語の先生に関する彼の記述からわかる。'They teach english e.g. migod you didn't ort to write a sentence like that molesworth'（ウィランズ＆サール、1985年、p.35）（やつらは英語を教えるんだ、たとえば、まったくもうモールズワース、そんなふうに文を書くべきじゃないといってね）。非標準正書法の使用について現代の社会言語学の研究が示唆しているのは、非標準的なスペリングは言語の階級制度に挑戦する可能性ゆえに用いられるとともに、話し言葉の「真実み」や「雰囲気」を獲得できるという特異な能力ゆえにしばしば用いられるということだ。非標準的なスペリング体系の使用に関する研究によれば、いったん人々が標準的な正書法の枠組みの外

へ踏み出すと、自らの言語的アイデンティティをもっとぴったり表現するために自らのスペリングを使用したいという欲求に気づくのだ。これは、イギリスのクレオール系の著者が、表わされている音が標準英語の音と同じであるときにさえ、非標準的なスペリングを頻繁に用いることにも示されている。このような場合には、非標準的なスペリングの使用は、標準正書法に気づいていながら拒否していることを示しているのであり、理解していないことを示しているのではない。

　異綴りはアイデンティティを表現する手段として用いることができるという考え方は、H・G・ウエルズが「スペリングの自由のために──ある芸術の発見」"For Freedom of Spelling: The Discovery of an Art"（1901年）と題するエッセイで提案している。ウエルズは標準正書法の必要性を攻撃することから始め、疑わしい権威をもつ体系、すなわち「十戒の石板ではなく辞書の見つかる、文法上のシナイ山」（p. 99）などまるでなかった体系の獲得のために子供たちを教えるのに費やされる時間にどれだけの価値があるものかと疑問を呈した。ウエルズは「スペリングは、正誤の問題ではなく、使用者に異綴りを用いて微妙な意味の差異を符号化できるようにする、芸術形態と考えるほうがよいだろう」と続けて述べる。ウエルズは、愛する人に呼びかけるのに「きれいで、冷たく、秩序だった」句 'my very dear wife'（かわいい私の妻よ）をもってするのではなく、「それよりも無限に柔らかく優しい」愛情表現 'Migh verrie deare Wife' を使うことを提案し、「あの無駄な文字で長引かせて、それぞれの単語にいわば去りがたい思いで愛撫するときのような素晴らしく心地よい雰囲気が感じられないだろうか」（p.101）と問うている。ウエルズは、すでに手紙や他の略式の書き言葉では個人的なスペリングを用いている人もいるとは認めているが、彼の理想像は、非標準的なスペリングが印刷本で用いられるように許可されることであり、それによって彼が「単なる正統のスペリング警察」(p.102)と斬り捨てる編集者や印刷業者によって押しつけられる「正書法の

251

暴政」を乗り越えることである。マーク・トウェインも似たような見解を表明しており、1つのやり方でしか語を綴れない人々を軽蔑した。『マーク・トウェイン自伝』 *Mark Twain's Autobiography*（1924年）で書いているように、「私はよいスペリングに対してさしたる敬意をもったことは一度もなかった。［中略］スペリング本がその恣意的なスペリングをもってやってくる前には、人々は自らのスペリングによって無意識に個性の陰影を表わしており、書くものに意図をはっきりさせる表現の陰影を付してもいた」。

　個性的な正書法という考え方は、非標準的なスペリングで子供を名付けるという近年の現象にも見られる。しばしば、そのような名前は音声的には伝統的なスペリングと同じままなのだが、名前に独自性を付与するのにスペリングの変化を利用している。人気のある名前の多くはすでに *Catherine, Katherine, Kathryn*（キャサリン）のような異綴りをもっているが、つい最近になって異形を発達させたものもある。子育てサイトには、*Katelyn*（ケイトリン）, *Rachaell*（レイチェル）, *Melanee*（メラニー）, *Stefani*（ステファニー）のように伝統的名前を綴りなおして「一風変わった」異綴りを与える方法について役立つ提案を与えているものがやたらと多い。ネットの掲示板では、そのような個性化を支持する派閥と、そのような「誤った」スペリングはまったくもって信念に反するとする派閥のあいだでの活発な討議が記録されている。

　非標準的なスペリングはしばしば商品名に用いられ、商標に新奇さを与え、結果として市場で目立つようにしている。人名の場合と同様に、これらの基盤も、しばしば慣習的な正書法を用いてある音を綴るのに異なるやり方をもってすることである。たとえば、多くのホテルやバーやクラブでは、名前に *nite*（夜）というスペリングを採用している。そのようなスペリングは新奇さの欲求を暗示しているが、実際のところ、驚くほど伝統的な使い方をしている。同じように許容される異綴りとなりうるのに、*nayt clubs*（ナイトクラブ）や *niit spots*（ナイトスポット）という例はないのである。もう1

8　スペリングの現在と未来

つの流行の例としては、*kwik*（＝ quick）というスペリングがあり、*Kwik-Fit*（クウィック・フィット。タイヤ・カー用品販売・修理のチェーン）や《シンプソンズ》における *Kwik-E-Mart*（クウィック・E・マート。コンビニエンスストア）で最もよく知られているが、数多くのインターネットプロバイダーにも使われている。他に多くの候補（*cwik, cwic, quik, cwiq*）が同様に可能であり、さらに人目を引く潜在力があるにもかかわらず、このスペリングは、特に商品名において非標準的な異綴りとして受け入れられるようになった。このような多くの新奇なスペリングの特徴は、特定の標準英単語の異綴りであるとすぐに理解されなければならないということと、それが関係している商品なりサービスなりが明らかであるということだ。

　ときに、異綴りをなぜ用いるかが頭韻を強調したいという思いと関連しているようにもみえる。頭韻が、慣習的な正書法からはそれほど明らかにならないこともあるからだ。たとえば、*Kwik Kopy*（クウィック・コピー）のような商品名は、慣習的なスペリング *Quick Copy* からはさほど見えてこない頭韻をある意味で目立たせている。そのようなスペリングのさらなるタイプは故意に古めかしさを出すもので、特に多数の趣^{おもむき}のあるアンティークやティーショップ（*shoppes*）、そして伝統的な田舎市^{カントリー・フェア}（country *fayre*）にみられる。もう1つのよくある省略は、*fish 'n' chips*（フィッシュ・アンド・チップス）のように *and* に対して *'n'* を用いるもので、社名や店名に打ち解けた親しみやすい感じを与えている。

　これらの異綴りで興味深いのは、非標準的な発音を示すことがめったにない点である。人名の場合と同様に、会社の社長たちは商品やサービスを方言発音で命名しようと望むことはめったにない。人気のミュージックバンドですら、非標準発音を反映するスペリングを使おうとする者はいるにはいるが、異綴りを用いる度合いはやや多いくらいにとどまる。*Fun Lovin' Criminals*（ファン・ラヴィン・クリミナルズ）の <g> の省略は、コックニーの発音にもみられるが、省略を示すアポストロフィを与えていることは、標準英語の慣習へ

253

の譲歩を印象深く示すものである。ほかには、ポップグループが、商品名についてこれまでみたような <c> を <k> で置き換えるといった種類の類似した置き換えを行なっているが、*Mis-Teeq*（ミスティーク）などは語末に <q> をもっており、*Guns N' Roses*（ガンズ・アンド・ローゼズ）や *Salt 'N' Pepa*（ソルト・ン・ペパ）のように *'n'* などを用いるものもある。

　スペリングと発音の慣習が緩んでいるもう1つの電子コミュニケーション媒体はツイッターである。ツイッターで破ってもよい8つのスペリングと文法の規則一覧があり、たとえば、句読点の省略、強調のための追加的な句読点の挿入、*shuld, b, 2, u, ya* などの省略形の使用が含まれる。興味深いことに、これらの省略形が許されるのは、メッセージを140字の文字制限に確実に収められるようにするのに必要な場合においてのみである。しかし、多くの人々は好きなように綴ったり句読法を用いたりしてよいと感じている一方で、もっとずっと規範的な態度を取る人々もいる。ジェイミー・オリヴァーは最近ツイッターで、あるフォロワーにひどいスペリングだと批判された。そのフォロワーは、彼が子供たちにとって模範となる人間として正しく綴るべきであると感じていたのだ。オリヴァーは、自らのスペリングをツイッターという媒体には適切なものであると主張することはせず、ひどいスペリングを難読症特有のものとする回答を返した。「失せろ、ボケ、おれがデスレクシアで綴れないってことは覚えてとくんだな！　知ったかぶりのだれかさんよりましだ」。アメリカの俳優ジョン・キューザックも、ツイートでのスペリングと文法の誤りに対する似たような辛辣な批判を受けている。彼は、ツイートするときのスペリングへの緩い態度を次のように説明している。「基本的には適当なところでやって、ツイートしている」。*breakfasy*（朝食）や *hippocrite*（偽善者）のようなスペリングを使用したために、彼は非難の集中砲火を浴びた。あるファンと見られる人がツイートした。「政治を語ろうとするなら、Pakistan（パキスタン）のスペリングと、それから一般にすべての単語の綴り

方を学んだほうがいいね」(《ニューヨークタイムズ》紙、2010年4月28日)。

　ツイッターの投稿でスペリングと文法への緩い態度を示すなどもってのほかで、言語使用を取り締まり、誤りに注意を喚起する役割を自任する個人も現われてきた。たとえば、Your or You're (あなたのあるいはあなたは) という、この2つの同音異語 (your と you're) のよくある混同を監視する役割を自ら任じている者もいるし、文法の英雄という、ツイートのスペリングや文法を直してリツイートする者もいる。明らかに、そのような人たちはツイッターで標準英語の文法や正書法を保存すべきであると考えているのだが、この考え方は用法を直される人からは必ずしも共感を得られないのである。そのような訂正のあるものは、次のような回答で返された。'yu can miss me w. dem corrections . dis is twitter why wuld i spell erythang out . time i dnt have'.「その訂正ぼくにはなしでいい。これツイッターだよ。なんでぜんぶちゃんとつづろうなんて思うのか。時間ないんだよ」。文法の英雄は、この回答の感謝のないことにも慣習に屈する姿勢も見せないことにもくじけずに、その回答に文法とスペリングの手直しを加えてリツイートした。'Those corrections aren't for me. This is twitter, why would I spell everything out? Time I don't have!'「あの訂正は私には必要ではありません。これはツイッターです、なぜすべてを正しく綴る必要があるのですか? 時間がないのです!」〈ツイングリッシュ警察〉Twenglish Police は、ツイッター上で行なわれる英語に対する犯罪を起訴することを目的としており、definately (確かに), tendancies (傾向), dissapointed (落胆して) のような綴り間違い、its (それの) と it's (それは~である) の混同、他の文法間違いを訂正し、陽気に、そしていくぶん皮肉交じりに 'You're Welcome!' (どういたしまして) と去って行くのである。

　本書の多くの読者は、誤ったスペリングの容認は支持しがたいと思うだろうし、標準英語のスペリング体系を維持することは、数多くの複雑さや例外を学ぶのに捧げられる教室での時間を埋め合わせ

ることにもまして、非常に望ましく必要な活動であると考えるだろう。しかし、携帯メールやツイートや電子メールに使用されるスペリングに対するくだけた態度をそれほど危惧する必要はあるのだろうか。正しいスペリングはなぜそれほど重要なのか。本書を通じて私が示そうとしてきたように、標準的な英語のスペリングは長期間にわたり気まぐれで一貫性のない方法で発達してきた、多様な異形を含んでいる。したがって、英語のスペリングの発達に目的論的な説明を押しつけ、標準的なスペリング体系はある種のダーウィン的な適者生存の結果であり、何世紀にもわたって洗練されてきた体系を生み出したのだと主張するような試みは、すべて斬り捨てるべきである。また、標準的なスペリング体系という概念は比較的近代のものであることもみてきた。英語史の初期には、厳格に課される標準なしでも完璧に用をこなせていたのである。さらにいえば、古い時代の手紙や日記にみられるような略式的な書き言葉では、しばしばスペリングと句読法に対してはもっと緩い規則でも許されてきたのである。であるから、なぜ現代のわれわれにとっては状況が異なっているのだろうか。思うに、理由の1つは、スペリングが最も容易に規制し監視できる言語の領域であり、したがって使用者が標準に準拠する圧力を最も強く受ける領域だからだろう。古い世代の綴り手たちは、自分自身が標準を学ぶことを強要されたのであり、この標準を維持するのにかなりの個人的な努力をしているのだ。コメディアンのデイヴィッド・ミッチェルが綴り下手な人々を批判してネット番組の《ソープボックス》で告白しているように、「私はまったく喜んで認めますが、このような規則を苦労して学習したので、それを維持することに多大な関心を注いでいます。そして、その努力を注入したのですが、私はほかのみなも間違いなく従ってくれるようにしたいと非常にやる気になっています。私は他の恣意的な取り決めが人を測るものさしとみなされるような社会へわれわれが回帰してしまわないように願っているのです。たとえば、腕立て伏せを何回できるかとか、殺すことのできる最大の哺乳類は何かとか、

256

そのような取り決めです」。しかし、正しいスペリングというのは、弱き者たちに、より肉体的に発達した相手に対する優越感を抱く手段を与える単なる方法の1つにすぎないのではないか。

　しばしばなされる主張の1つは、綴り間違いは、辞書を引くのを厭う怠け者の証であるというものだ。ある語を正しく綴る方法を見つけ出すのは比較的たやすいということは、確かに本当だ。電子辞書のスペルチェッカーの到来により、そうすることはいっそう簡単になってきた。しかし、この主張は、正しいスペリングは重要であるという前提を強める以上のことをほとんどしていない。ある単語をつねに同じように綴らなければならないことがなぜ重要なのかを説明しようとしていないのだ。この問いへの答えとなりうるのは、明快なコミュニケーションのためには一貫性が重要だというものだろう。異綴りを許容すれば、あらゆる種類の混乱が生じてしまう、というわけだ。しかし、これは中英語期に使用された創意に富むスペリングのあるものについては確かに当てはまったけれども、*accomodation*（宿泊施設）, *ocurring*（生じている）, *recieve*（受け取る）, *supercede*（取って代わる）, *definately*（確かに）などとよく綴り間違えられる単語の場合には、ほとんど危険な問題とはならない。別の説明としてありうるのは、プロの原稿整理編集者の存在だろう。彼らは、自らの生計がそこにかかっているという点で、標準的なスペリング、句読法、文法を維持するのにさらに強い動機づけをもっているからだ。そのような「言葉の衛生」の慣行の背後にある理論的根拠を調べる試みにおいて、言語学者デボラ・キャメロンは数名の原稿整理編集者と面談し、なぜ言語的な慣習、いわゆる「社内様式」を異なる著者の著作に押しつけることがそれほど重要なのかを尋ねた。「私の情報提供者たちは、ある場合には──いつもではないが──異綴り間に本質的な優劣はないかもしれないと認めた。彼らの基本原則は、むしろ、本文が『一貫』していなければならないということだった」（2012年、p.37）。

　したがって、印刷本でスペリングを規制するのを仕事とする原稿

整理編集者によれば、標準的なスペリングは本文の一貫性をなす重要な側面である。スペリングの誤りは、読者の注意を内容からそらしてしまい、本文の明晰さに影響を与えるのだ。しかし、この種の変異は、本当に誤解を招くほどに本文のメッセージから気をそらさせるものだろうか。《ガーディアン》の原稿整理編集者が守っているような現代の用字用語ガイドを眺めると、優先すべきスペリングについて明確で曖昧さのない一連の記述に出会う。しかし、採用されている調子は権威的ではあるものの、この単純な指示の理論的根拠は疑いのないものではない。たとえば、記者や編集者は *admissable* （認められる）ではなく *admissible* というスペリングを使うように指示されている。しかし、*OED* では、両方のスペリングで別々の見出し語を立てており、どちらも可であることを示唆している。2つのスペリングのうち、*admissable* の記録のほうが実際に古い。*despatch* よりも *dispatch* を優先すべきというのも同じように議論の余地がある。*OED* によれば、*despatch*（急送する）は *dispatch* の異綴りとして記録されている。接頭辞はラテン語 *dis-* に由来するのだから、語源的な根拠で *dispatch* というスペリングが優先されるべきというのは確かだろう。*despatch* のスペリングは、ジョンソンの『英語辞典』で誤って初出したのである。しかし、19世紀に *despatch* は常用されてきたし、今日でも広く用いられつづけている。このように考えると、《ガーディアン》ではなぜ *despatch* が使われるべきではないのだろうか。実際、この新聞のオンライン版を検索すると、*despatch* の生起例が新聞に忍び込んでいることがわかる。*dispatch* がより頻用されるスペリングであることは明らかだが（私が検索したところ、およそ1万4000例）、禁止された *despatch* のスペリングがおよそ2000件あった。用字用語ガイドで禁止とされた他の語のスペリングをオンライン新聞で検索すると、似たような分布のパターンが明らかになる。たとえば、*admissible* が590例に対して、*admissable* が45例ある。

　　foetus（胎児）や *gobbledegook*（難解な役所言葉）のような頻度の

さほど高くない語の場合には、用字用語ガイドで好まれるスペリングは *OED* が使用するスペリングとは異なっている。*OED* では、見出し語は *fetus* や *gobbledygook* である。*fetus* については、<e> だけのスペリングは、ラテン語の語源形を反映し、語源的には好ましい。しかし、*gobbledygook* と *gobbledegook* のいずれがその語の正しいスペリングかを決めるには、何を手がかりに考えていけばよいのだろうか。おそらくこの語の起源は、七面鳥の鳴き声を表わそうとした擬音語である。いずれのスペリングが七面鳥の声に近いかという議論をするのは、明らかに馬鹿げたことだろう。ここでもまた、*fetus* や *gobbledygook* のスペリングを明示的に禁止しておきながら、どちらのスペリングも《ガーディアン》のオンライン版には現われているのだ。この種の一貫性のなさは、最近の現象ではない。1791‑2003年にわたる《ガーディアン》と《オブザーバー》紙の全テキストを含む電子データベースを検索すると、212例の *admissable* が見つかるし、*despatch* は堂々の9万3726例、*fetus* は3454例、*gobbledygook* は243例もみつかる。このようなスペリングの変異例が原稿整理編集者にも読者にも見逃されてきたことは、一貫性のなさが読書体験を混乱させるという主張をくじくものである。

　正しさと適切さという概念をオンラインでの意思疎通に押しつけようとする、この保守的な反動とともに、政府に英語のスペリング改革を呼びかける運動もある。そのような組織を突き動かしている主たる要因は、子供の読み書き能力を向上させる方法としてスペリングをより表音的なものにしたいという欲求である。より表音的なスペリング体系は、世界語としての英語を推し進める上でも望ましいことと考えられているし、経済的な根拠としては、よけいな文字を取り除くことで、生産と資源のコストが少なくなり出版業界にとって節約となるという意見もある。スペリング改革への反対論はしばしば過去の文学が読みにくくなるといった懸念や、地方訛りの抑圧が前提とされるのではないかということ、あるいは予想できない

結果への懸念に基づいた単なる保守主義に基づいている。スペリング改革では、*sign*（記号）と *signature*（署名）のような、発音からは明らかでない語どうしの対応関係の同定を可能にする形態的な透明性も失われてしまうだろう。より緊密にスペリングを発音に一致させようとする試みは、誰の発音を代表とすべきかというさらなる現実的で社会言語学的な問題を生じさせる。この問題は、英語史の以前の時期よりも現在においてのほうが厄介である。英語が世界語となった現在、そのスペリング体系を変えてしまうと、世界中の英語使用者に重大な影響が生じるだろう。

　このような多くの正当な反対論があるにもかかわらず、興味深い事実として、他の言語ではそのような改革が首尾よく実施されてきたのをわれわれは知っている。おそらく最も徹底的な正書法改革の影響を被ったのは、旧ソビエト連邦諸国の国民だろう。彼らの言語は、ローマン・アルファベットからキリル・アルファベットへ切り替えられ、そしてまた逆戻りしてきたのだ。顕著なのは、ルーマニア語の1変種であるモルドヴァ語でロマンス系言語だが、4世紀のあいだキリル・アルファベットで書かれていたものの、その後19世紀後半にローマン・アルファベットへ切り替わった。ローマン・アルファベットへの切り替えに伴って表音的スペリングへの動きもあり、それは関連語どうしの語源的関係を切り離し、それによって言語の重要な側面と考えられていたものが取り除かれてしまった。

　しかし、スペリング改革の試みが大きな反論に見舞われた言語もある。ドイツでは1960年代にスペリング改革の議論が始まり、そのときには、現行体系のいくつかの曖昧性を整理することによって、子供たちの書き学習が容易になるだろうと思われていた。この改革は記号と音の関係をより緊密にすることに関心があり、語の分割や大文字使用の原則を明らかにしたり、<ß> の文字の使用を合理化したりすることを目指した。1998年に改訂体系が導入され、7年という期間にわたって段階的に導入される予定だった。しかし、その過程はまったく順調ではなかった。イェーナ大学の法学教授である

ロルフ・グレッシュナーと彼の14歳の娘をはじめ、数名の個人が、法廷で改革の合法性について争議を起こしたのだ。シュレスヴィッヒ＝ホルシュタイン州は国民投票にて改革を実施しない旨の投票行動をしたが、2000年には有力紙《フランクフルター・アルゲマイネ・ツァイトゥング》が改革を放棄し、古い正書法へ回帰する決断をした。2007年になってようやく、同紙はこの決断を覆し、最終的に改革スペリングを採用した。

　ドイツでは、スペリング改革は疑念と敵意をもって遇されている。改訂体系を施行しようとする試みは、抑圧的であり権威主義的であると考えられている。このような態度は一部は歴史的なものであり、ナチス党が新たに占領した国々でドイツ語が習得され、使用されやすくするために簡略化した書記体系を導入しようと計画したことの後遺症である。国家社会主義ドイツ労働者党の教育大臣ベルンハルト・ルストの提案した改革案には、他言語からの借用語にある二重字 <ph, th, rh> を <f, t, r> で置き換えたり、子音群を縮減したり、等位接続詞 *und* ‘and’（そして）や *oder* ‘or’（あるいは）の前のカンマを廃止したりすることが含まれていた。この改革案の法的立場が1998年の提案に対する合法性の争議の基礎となったが、ヒトラーが改革を巡るすべての討論は戦後まで延期するように決定したことにも示されるように、改革案は決して公式に実施されたことはなかったのである。意思疎通の手段として書記体系が重要であるとの認識が背景にあったことにより、ナチス党は伝統的なゴシック体（‘Fraktur’〔フラクトゥール〕といわれる）を一般的なローマン体に置き換える改革に成功した。このような変更は印象的である。というのは、ナチス党ならば伝統的なゴシック体とそのゲルマン民族起源を結びつけ、イデオロギー的、民族主義的に利用したがったのではないかと思われるからだ。

　1998年の改革には、短母音の後で <ß> を <ss> で置き換えることが含まれている。したがって、*Haß* ‘hate’（憎しみ）は今では *Hass* と綴られ、*Kuß* ‘kiss’（キス）は今では *Kuss* と書かれている。

これは関連語間の結びつきを同定するのに利するものであり、*Hass* と *Kuss* は今や動詞 *hassen* 'to hate'（憎む）と *küssen* 'to kiss'（キスする）に似通っている。<ß> の文字は、*Straße* 'street'（通り）のように長母音の後では使用されつづけている。外国語から借用された語にみられる本来的でないスペリング様式が引き起こす困難を減らしたいという思いから、通用借用語のいくつかの綴りなおしが生じたが、異綴りが許容されつづけている場合もある。この改革の結果、次のような綴りなおされたスペリングが生まれた。*Geografie*（旧 *Geographie*〔地理学〕), *Fotometrie*（旧 *Photometrie*〔光度測定〕), *Jogurt*（旧 *Joghurt*〔ヨーグルト〕), *Spagetti*（旧 *Spaghetti*〔スパゲティ〕), *Exposee*（旧 *Exposé*〔説明書き〕), *Varietee*（旧 *Varieté*〔寄席演芸場〕), *Kommunikee*（旧 *Kommuniqué*〔公式発表〕), *Ketschup*（旧 *Ketchup*〔ケチャップ〕), *Katarr*（旧 *Katarrh*〔カタル〕), *Nessessär*（旧 *Necessaire*〔必要な〕), *Panter*（旧 *Panther*〔ヒョウ〕)。他の変更としては、英語由来の複合語におけるハイフンの使用をより一貫したものにすることがあった。*Hair-Stylist*（ヘアスタイリスト）は、それにより *Hairstylist* となり、*Midlife-Crisis*（中年危機）は *Midlifecrisis* に置き換えられている。人々が最も激怒したのは、大文字化の慣習をすべての名詞からなくそうとしたことだった。すでに見たように、これは初期近代英語の特徴なのだが、すべての他の現代語と同様に英語ではもはや名詞を大文字化しない。人々がこの改革へ反感を示したために、大文字使用について一貫しない部分を取り除くことだけを目指す、ずっと穏健な提案が出される次第となった。

　このような比較的穏健な提案ですら論理と一貫性がないとして批判されてきたし、その批判の多くは英語のスペリング改革案に向けられてきた批判を思い起こさせるものである。ドイツ語のどの方言発音を改革の基礎とすべきかという問題は、重要な事案である。短母音の後で <ß> を <ss> に置き換えるというのは、標準ドイツ語発音に基づいているのであり、他の発音では母音の長短は異なる分布を示すのだ。同一語の形態のあいだに一貫性を与えるために語を綴

りなおすという試みは、反例に邪魔される。たとえば、*numerieren* 'to number'（番号を付ける）を *nummerieren* と綴りなおす提案は、それによって名詞の *Nummer*（数）とは整合するけれども、*Numerale* 'numeral'（数詞）や *numerisch* 'numerical'（数の）のような <m> を1つだけもつ、意味的に関連する他の形態を無視することになる。外来の借用語は、単語がどの程度自言語に同化されていると考えられているかが綴りなおす基準だったが、それは不確かな部分が大きく、意見の相違にもつながる主観的な評価である。たとえば、*Phonologie*（音韻論）はこの単語の主たるスペリングとして提案され、*Fonologie* は従たるスペリングとされたが、*Phonetik*（音声学）についてはそれが唯一の許されるスペリングにとどまった。呼びかけの代名詞の大文字化も一貫性を欠いたままであり、親称形 *du*（おまえ）と *ihr*（おまえの）は大文字なしで書かれるが、敬称形 *Sie*（あなた）と *Ihr*（あなたの）は大文字化される。しかし、改革はこのように非常に技術的で言語学的な根拠で批判しうるが、世論が注目するのはもっとイデオロギー的な問題である。ドイツの一般国民にとって、これらの改革は、ドイツ語とそれが関係する国家的・文化的な歴史とアイデンティティに対する攻撃を代表するものだったのだ。

　この議論からわかるのは、スペリング体系に対する変更の提案は、たとえ改革で導入されるのが結果としてほんの小さな差異だったとしても、かまびすしい反対論に見舞われる場合があるということである。1990年代のドイツの改革提案は、ドイツ語の全語彙の0.5％にしか影響を与えなかったのだが、それでも相当な反発を引き起こした。アカデミー・フランセーズの終身事務局長モーリス・ドリュオンにちなんでドリュオン改革として知られているフランスのちょっとしたスペリング改革提案で似たようなものがあったのだが、ここでも似たような規模での民衆の反発が生じた。それは2000を少し上まわる程度の語に影響を与えるにすぎず、最頻使用の500語は1語も含まれていなかったにもかかわらずである。改革の影響は比

較的ちっぽけなものであり、主としてハイフンの使用を規則化した
り、<u> や <i> のアクサン・シルコンフレックスを無機能の場合
に取り除く程度のものだったにもかかわらず、そしてまたこの改革
は長期にわたって続けた議論により提示されるという努力もみられ
たにもかかわらず、その提案は人々の敵意の一斉射撃を招いた。フ
ランス語のスペリングに対する一般大衆の態度は、現代のフランス
語正書法はモリエールやラシーヌという偉大なフランス人作家との
不断の連続性を表わしているという神話的な見解に基づいている。
2作家の作品が、いまでは現代化したスペリングの版で読まれてい
ることに気づいていないのだ。多くの教師にとって、スペリング改
革とは教育水準を下げるおそれのあるものであったし、フランス語
のスペリングの難しさはフランス語の魅力の一端であると考える者
もいた。これらの提案が引き起こした全国的な反発は、《ニューヨ
ークタイムズ》で次のように報道された。「アカデミー会員のなか
には、終身事務局長が見苦しい性急な行動によりヴォルテール、モ
リエール、フローベール、プルーストの神聖な言語を改悪しようと
したとして非難する者がいる。嘘つきでいんちきと非難されている
事務局長のモーリス・ドリュオンは、中傷する者たちを名誉毀損で
告訴しようとしている」（《ニューヨークタイムズ》、1991年1月2
日）。

　オランダ語のスペリングを改変しようという1969年の提案も、
似たような反対意見に見舞われた。これらの提案はほとんどがオラ
ンダ語に新しく入った借用語のスペリングに限定されていたが、そ
れでも強烈な反論を引き起こした。伝統主義者にとって提案はあま
りに過激すぎたし、変革を望む者にとっては保守的すぎたのだ。オ
ランダの教育大臣たちは提案に賛成し、読み書きの学習が容易にな
り、言語学習の他の側面にもっと時間を当てられるようになると主
張した。オランダの教育者たちもおよそ支持したが、もっと徹底的
な単純化を好む者も多かった。オランダの書き手は、政治的な傾向
とは無関係に、提案された単純化にひとり残らず反対したが、それ

を伝統の無法な廃棄と見ていたためだ。ある書き手が次のように書いている。「現時点のみを重要と考える世界には反対する。根が取り去られ、起源が気づかれなくなり、伝統が無用なゴミとして捨て去られるような世界には反対だ」（ヘールツ他、1977年、p.223）。保守的な新聞雑誌では、改革案は、借用語 *eau de Cologne*（オーデコロン）の綴りなおしに基づく 'odeklonje spelling'（オーデコロン・スペリング）として嘲笑され、風刺された。この提案への反応が示しているのは、スペリングがいかに国民的アイデンティティと堅く結びついているかである。たとえ1つの文字ですら、強い愛国的感情をかきたてることがありうるのだ。ベルギーではオランダのスペリングとの統一を維持することが重要であるという同意があったが、オランダ語を話すベルギー人は、*kultuur*（文化）のような単語における <c> の文字の使用に対して、フランス語との類似性を理由に、反対していた。しかし、オランダ人の多くは、自分たちのスペリングをドイツ語のスペリングと区別するのに *cultuur* と書くことを選んでいるのである。

　<c> と <k> の選択のもつ社会言語学的な意味あいは、オランダ語話者に限られるわけではない。<c> と <k> の選択は、ローマン・アルファベットが用いられている国々において、種々のサブカルチャー集団によって故意に利用されてきた。2つの文字は同一の音を表わすのに用いられるので、これらを入れ替えて社会的な規範に対して転覆や反対を述べるメッセージとすることができる。スペインでは、<k> は一握りの外来語にみられるのみだが、落書き犯たちは、カスティーリャ語の標準では <c> か <qu> が求められるところに <k> をしばしば用いる。スペイン北東部とフランス南西部を占めるバスク地方の住民が話している非印欧言語であるバスク語においては、/k/ を表わすのに <k> の文字が用いられるという事実により、この文字がスペイン社会でもつ政治的な含みは増している。

　1990年代初頭には、引き続いてオランダ語のスペリングを改革する試みがなされた。オランダ政府は、改革案を考案する任務を負

ったプロの言語学者と学者による委員会を設立したのである。全国的な報道で敵意をもって取り上げられないよう、その任務は秘密裏に実行された。しかし、1994年に提案がマスコミに漏洩してしまい、マスコミはそれを完全に否定的な見解で報道し、最初に提案を委任した政治家たちによって完全に却下されるに至った。

　今日の英語のスペリング改革要求は、一般的に表音的一貫性のないことに向けられており、改革者たちはそれをイギリスの読み書き能力の水準の低い原因として挙げている。2010年の《タイムズ教育付録》紙のある記事である教師が、英語のスペリング体系は生徒たちを、文字と音の相関関係がもっと素直な言語を母語としてもつフィンランドやギリシアやスペインの生徒と比べて不利な状態においていると主張した。自分の考える、子供たちにはハードルが高い25の単語を挙げながら、その教師は読み書き能力の習得が容易になるような改革スペリングを提案した。

beautiful	butiful	any	enny
head	hed	many	menny
learn	lern	are	ar
read	reed/red	gone	gon
great	grate	give	giv
there	thair	have	hav
were	wer	live	liv
where	whair	you	u/yoo
friend	frend	your	yor
believe	beleev	rough	ruf
pretty	pritty	tough	tuf
said	sed	bought	bawt
		thought	thawt

　スペリングと音との関係が緊密な言語はそれほど緊密ではない言

語に比べて学びやすいという主張を支持する証拠は、せいぜい不確かというにとどまる。そのような主張は、調査をまったく参照することなしに述べられる場合が多く、イギリスの子供の読み書き能力の成績の背後にある複雑な社会経済的な要因を考慮することなしに、改革スペリングと読み書き能力の向上のあいだの関係についての短絡的な見解に依存しているにすぎない。スペリング改革者たちが英語のスペリングに内在する問題についてもらす不平不満は、しばしばスペリング体系の歴史についての誇張され、誤った見解に基づいている。BBCラジオ4の番組《ラーニング・カーブ》*Learning Curve* でのインタビューで、英語スペリング協会（旧スペリング簡略化協会）のマーシャ・ベルは、英語のスペリングの厄介な性質は、英語を話せなかった最初期の印刷業者により乱された結果だと主張した。

> 印刷機が1476年にイングランドに初めてやってきたときに、すべてが起こった。キャクストンが、30年間を過ごして印刷術を学んだヨーロッパ大陸から戻ってきたとき、英語を話すことのできない助手たちを引き連れてきた。それで、彼らは英語の本を活字に組み、台無しにしていたというわけである。聖書が最初に英語に翻訳されたときには、状況はますます悪化していた。なぜなら、聖書の印刷はイングランドでは許可されてすらいなかったからである。そのため、1525年の新訳のあらゆる異なる版、40もの異なる版が、すべて大陸で印刷されたのであり、事態は悪化した。こうして、スペリングはめちゃくちゃになったのである。

先述のとおり、これは現代のスペリング体系の起源に関する主張としてはまったくいいかげんであり、不適格なスペリング体系という極端な見解を信じさせ、改革要求を強めるために仕組まれたものである。初期の印刷業者はしばしば大陸から募集されたが、彼らの印刷した本が英語のスペリングを完全に台無しにしたなどと訴える

のは馬鹿げたことだ。第5章でみたように、初期の印刷業者により英語にもたらされた大陸のスペリング習慣の影響は、きわめて些少だった。印刷術の到来はむしろ、標準スペリング体系をもたらす決定的な要因の1つだったのである。

ベルの著書『英語のスペリングを理解する』*Understanding English Spelling*（2004年）には、英語のスペリングの歴史を概説する1章が含まれており、「いかにしてわれわれがめちゃくちゃな体系をもつに至ったのか」という副題がつけられている。ここで、彼女は15世紀の大法官庁の書記たちが英語スペリングのまったく新しい体系をゼロから、しかも急いで考案する任務を負っていたと述べている。「大法官庁の書記たちはたんに古い書記習慣を捨てなければならなかっただけではない。彼らは、急いで英語のスペリング体系を考案しなければならなかったのだ。そして、彼らはほとんどゼロからそれをなさねばならなかった」。これは、大法官庁の文書とそれ以前の中英語・古英語テキストに明らかに連続性があることを無視した説明である。大法官庁の書記たちにより「急いで継ぎ接ぎされた」スペリング体系は、その後キャクストンが印刷本のために採用したものであり、その印刷本は標準英語の形成に甚大な影響を及ぼした。キャクストンは30年のあいだ外国暮らしをしたために、彼の英語の理解力は当てにできないものであり、大陸から彼が連れてきた植字工も「キャクストンにもまして英語に堪能でなかった」。これもまた、かなり誇張した主張である。キャクストンは印刷した作品のいくつかを、文体的に高尚な文語英語へと翻訳したし、出版物の多くに序文と結語を加えているのである。彼が貧弱な英語力しかもっていなかったという主張は馬鹿げているし、暗黙に示唆されている彼の本のスペリングが完全にめちゃくちゃだという主張も同じように馬鹿げている。

キャクストンの英語の堪能さに疑いを入れるというのは、印刷家である本人自身が述べているコメント、つまり『トロイ史』をフランス語から英語に翻訳する仕事は、両言語ともに理解力が「無知で

不完全」であるから、自分にはふさわしくないというコメントをただ鵜呑みにしているのにほかならない。キャクストンは自らの言語能力の貧弱さを、「疑いなく、イングランドのあらゆる場所にもまして、訛りの強く粗野な英語が話されている」ケントのウィールド地方の育ちと、大陸で過ごした30年間のせいにしている。しかし、これは文学的慣習以上の何ものでもなく、ジェフリー・チョーサーが有名にしたいわゆる「謙遜のトポス」である。チョーサーは、一貫して自らの文学的・言語的な失敗を詫び、『カンタベリー物語』へひどい貢献しかできずに、宿の主人に遮ってもらわなければならないほどに無知な巡礼中の語り部として自らを紹介したのである。キャクストンはここではこの文学手法に訴えて、その翻訳書を捧げたブルゴーニュ公妃マーガレットをほめたたえているのである。進んで彼女に奉仕し、最上の言葉で彼女をほめたたえているのだ。「まさしく高貴にして徳のある王女様、私の尊敬すべき奥方様、公妃マーガレット、神のご加護によりイングランドとフランスの王の妹君様」と。ベルは、英語のスペリングの現状をキャクストンの読み書き能力のなさのせいにして、キャクストンのコメントを額面どおりに受け取り、キャクストンの書いたものが言語的、文学的におおいに洗練されていることを、かたくなに無視したのだ。そのような故意の読み間違いは、不安を煽るような基調をもつこの本に典型的にみられるものであり、英語のスペリングの問題に関して誇張された無根拠な主張をなすものである。ベルは続けて、英語のスペリングの呈する問題は、若者の読み書き能力の低さと失業の原因であると示唆しており、2000年にイギリス人女性の25％が無料のマンモグラフィー検査を受けなかった理由でもあると暗に示してすらいる。

　透明性の高い表音的なスペリング体系が子供たちにとって読む訓練の初期段階において有益であるということは真実かもしれないが、より上級の読み手は、主として音よりも意味の同定に関心がある。上級者にとって、個々の単語が区別しうるスペリングを持っており、*too*（～も）, *to*（～へ）, *two*（2）のような同音語が区別できるような

深い正書法のほうが、役立つ道具である。浅いスペリング体系と深いスペリング体系（訳注：50ページ参照）の相対的な利点に関する研究のほとんどが注目しているのは、読み学習であり、綴り学習ではないのだが、綴り学習は非常に異なる種類の課題である。そのような研究の1つでは、比較的浅い正書法をもつスワヒリ語の書き学習をしているタンザニアの子供のスペリング習慣が調査されたが、関与する種々の要因は多数あり複雑であることがわかった。「規則的なスペリングをもち、比較的単純な音節構造をもつこの言語においてすら、正しいスペリングを習得するには、多種多様な言語知識が同時に必要となる」（オルコック＆ンゴロショ、2003年、p.657）。読み書き能力の習得について言語間比較を行なうにあたっては、就学前の読み書き能力の水準が異なることなど、さまざまな実際的な問題が関与してくるために、英語のスペリングが子供たちの書き能力を遅らせているという単純な主張は支持しがたいといえる。リチャード・ヴェネズキーが述べているように、「初心者にとっては、正書法は単語の発音を示すものとして必要だが、上級の読み手にとっては、音ではなく意味が必要である。初心者と上級者の要求がこのように衝突するものだから、実用的な書記体系の設計には、目指している体系的機能に応じて、ある種の妥協が必要となる」（1999年、p.42）。読み書き能力が習得される社会環境がこの主張の重要な側面であることは間違いないが、まずいスペリングがまずい教育とさらなる社会的な悪を生み出すとする短絡的な主張においてはほとんど考慮されない側面である。マーシャ・ベルは、『英語のスペリングを理解する』で、多くの英国の囚人の読解力が低いことを強調し、囚人数が多いのは英語のスペリングの「残忍なほどの」難しさゆえかもしれないと示唆している。

　表音主義の原理に沿ったスペリング改革に関連する実際的な問題としてはさらに、この本でも何度か触れてきたとおり、発音の多様性の問題がある。論争の余地なく実行できる改革というものもありうる。たとえば、*knight*（騎士）の <k> のように、英語のどの方言

でももはや発音されない子音字を取り除くといったものである。一方で、もっと問題含みの改革もある。すでに見たように、*which*（どちら）, *when*（いつ）, *what*（何）の <wh> は、英語の南部方言ではもはや発音されない語頭帯気音が古英語では発音されていたことに由来する。しかし、この音はスコットランド訛りでは残っており、したがってスコットランドとイングランドでの発音を表わそうとすれば、異なるスペリングが必要となる。母音字と母音の1対1の対応を得ることは、はるかに難しい。昔の改革の試みでは、スペリングが簡単になるとはほとんどいえないような、発音区別符や強勢符の複雑な体系が採用されるに至ったこともある。方言間には変異があるのが常態であり、これはスペリングと発音との調和を目指すすべてのスペリング改革にとって大問題を呈することになるだろう。たとえば、英語の北部と南部の訛りの主たる違いには、言語学者がBATH 母音と呼ぶものがあり、この単語や *grass*（草）, *fast*（速い）, *glass*（ガラス）のような似た単語の発音に使われる母音の違いを指す。北部方言の話者にとって、この母音は TRAP 母音、つまり *trap*（罠）, *map*（地図）, *clap*（手を叩く）で用いられる母音と同一であるが、南部方言の話者にとって、BATH母音とTRAP母音とはまったくの別物である。現在、単一のスペリングで南部の2つの発音をまかなっているが、1対1対応のスペリング体系を目指すのであれば、南部方言での TRAP 語群と BATH 語群の発音のために異なるスペリングが必要となるだろう。1つの方法としては、TRAP 母音のために古英語の合字 <æ> を再導入し、それにより *træp* と *bath* の区別を与える方法があるだろう。しかし、この調整は南部方言話者にとってのみ有意味である。北部の話者にとっては、*bath* の語のスペリングは *bæth* となる必要が生じよう。

　多くのアメリカ人話者や他の国際的な英語使用者は、さらに異なるスペリングを必要とするはずだ。そのような議論に暗黙の前提としてしばしば組み込まれているのは、表音的なスペリング改革のモデルは英語の標準的な参照用方言、すなわち容認発音 (RP) と呼ば

れるものであるべきだということだ。しかし、この前提は、より高い社会的権威と覇権をある特定の方言に与える社会言語学的な偏見に由来するものであり、言語学的な正当性をまったく欠いている。自分の方言とは異なる方言にスペリングを近似させるスペリング改革は、容認発音で話さない子供たちの綴りの習得には役に立たないだろう。北部方言話者が BATH 母音のスペリングに <æ> を用いて、*bæth*（風呂）, *fæst*（速い）, *græs*（草）のような語を綴るのは可能だろうが、異なる方言に異なるスペリング体系を持ち込めば、新たな意思疎通の障害となる要因をまるごと導入することになろう。

　もはや発音されない黙字を取り除くことは論争の余地のないもののように見えるかもしれないが、すでに見たように、黙字には2次的な機能がある。つまり、同じ発音の「同音語」と呼ばれるものを区別し、それが発音もスペリングも同じである「同音同スペリング語」と呼ばれるものになることを防ぐという機能だ。*knot*（結び目）の場合でいえば、古英語の単語 *cnotta* に由来する黙字 <k> を保てば、*not*（〜でない）という語と区別することが可能となる。これは、一見して感じられるほど単純なものではない。なぜなら、古英語から近代英語にかけての発音の変化を反映すべくスペリングが変化してきたような単語も多くあるからだ。たとえば、*ring*（指輪）という語は古英語の単語 *hring* に由来し、そこでは語頭の /h/ は発音された。中英語期のあいだに、この /h/ は発音から脱落し、これを反映すべくスペリングが変化した。しかし、同音語が同音同スペリング語になってしまうことを防ぐのに書き言葉上の区別をつける必要があるのならば、なぜ *hring* の <h> は保持されていないのだろうか。現代英語では、*ring* という同じスペリングと発音をもつ語には2種類ある。名詞 *ring* は古英語の *hring* に由来し、小さな輪っかを指すが、動詞 *ring*（鳴る）は古英語 *hringan* に由来し、鈴の音を記述する。両語とも語頭の <h> をもって綴られる古英語の単語に由来するが、片方では <h> を保ち、他方では <h> を落としていたということになっていたとしても、まったくおかしくなかったは

ずだ。しかし、現代英語では、そのような区別をつけるのではなく、両語ともに同じように綴る。これは、混乱の可能性がいくらかあることを意味しないでもない。たとえば、'Give me a ring'（指輪／電話をください）のような文を考えてみれば、話者が要求しているのが金属の指輪なのか電話なのかが不明である。しかし、これが不明なのは、この文に文脈が伴っていないからにすぎない。文脈のなかで聞いたり読んだりすれば、聞き手がいずれの意味が正しいか判断できるヒントが他にたくさんあるだろう。*knot* と *not* の例に戻れば、ここでは異なるスペリングが保存されているわけだが、2語は異なる語類に属しているのだから、混乱の可能性ははるかに少ないとわかるだろう。したがって、'Give me a ring'と言って指輪と電話をかけることの両方の語の可能性があるといえばあるが、*not* と *knot* に関しては同様の状況は存在しないのだ。つまり、機能的には、*ring* と *ring* の場合よりも、*not* と *knot* の場合のほうが、書き言葉上の区別をつける必要性は比較的小さい。しかしながら、現行のスペリング体系では、*not/knot* に異なるスペリングが与えられているが、*ring/ring* はそうではない。

　表音的な路線のスペリング改革の引き起こすもう1つの問題に、その結果として語源的スペリングが失われることがある。初期近代期に実施されたいくつかのスペリング改革において語源の原理が決定的な要因だった様子は、見たとおりである。しかし、現代の論議では、語源がしばしば無視されている。語源をスペリングにおける重要な要因としてみなさず、*doubt*（疑う）や *debt*（負債）における黙字の導入を、英語に古典的な血統を付与しようとする見当違いの試みだとして注目させることは簡単だ。しかし、語源的スペリングは、話し言葉では失われている、意味的に関係する語のあいだの視覚的なつながりを保持してくれるものである。*sign*（記号）の <g> はもはや発音されないが、それがあることにより、われわれはその語が <g> のいまだ保持されている *signal*（信号）や *signature*（署名）とつながりがあると気づけるのである。*doubt* の <b> は発音され

273

たことはないが、それは *indubitable*（疑いえない）とのつながりを示しており、したがって読者が馴染みのうすい後者の単語の意味を見分けるのに、おそらく役立つのである。同じことが、*debt*（負債）と *debit*（借方）のペアにもいえる。そのようなスペリングで思い出すのは、英語のスペリングが、ときに表音的な一貫性を犠牲にしても、形態素を一貫して綴るほうに関心をもっていることについて、前になされたコメントである。*electrical*（電気の）と *electricity*（電気）のスペリングは、一方では /k/ 音を、他方では /s/ 音をもっているにもかかわらず、ともに<c> の文字を用いるという点で、表音的に一貫していない。しかし、両方に単一文字 <c> を用いることで、基底形 *electric*（電気の）とのつながりが保たれているのだ。似たような例は、*medical*（医学の）と *medicine*（薬）にも見られ、両語とも正書法上 *medic*（医者）とのつながりを保っている。*allege*（言い立てる）と *allegation*（主張）のスペリングには、<g> の文字に異なる発音が対応しているが、同じ文字を保つことによって動詞と名詞とのあいだに視覚的なつながりを維持している。似たようなつながりは、*sane*（正気の）と *sanity*（正気）の例など、他の表音的な観点からは不規則なペアにも保たれている。*sane* のほうは二重母音を、*sanity* のほうは短い単母音をもっているが、両語とも<a> で綴られるのだ。これは表音的には一貫していないが、2つの意味的に関連する語のあいだに視覚的なつながりを保持している。

　しかし、この慣習には 例外もある。たとえば、*pronounce*（発音する）と *pronunciation*（発音）については、後者はよく間違えて*pronounciation* と綴られるが、これは話者が動詞と意味的に関連づけて、発音は異なるものの、スペリングは似たようなものだと思い込む傾向があるためだ。このような語で黙字を保持するのは、不要に複雑なことのように思われるだろうが、このような語源的なつながりはスペリングにとっては役立つ案内人である。たとえば、*autumn*（秋）の無音の語末の <n> は困難のもとかもしれないが、関連する形容詞 *autumnal*（秋の）の存在を思い浮かべれば、見方もちがって

8 スペリングの現在と未来

くるだろう。このようなつながりは、*grammar*（文法）や *parent*
（親）のような語で無強勢母音を正しく綴るのに有用な手がかりと
もなりうる。これらの母音は無強勢であるから、'schwa'（シュワー、
曖昧母音 /ə/ の発音のこと）という音を用いて同じに発音される。語に
よってはこの音は <e> と綴られることもあれば <a> と綴られるこ
ともあり、あやふやになりがちである。しかし、*grammar* とその形
容詞形で強勢が第2音節に落ちる *grammatical*（文法的な）とのつな
がりを知っていれば、名詞形の正しいスペリングについての役立つ
ヒントとなる。*parent* の場合には、無強勢の曖昧母音は <e> で綴
られるが、これは形容詞形 *parental*（親の）と比較して確かめられ
る。

　伝統的なスペリングの保持が単語の語源を示すのに役立つ別の例
もあり、それは馴染みのうすい単語を理解する助けになることもあ
る。<ph> で綴られる /f/ 音で始まる単語は一般にギリシア語起源で
ある。その <ph> を保つことにより、その語源を示しているのだ。
一方、<c> で綴られる /s/ で始まる単語は一般にフランス語起源で
ある。このような言語の知識に訴えかけることのできる人にとって
は、この語源的な手がかりは、馴染みのうすい語の意味を教えてく
れるので役に立つ。たとえば、*century*（世紀）は、ラテン語 *centum*
（100）に由来するフランス語の数詞 *cent*（100）を含む語群に属する。
この語源的つながりを知っていれば、*centipede*（百足）, *centenary*
（100周年）, *centennial*（100周年の）など、似たような語形成に出会
ったときにきわめて有用である。しかし、これらの単語のスペリン
グが表音的な原理で改革され、語頭の <s> をもつ形態 *sentury,
sentipede, sentenary, sentennial* が生み出されてしまうと、この起
源は不明瞭となり、ラテン語 *sentientem*（感情）に由来する
sentient（感覚の鋭い）, *sentiment*（心情）, *sententious*（金言的な）な
どの単語との混乱を引き起こすことになろう。語源は、英語での二
重字 <ch> が異なる用法をもつように、同じスペリングだが異なる
発音をもつ単語を正しく発音する際にも役立つ。*cheese*（チーズ）,

choose（選ぶ）のような英語本来の語において、<ch> は /tʃ/ と発音され、フランス語起源の単語では*champagne*（シャンパン）, *chef*（シェフ）のように /ʃ/ で発音されるが、ギリシア語の派生語では、たとえば *chord*（和音）, *chorus*（合唱団）のように /k/ と発音される。語源は、スペリング体系の基盤としては難解で純粋に学術的な基準のように思われるかもしれないが、読者が読んでいる単語を理解し発音するのを助けてくれるという貴重な役割を果たしている。

　このような語源的な残滓は、英語の言語的な豊かさと多様性に満ちた歴史を視覚化し、それによって過去のテキストとの関係をより緊密に保つのにさらなる機能を発揮する。*knight*（騎士）におけるような黙字は現代の英語学習者には助けになるものではないが、われわれにチョーサーや、それ以前のアングロサクソン人の用いていた言語とのつながりを保たせてくれている。英語話者がチョーサーに向かうと馴染みのうすい多くのものに出会うけれども、われわれが中世のスペリングを保持していれば、'A knyght ther was, and that a worthy man'（騎士が1人おりました。それも誉れ高い人でした）という文章には抵抗感はないだろう。このような歴史的なスペリングは、過去とのこうしたつながりを保持してくれているし、英語の歴史の記念碑として存在している。

　英語は歴史を通じて多くの他言語と接触してきたのであり、それらの言語はすべて多かれ少なかれ英語の構造、スペリング、語彙に痕跡を残している。それがわれわれのスペリング体系に与えてきた特異性を取り除いてしまえば、その歴史の証拠を消すことになってしまう。われわれのスペリング体系は大聖堂になぞらえることができる。アングロサクソン時代に起源をもち、中世に継ぎ足されたゴシック様式の柱廊玄関の構造をもち、初期近代期にドーム状の塔が建て増しされ、1960年代にギフトショップとカフェが導入された大聖堂だ。結果としてできたものは、もはや建築家の当初の計画を反映していないぎこちない混合体であり、主教や聖職者が教区の義務を行なうのに理想的な建物でもない。しかし、このような実用上

の制限はあるにせよ、取り壊してもっと機能的で建築学上調和の取れた現代的な構造にするための建て直しを許可すべきだと提案する人がいるとは想像しがたいだろう。そのような計画にかかる実際的で財政的なコストのことはまったく別にしても、大聖堂の取り壊しと建て直しによって、こうした建物が体現する豊かな歴史の記録が消されてしまう。

このスペリングの歴史の概観から明らかな1つの事実は、スペリングが重要であるということだ。人々はスペリングに関して非常に強い思いを抱いている。これは、現代においてもそうであるのと同じように、18世紀においてもそうだった。言語使用のいかなる領域においても、変異と変化は今日のメディアにおいて激怒を引き起こす。誤ったスペリング、h の脱落、分離不定詞（訳注：to 不定詞のあいだに副詞が挟まっていること）は、言語に関する強固に凝りかたまった偏見を抱かせる。誤ったスペリングは、単に間違いとみなされる以上に、しばしば個人の知性、社会階級、さらには道徳心までも反映するものとみられる。言語のことになると非常に保守的となる人は多く、慣れ育った言語体系が変わっていくのを許すのは気が進まないのだ。したがって、変化を導入しようとする試みは、おおいに懐疑的に扱われる。刷新者は適切な標準をもたずに流行好きで自由放任的な考え方の持ち主だとして退けられる。正しい綴り方を学ぶことは、冷水浴か早朝ジョギングに似た、人格形成であり、通過儀礼であり、人格と道徳心の試金石であるとみられている。このような見解は愛国的な衝動ゆえになされる場合もあり、それによれば英語のスペリングを習得することは、英語、あるいはイギリス文化に同化する過程の一部と考えられるのだ。ある学者がフランス人の自らのスペリング体系に対する態度についてこう書いている。「ときに非論理的ではあるかもしれないが、それは美しさなのであり、その規則を学ぶことは、人民にとってある種のよい規律を与えてくれる。フランスのさらなる栄光のための甘受だ」。このような見解を 覆 し、改革スペリング体系を導入しようとするいかなる試みも、

失敗が運命づけられているように思われる。

　ドイツのスペリング改革から明らかとなる教訓は、いったんスペリングの伝統が定着してしまうと、変化に対する抵抗は、たとえその改革が比較的取るに足りないものであっても、非常に強いということだ。ドイツでは、1990年代の改革が影響を及ぼしたのは語彙の0.5％にすぎないという見積もりがなされているが、それでも結果として人々の激論をまねいた。フランスやオランダなど他の国でも、政治家や言語学者がほんの少数の語に影響するちょっとした改革を導入しようとしたときに、同じような問題を経験してきた。明らかに政治的あるいはイデオロギー的な議題であり、世論の支持を受けているところであれば、正書法の変化が成功したこともある。これはタタルスタンのような旧ソビエト諸国の場合に最も顕著だが、そこではモスクワからの反論にもかかわらずスペリング改革が導入された。しかし、そうした変化は、特に出版業にとっては高くつくものであり、古いスペリング体系で書かれた歴史的なテキストに触れる機会の確保が難しくなってしまうという難点もある。古いスペリング体系は、現代の話者にとってますます疎遠となってゆくはずだからだ。

　スペリング改革の擁護者は英語のスペリングの悲惨な未来を予言し、悪化する読み書き能力と言語規範に関わる問題への保護策として改革が必要であると論じる。そのような論者は、自らの主張を強めるために、しばしば問題の程度を誇張する。マーシャ・ベルが印刷革命により理解不能でめちゃくちゃなスペリング体系が生み出されたと主張したのと同じように、ナオミ・バロンは電子時代における英語のスペリングの未来として、「中世と、さらにはルネサンス期のイングランドの疑似無秩序状態を思わせるスペリングと発音の慣習に対する態度へ回帰する」ことがありうると示唆している。われわれが見てきたように、中英語と初期近代英語のスペリングはまったく無秩序などではない。多くの語は現代英語のスペリングと同じように綴られていた。変異に関する許容度が高かったのは確かだ

が、それが理解の妨げになることはめったになかった。同じように、電子メールや携帯メールや他の形態の電子コミュニケーションで非標準的なスペリング、句読法、省略形の使用を許容しても、コミュニケーションの妨げになることはほとんどない。

　最後に、私には、英語のスペリングの改革の試みに抵抗し、伝統的なスペリングや黙字などを保持しようとするもう1つの理由があるように思われる。そのようなスペリングはわれわれの言語とその歴史の豊かさを証言するものであることだ。この意見は、実用的な目的をもたないために正当化するのは難しいほうの主張なのだが、現代英語と過去の英語とのつながりを保つのに役立ちはする。もしスペリング体系が過激に改革されてしまったら、現代英語の話者にとってチョーサーやシェークスピアの作品を読むことが難しくなるのは間違いない。黙字は、以前に失われてしまった発音、しかし長く豊かな遺産を誇るスペリング体系に保存されつづけている発音を無言で伝える証人なのである。

読書案内

2　種々の書記体系

　書記体系の優れた入門書としては、Andrew Robinson, *Writing and Script: A Very Short Introduction* (Oxford: Oxford University Press, 2009) と Michelle Brown, *The British Library Guide to Writing and Scripts* (London: British Library, 1998) がある。言語学的により高度な議論としては、Geoffrey Sampson, *Writing Systems: A Linguistic Introduction* (London: Hutchinson, 1985) がある。線文字Bの解読成功へのたいへんおもしろい道程については、ジョン・チャドウィックの『線文字Bの解読 第2版』*The Decipherment of Linear B* (Cambridge: Cambridge University Press, 1990) が非常に読みやすい。*littera* の古典的理論とその後世への影響については、David Abercrombie, *Studies in Phonetics and Linguistics* (London: Oxford University Press, 1965), 76-85 の 'What is a "Letter"?' で論じられている。この理論の中世における応用は、Margaret Laing と Roger Lass による *A Linguistic Atlas of Early Middle English, 1150-1325* (http://www.lel.ed.ac.uk/ihd/laeme2/laeme2.html) の序論で考察されている。トールキンの発明した諸言語に関しては、Elizabeth Solopova, *Languages, Myths and History: An Introduction to the Linguistic and Literary Background of J. R. R. Tolkien's Fiction* (New York: North Landing Books, 2009) がある。標準語の本質と現代英語社会におけるその役割については、J. Milroy と L. Milroy の *Authority in Language: Investigating Standard English*, 3rd edn (London: Routledge, 1999) で議論されている。

3　起　源

　ルーン文字の最良の入門書は、R. I. Page, *An Introduction to English Runes* (Woodbridge: Boydell Press, 2006) である。古英語の知識を広げ経験を積みたいのであれば、サンプルテキストのついた古英語入門書がたくさんある。手始めに、Bruce Mitchell と Fred C. Robinson 編集による

A Guide to Old English, 7th edn (Oxford: Blackwell, 2006) がよいだろう。古英語の方言変異の考察を含む、より言語学的な知見の豊富なものとしては、Jeremy J. Smith, *Old English: A Linguistic Introduction* (Cambridge: Cambridge University Press, 2009) を試してもらいたい。『ベーオウルフ』の冒頭に感じ入ってもっとその詩を読んでみたくなったら、Seamus Heaney, *Beowulf: A New Translation* (London: Faber, 1999) の素晴らしい訳がある。

4　侵略と改正

　中英語を概観するには、Simon Horobin and Jeremy Smith, *An Introduction to Middle English* (Edinburgh: Edinburgh University Press, 2002) がある。「荘園管理人の話」の方言使用を含むチョーサーの言語をテーマとしたものは、Simon Horobin, *Chaucer's Language* (Basingstoke: Palgrave Macmillan, 2006; 2nd edn 2012) がある。中世の英語の地位に関する興味深い社会言語学的論考には、Tim William Machan, *English in the Middle Ages* (Oxford: Oxford University Press, 2003) がある。中英語での標準化の過程を評価したものとしては、Jeremy J. Smith, *An Historical Study of English: Function, Form and Change* (London: Routledge, 1996) を参照。トールキンによるAB言語の古典的研究は、'*Ancrene Wisse* and *Hali Meiðhad*', *Essays and Studies by Members of the English Association* 14 (1929), 104-26.

5　ルネサンスと改革

　Terttu Nevalainen, *An Introduction to Early Modern English* (Edinburgh: Edinburgh University Press, 2006) は初期近代英語の読みやすい解説書である。シェークスピアの言語に特に注目した本はいくつかある。最良の入門書は、David Crystal, *Think on my Words: Exploring Shakespeare's Language* (Cambridge: Cambridge University Press, 2008) だろう。さまざまなスペリング改革者と彼らの言語観の解説には、E. J. Dobson, *English Pronunciation 1500-1700* (Oxford: Clarendon Press, 1957) の第1巻がよい。

6 スペリングの固定化

　この時期の英語の発展をより詳しく概観するには、Joan C. Beal, *English in Modern Times* (London: Hodder, 2004) を参照。ダーウィンのスペリングについては、Frank J. Sulloway による2つの論文, 'Darwin's Conversion: The *Beagle* Voyage and Its Aftermath', *Journal of the History of Biology* 15 (1982), 325-96 と 'Further Remarks on Darwin's Spelling Habits and the Dating of *Beagle* Voyage manuscripts', *Journal of the History of Biology* 16 (1983), 361-90 で論じられている。ジェームズ・マレーの *whisky* のスペリングについての見解は、Lynda Mugglestone, *Dictionaries: A Very Short Introduction* (Oxford: Oxford University Press, 2011) で引用されている。ヘンリー・ブラッドリーのスペリングに関する見解は、小論 *On the Relations between Spoken and Written Language, with Special Reference to English* (London: Oxford University Press, 1913) で読むことができる。さまざまな提案を示したカット・スペリングの手引き書は、英語スペリング協会のウェブサイトにある (http://www.spellingsociety.org/)。「ショーの」アルファベットについては、P. A. D. MacCarthy, 'The Bernard Shaw Alphabet', in W. Haas (ed.), *Alphabets for English* (Manchester: Manchester University Press, 1969), 105-17 を参照。

7 アメリカ式スペリング

　アメリカ英語の概説は、R. W. Bailey, *Speaking American: A History of English in the United States* (New York: Oxford University Press, 2012) がある。正書法についての説明は、R. Venezky, *The American Way of Spelling: The Structure and Origins of American English Orthography* (New York: The Guilford Press, 1999) を参照。ノア・ウェブスターの生涯と経歴、およびブルーバックスペラー（訳注：青い表紙のスペリング教本の通称）の驚くべき大成功については、E. Jennifer Monaghan, *A Common Heritage: Noah Webster's Blue-Back Speller* (Hamden, CT: Archon Books, 1983) で考察されている。アメリカ式スペリングの文化史として、James Maguire, *American Bee: The National Spelling Bee and the Culture of Word Nerds* (New York: Rodale, 2006) がある。

8 スペリングの現在と未来

若者の携帯メールの習慣に関するコヴェントリー大学の研究は、Crispin Thurlow, 'Generation Txt: The Sociolinguistics of Young People's Text-Messaging', *Discourse Analysis Online* 1:1 (2003) (http://extra.shu.ac.uk/daol/previous/v1_n1.html) として発表されている。これらの研究の成果と、携帯メールが識字水準に与えうる影響については、デイヴィッド・クリスタルが *Txtng: The Gr8 Db8* (Oxford: Oxford University Press, 2008) で論じている。スペリング改革に関する広範な論考については、Mark Sebba, *Spelling and Society: The Culture and Politics of Orthography Around the World* (Cambridge: Cambridge University Press, 2007) の第6章を参照。ドイツ語のスペリング改革は、S. Johnson, *Spelling Trouble? Language, Ideology and the Reform of German Orthography* (Clevedon: Multilingual Matters, 2005) で論じられている。オランダ語のスペリング改革の提案については、D. Jacobs, 'Alliance and Betrayal in the Dutch Orthography Debate', *Language Problems and Language Planning* 21 (2) (1997), 103-18 を参照。マーシャ・ベル の Libby Purves とのインタビューは、http://www.englishspellingsociety.org/news/media/bell1.php で文字化されていたものを引用。英語のスペリングに関するベルの見解は、*Understanding English Spelling* (Cambridge: Pegasus, 2004) でより詳しく提示されている。スワヒリ語の綴りを学ぶ子供たちの研究は、K. J. Alcock and D. Ngorosho, 'Learning to Spell a Regularly Spelled Language is Not a Trivial Task – Patterns of Errors in Kiswahili', *Reading and Writing* 16 (7) (2003), 635-66 を参照。

参考文献

Abercrombie, David, 'What is a "Letter"?', in D. Abercrombie, *Studies in Phonetics and Linguistics* (London: Oxford University Press, 1965), 76-85.

Ager, Dennis E., *Language Policy in Britain and France: The Processes of Policy* (London: Cassell, 1996).

Alcock, K. J. and D. Ngorosho, 'Learning to Spell a Regularly Spelled Language is Not a Trivial Task — Patterns of Errors in Kiswahili', *Reading and Writing* 16 (7) (2003), 635-66; quoted from Mark Sebba, *Spelling and Society: The Culture and Politics of Orthography Around the World* (Cambridge: Cambridge University Press, 2007).

Anderson, George B., 'The Forgotten Crusader: Andrew Carnegie and the Simplified Spelling Movement', *Journal of the Simplified Spelling Society* J26 (1999),11-15; <http://www.spellingsociety.org/journals/j26/carnegie.php> last accessed 28 August 2012.

Bailey, R. W., *Speaking American: A History of English in the United States* (New York: Oxford University Press, 2012).

Baron, Naomi S., *Always On: Language in an Online and Mobile World* (Oxford: Oxford University Press, 2008).

Bell, Masha, *Understanding English Spelling* (Cambridge: Pegasus, 2004), quoted from a transcript available at <http://www.englishspellingsociety.org/news/media/bell1.php> last accessed 28 August 2012.

Bradley, Henry, *On the Relations between Spoken and Written Language, with Special Reference to English* (London: Oxford University Press, 1913).

Brown, Michelle, *The British Library Guide to Writing and Scripts* (London: British Library, 1998).

Burchfield, R. W. (ed.), *The New Fowler's Modern English Usage*, 3rd edn

(Oxford: Clarendon Press, 1996).

Butler, E. H., *The Story of British Shorthand* (London: Isaac Pitman & Sons, 1951).

Cameron, Deborah, *Verbal Hygiene,* 2nd edn (London: Routledge, 2012).

Carney, E., *A Survey of English Spelling* (London: Routledge, 1994).

Chadwick, John, *The Decipherment of Linear B,* 2nd edn (Cambridge: Cambridge University Press, 1990〔1958〕).(『線文字Bの解読 第2版』大城功訳、みすず書房、1976年)

Cook, Vivian, *Accomodating Brocolli in the Cemetary: Or Why Can't Anybody Spell* (London: Profile Books, 2004).(『英語の書記体系』岡田毅・石崎貴士訳、音羽書房鶴見書店、2008年)

Cook, Vivian, *The English Writing System* (London: Hodder, 2004).

Crystal, David, *Language and the Internet*, 2nd edn (Cambridge: Cambridge University Press, 2006).

Crystal, David, *Txtng: The Gr8 Db8* (Oxford: Oxford University Press, 2008).

Crystal, David, *Think on my Words: Exploring Shakespeare's Language* (Cambridge: Cambridge University Press, 2008).

Daines, Simon, *Orthoepia Anglicana* (London, 1640).

Davidson, George, *Penguin Writers' Guide: Improve Your Spelling* (London: Penguin, 2005).

Davies, Eirlys E., 'Eyeplay: On Some Uses of Nonstandard Spelling', *Language and Communication* 7 (1987), 47-58.

Dobson, E. J., *English Pronunciation 1500-1700*, 2 volumes (Oxford: Clarendon Press, 1957).

Ellis, A. J., *On Early English Pronunciation,* Early English Text Society ES 2 (London: Asher, 1869).

Essinger, James, *Spellbound: The Surprising Origins and Astonishing Secrets of English Spelling* (New York: Bantam Dell, 2006).

Franklin, Benjamin, 'Scheme for a New Alphabet and Reformed Mode of Spelling', in Benjamin Franklin, *Political, Miscellaneous, and*

Philosophical Pieces (London, 1779), 475-87.

Geerts, G., J. Van Den Broeck, and A. Verdoodt, 'Successes and Failures in Dutch Spelling Reform', in J. A. Fishman (ed.), *Advances in the Creation and Revision of Writing Systems* (The Hague: Mouton, 1977), 179-245.

Goodwin, James (ed.), *The Gospel According to Saint Matthew Translated into English from the Greek by Sir John Cheke* (Cambridge: J. J.and J. Deighton, 1843).

Grandgent, Charles H., Calvin Thomas, and Henry Gallup Paine, *Handbook of Simplified Spelling* (New York: Simplified Spelling Board, 1920).

Hale, Constance, *Wired Style: Principles of English Usage in the Digital Age* (San Francisco: Wired Books, 1997).

Heaney, Seamus, *Beowulf: A New Translation* (London: Faber, 1999).

Horobin, Simon, *Chaucer's Language* (Basingstoke: Palgrave Macmillan, 2006; 2nd edn 2012).

Horobin, Simon and Jeremy Smith, *An Introduction to Middle English* (Edinburgh: Edinburgh University Press, 2002).

Jacobs, D., 'Alliance and Betrayal in the Dutch Orthography Debate', *Language Problems and Language Planning* 21 (2) (1997), 103-18.

Jaffe, Alexandra, 'Introduction: Non-Standard Orthography and Non-Standard Speech', *Journal of Sociolinguistics* 4 (2000), 497-513.

Johnson, Sally, *Spelling Trouble? Language, Ideology and the Reform of German Orthography* (Clevedon: Multilingual Matters, 2005).

Kimball, Cornell, 'Investigating Spelling Reform Satire', *Journal of the Simplified Spelling Society*, J31 (2002), 20-2. <http://www.spellingsociety.org/journals/j31/satires.php> last accessed 28 August 2012.

Laing, Margaret and Roger Lass, *A Linguistic Atlas of Early Middle English, 1150-1325* (Edinburgh: The University of Edinburgh, 2007) <http://www.lel.ed.ac.uk/ihd/laeme1/laeme1.html> last accessed 12 August 2012.

Lee, Guy (trans. and intro.), *Catullus: The Complete Poems* (Oxford: Oxford University Press, 2008).

Lepore, Jill, *A is for American: Letters and Other Characters in the Newly United States* (New York: Vintage Books, 2003).

Machan, Tim William, *English in the Middle Ages* (Oxford: Oxford University Press, 2003).

Maguire, James, *American Bee: The National Spelling Bee and the Culture of Word Nerds* (New York: Rodale, 2006).

Milroy, J. and L. Milroy, *Authority in Language: Investigating Standard English*, 3rd edn (London: Routledge, 1999).（『ことばの権力：規範主義と標準語についての研究』青木克憲訳、南雲堂、1988年、〔初版の邦訳〕）

Mitchell, Bruce and Fred C. Robinson (eds), *A Guide to Old English*, 7th edn (Oxford: Blackwell, 2006).

Mitchell, David, 'Standards of Spelling', <http://www.youtube.com/user/davidmitchellsoapbox> last accessed 28 August 2012.

Monaghan, E. Jennifer, *A Common Heritage: Noah Webster's Blue-Back Speller* (Hamden, CT: Archon Books, 1983).

Mugglestone, Lynda, *Dictionaries: A Very Short Introduction* (Oxford: Oxford University Press, 2011).

Nevalainen, Terttu, *An Introduction to Early Modern English* (Edinburgh: Edinburgh University Press, 2006)

Page, R. I., *An Introduction to English Runes* (Woodbridge: Boydell Press, 2006).

Pitman, James, *The Shaw Alphabet Edition of Androcles and the Lion* (Harmondsworth: Penguin, 1962).

Robertson, James, *The Ladies Help to Spelling* (Glasgow, 1722).

Robinson, Andrew, *Writing and Script: A Very Short Introduction* (Oxford: Oxford University Press, 2009).

Sampson, Geoffrey, *Writing Systems: A Linguistic Introduction* (London: Hutchinson, 1985).

Sauer, W. W. and H. Glück, 'Norms and Reforms: Fixing the Form of the

Language', in P. Stevenson (ed.), *The German Language and the Real World* (Oxford: Clarendon Press, 1995).

Schiffman, H. F., *Linguistic Culture and Language Policy* (London: Routledge, 1996).

Scragg, D. G., *A History of English Spelling* (Manchester: Manchester University Press, 1974).

Sebba, Mark, *Spelling and Society: The Culture and Politics of Orthography Around the World* (Cambridge: Cambridge University Press, 2007).

Simpson, J. A. and E. Weiner (eds), *Oxford English Dictionary*, 2nd edn (Oxford: Oxford University Press, 1989).

Smith, Jeremy J., *An Historical Study of English: Function, Form and Change* (London: Routledge, 1996).

Smith, Jeremy J., *Old English: A Linguistic Introduction* (Cambridge: Cambridge University Press, 2009).

Solopova, Elizabeth, *Languages, Myths and History: An Introduction to the Linguistic and Literary Background of J. R. R. Tolkien's Fiction* (New York: North Landing Books, 2009).

Sulloway, Frank J., 'Darwin's Conversion: The Beagle Voyage and Its Aftermath', *Journal of the History of Biology* 15 (1982), 325-96.

Sulloway, Frank J., 'Further Remarks on Darwin's Spelling Habits and the Dating of *Beagle* Voyage Manuscripts', *Journal of the History of Biology* 16 (1983), 361-90.

Swift, Jonathan, Letters quoted from <http://www.swiftiana.com/stella> last accessed 28 August 2012.

Thurlow, Crispin, 'Generation Txt: The Sociolinguistics of Young People's Text-Messaging', *Discourse Analysis Online* 1:1 (2003) <http://extra.shu.ac.uk/daol/previous/v1_n1.html> last accessed 12 August 2012.

Tolkien, J. R. R., '*Ancrene Wisse* and *Hali Meiðhad*', *Essays and Studies by Members of the English Association* 14 (1929), 104-26.

Truss, Lynne, *Eats, Shoots and Leaves: The Zero-Tolerance Approach to*

Punctuation (London: Profile, 2003). (『パンクなパンダのパンクチュエーション　無敵の英語句読法ガイド』今井邦彦訳、大修館書店、2005年)

Twain, Mark, 'A Simplified Alphabet', in *What is Man?* (Bremen: Europäischer Hochschulverlag GmbH & Co. KG, 2010).

Upward, Christopher and George Davidson, *The History of English Spelling* (Oxford: Wiley-Blackwell, 2011).

Venezky, Richard, 'Principles for the Design of Practical Writing Systems', in Joshua A. Fishman (ed.), *Advances in the Creation and Revision of Writing Systems* (Berlin: Walter de Gruyter, 1977), 37-54.

Venezky, Richard, *The American Way of Spelling: The Structure and Origins of American English Orthography* (New York: Guilford Press, 1999).

Walker, John, *A Critical Pronouncing Dictionary and Expositor of the English Language* (London, 1791).

Waterhouse, Keith, *English our English: And How to Sing It* (London: Viking, 1991).

Webster, Noah, *Dissertations on the English Language* (Boston, 1789).

Webster, Noah, *The American Spelling Book* (Boston, 1783).

Wells, H. G., 'For Freedom of Spelling: The Discovery of an Art', in *Certain Personal Matters* (London: Lawrence and Bullen, 1897).

Wilkins, John, *An Essay towards a Real Character and a Philosophical Language* (London, 1668).

Willans, Geoffrey and Ronald Searle, *The Compleet Molesworth* (London: Pavilion Books, 1984).

訳者あとがき

　本書 *Does Spelling Matter?*（オックスフォード大学出版局、2013年）の著者サイモン・ホロビンは、オックスフォード大学モードリン・カレッジ・フェローの英語学教授で、英語史および中世英語英文学を専門とする気鋭の研究者である。前職のグラスゴー大学助教授の時代より、この分野での著作を積極的に世に送り出してきた。最近の代表的な著作を挙げると、*The Language of the Chaucer Tradition*（『チョーサーの伝統の言語』、2003年）、*Chaucer's Language*（『チョーサーの言語』、2007年）、*How English Became English*（『いかにして英語は英語となったのか』、2016年）などがある。また、著者は英語のスペリングに関して、*Spelling Trouble*（http://spellingtrouble.blogspot.com/）というブログも開設している。

　まず、本書について訳者なりの評価を加えたい。本書の文章は講義風でありながら、ときにユーモアを交え、読者に問いかけるような口調で語られるため、読み進めていくのに抵抗が少ない。とりわけこの本は他書にもまして一般向けを意識して書かれている。それは著者の狙いが、英語のスペリングの歴史を踏まえた上で、現代の英語のスペリングを巡る問題について読者に再考を促すことにあるからだろう。原著の題名の疑問形が示すとおり、本書は問題提起の書なのだ。

　しかし、著者の狙いが問題提起であるとしても、その内容の中心は、確かにスペリングの歴史の記述である。英語のスペリングに手こずっているすべての英語学習者にとって、なぜ英語のスペリングがこれほど無秩序で不規則なのか、なにか効率のよい学び方はないのかといった疑問に答えてくれるものとして読める。実際、多くの日本の読者にとって関心があるのは、まさにこの点であって、本書で紹介されている英語圏におけるスペリングを巡る社会的な論争のほうではないだろう。本書が日本の読者にとってもつ最大の意義は、英語のスペリング学習に際して役立つ背景的な知識を与えてくれる点にある。

訳者あとがき

　とはいえ、著者が序章の最後で、これがスペリングの独習本ではない
と述べていることを指摘しておこう。実際、そのような目的で本書を手
に取った読者がいたとすれば、おそらく幻滅するだろう。本書を読み、
英語のスペリングの波乱の歴史を知ってしまうと、むしろなぜ現在のス
ペリングがこれほど無秩序であり、少数の規則で説明しきれないのかが
よくわかってしまうからだ。
　しかし、著者は英語のスペリングがそこまで無秩序で不規則だとは考
えていない。おそらく、スペリングの規則というものがあるとすれば、
スペリングの歴史全体がその規則であるという立場だろう。現在のスペ
リングだけを観察して、そこから何らかの規則を抽出しようとしても、
たちどころに例外や不規則性が目についてしまい、むしろ最初から個別
に扱ったほうがよかった、という結果になる。しかし、スペリングの歴
史をたどってみると、確かに無数の込み入った事情はあったけれども、
その事情のひとつひとつは多くの場合納得できるものだとわかる。余計
な文字をスペリングに挿入したルネサンスの衒学者の気持ちも説明され
ればわかるし、ノア・ウェブスターがスペリング改革を提案した理由も、
アメリカ独立の時代背景を考慮すれば腑に落ちる。このような個々の歴
史的な事情を指して「規則」とは通常呼ばないが、「e の前の音節の母
音字は長い発音で読む」のような無機質な規則に比べれば、ずっと人間
的で有機的な「規則」と言えないだろうか。このような歴史に起因する
「規則」は必然的に雑多ではあるけれども、それにより現在のスペリン
グの大多数が説明できるのである。歴史を学ぶことは遠回りのようでい
て、しばしば最も納得のゆく方法なのである。
　本書が日本の読者にとってもつもう1つの意義は、英語の書記体系を
鑑として、われわれの母語である日本語の書記体系について再考を促し
てくれる点にある。読者は本書を読みながら、英語のスペリングと比較
対照させつつ日本語の書記体系にも思いを馳せるかもしれない。日本語
は珍しく唯一絶対の正書法がない言語といわれる。ニャーニャー鳴く動
物を表記せよと言われれば、「猫」「ネコ」「ねこ」「neko」のいずれ
も可能である。書き手のその時の気分によって、求められている文章の
格式によって、想定される読み手が誰かによって、あるいはまったくの
ランダムで、自由に書き分けることが許される。ここには、正書法上の

「遊び」があり、書き手の選択の自由がある。

　第4章で触れられるように、1100年から1500年の英語、中英語では同じ単語でも書き手ごとに異なるスペリングがあり、さらに個人においても複数の異綴りを用いるのが普通だった。ここにも「遊び」があったのである。日本語と中英語では「遊び」の質も量も異なり、一概に比較できないが、書き手に選択の自由が与えられていることは共通している。正確に発音を表わすことが重要な場合、単語の意味が同定できさえすればよい場合、書き手が気分を伝えたい場合、読み手に対して気遣いする場合など、さまざまなシーンで、書き手は書き方を選ぶことができる。文字は言葉の発音や意味などを伝える手段であると同時に、使用者が自らの気分やアイデンティティを伝える手段でもある。確かに唯一絶対の正書法は、広域にわたる公共のコミュニケーションのためには是非とも必要だろう。しかし、どのような場合においても唯一絶対の正書法に従わなければならないとすれば、いかにも息苦しいし、書き手の個性を消し去ることにならないだろうか。

　以下、本書の内容を章ごとに要約する。

　1.「序章」。正書法（正しいスペリング）を巡る近年の議論を参照しながら、多くの人が当然視する唯一絶対のスペリングは本当に必要なのかという問題提起がなされる。たとえば、元アメリカ合衆国副大統領ダン・クエールの potato 事件に象徴されるように、スペリングを1文字間違えるだけで社会的制裁が加えられるような現代の風潮は異常ではないかと。このような問題の背景には、英語のスペリングが無秩序で不規則であるという世間一般の評価がある。有意義な議論のためには、英語のスペリングの歴史を知っておくことが重要である。

　2.「種々の書記体系」。人類の文字の起源から説き起こし、世界各地の書記体系を紹介しつつ、文字と意味あるいは文字と発音の関係について理論的に考察する。中世ヨーロッパの文字理論を援用し、またベル考案の視話法や『指輪物語』の架空の文字に言及しながら、英語表記に用いられているローマン・アルファベットが原則として表音的な性質をもちつつも、必ずしも理想的な表音文字としては機能していないことを指摘し、英語のスペリング体系が発音との間にギャップを示す「深い正書

法」であると説く。最後に、スペリングが言語において最も規制の対象
となりやすい側面であることを指摘しつつ、標準的なスペリング体系の
もつ社会的役割を論じる。

　3.「起源」。6世紀末に英語にローマン・アルファベットがもたらされ
る以前からアングロサクソン世界で用いられていた、もう1つのアルファベット体系、ルーン文字が紹介される。やがてローマン・アルファベットがルーン文字に取って代わったが、文字の種類や書体は現在われわれが見慣れているものと若干異なっていた。古英語アルファベットの示す文字と発音の関係は、それに先立つラテン文字、エトルリア文字、ギリシア文字などから受け継いだものと、古英語での改変を反映したものの混合であり、古英語のスペリングもすでに複雑ではあったものの、後期古英語にはウェストサクソン方言を基盤とした標準的なスペリング体系が整えられていった。

　4.「侵略と改正」。1066年のノルマン征服により後期古英語の標準語が崩壊し、続く中英語期には多種多様な方言スペリングが花咲いた。これにより、through や such のような単語は、写字生の方言によってきわめて多様に綴られることになった。また、中英語期には、フランス語の書記習慣の影響を受けて書体やスペリングに少なからぬ改変が加えられた。初期中英語には、標準的なスペリングらしきものが芽生えた証拠もあるが、それらは特定の個人や集団に限定されており、真の標準とはなりえなかった。しかし、後期中英語になると現代に連なる標準的なスペリングの原型が徐々に現われだした。

　5.「ルネサンスと改革」。初期近代英語期は、異綴りが減少し、標準的なスペリング体系が形成されていく時代である。人々がスペリングの問題を意識するようになり、特にスペリング改革者、教育関係者、印刷業者が各々の思惑のもとにスペリングのあり方を論じ、実践した。ルネサンスの衒学者たちは、ラテン語の語源を反映するスペリングを好み、たとえば doubt のスペリングに b を挿入し保存することを主張した。理想に燃える理論家たちは、文字と発音の関係が緊密であるべきことを説き、新たな文字や記号を導入する過激なスペリング改革を提案した。もっと穏健な論者たちは、従来から行なわれてきたスペリングの慣習を、必ずしも合理的でなくとも容認し、定着させようと努力した。

293

6.「スペリングの固定化」。18世紀は、スペリングをはじめ英語を固定化することに腐心した時代だった。スウィフトによる英語アカデミー設立の試みは失敗したものの、1755年にはジョンソンが後世に多大な影響を及ぼすことになる『英語辞典』を世に送り出し、標準的なスペリングを事実上確定させた。続けて、19世紀後半から20世紀前半にかけての『オックスフォード英語辞典』（OED）の編者マレーやブラッドリーのスペリングに対する姿勢が概説され、20世紀の「カット・スペリング」「規則化英語」「ショー・アルファベット」「初等教育アルファベット」といったスペリング改革案やスペリング教育法の試みが批判的に紹介される。

7.「アメリカ式スペリング」。ノア・ウェブスターによるスペリング改革の奮闘ぶりが叙述される。この英語史上稀なスペリング改革の成功の背景には、提案内容が colour を color に変えるなど穏健なものであったこと、スペリング本が商業的に成功したこと、そして新生アメリカに対する国民の愛国心がおおいに関与していたことが指摘される。そのほか、アメリカにおけるスペリング競技会の人気ぶりやトウェインのスペリング観に言及するとともに、アメリカの単純化スペリング委員会が検討したスペリング改革案について、規範的発音を前提とする誤った言語観に基づいているとして批判を加えている。

8.「スペリングの現在と未来」。近年の携帯メールにみられる省略スペリングの話題が取り上げられる。著者は、省略スペリングの使用者が使い分けをわきまえていることを示す調査結果や、中世にも同様の省略スペリングが常用されていた事実を挙げながら、省略スペリングが多くの人が心配しているように教育水準が下がっている証拠ともならなければ、規範的なスペリングがないがしろにされている証拠ともならないと反論する。綴り間違いに不寛容な態度を示す現代の風潮を批判し、英語のスペリングは英語がたどってきた豊かな歴史の証人であり、今あるがままに保存し尊重すべきであると述べて本書を結ぶ。

　訳者は、グラスゴー大学在職中の著者に博士論文審査の副査を務めてもらった経緯がある。その縁で訳者は、2014年12月6日に同志社大学で開かれた日本中世英語英文学会第30回大会に著者が招聘された際に、記

念シンポジウムにて著者および他の研究者とともにスペリングの問題について議論する貴重な機会を得た。シンポジウムのタイトルは、本書の原題をもじった "Does Spelling Matter in Pre-Standardised Middle English?"「標準化以前の中英語においてスペリングは重要か？」であった。そこでは著者が前年に出版した本書で示した問題提起を受け、中英語のスペリングの諸問題を幅広く論じることができた。フロアからの質問や議論も盛り上がり、スペリングの問題というのは不思議と人々の関心を引くものだと実感した。その後、著者と親しい慶應大学名誉教授の髙宮利行氏から訳者に翻訳の提案があり、それを申し受けた次第である。出版当初から本書の価値を見抜いていた氏の炯眼に敬服するとともに、心より謝意を表したい。

　訳者は翻訳の経験がなく、さらに遅筆ゆえに予想外の時間がたってしまい、関係する諸氏にはご迷惑をおかけした。ようやくひとまずの完成に至り、安堵している。編集の過程では、企画当初よりお世話になった早川書房の伊藤浩氏、そして厄介な編集・校正作業を担当していただいた上池利文氏、山口英則氏、竹内みと氏には、抜け落ちた訳の補充や書誌情報の精査を含め、無数のミスや不統一を正していただいた。この場を借りて、プロの仕事により助けていただいたことに、心より感謝を申し上げる。

　著者のホロビン氏には、忙しい合間を縫って訳者の繰り返しの問い合わせに答えていただいた。そして何よりも、著者には本書を通じて英語のスペリングについて深く学び、考える貴重な機会を与えてくれたことにお礼を申し上げたい。

2017年8月

語句索引

aardvark 153
abandon 41
abbot 78
able 98, 182
abridgement/abridgment
  224
absolve (abzolve) 195
accommodate 23
accommodation
  (accomodation) 187, 257
ache (ake) 166, 222
acre (aker) 222
active (activ) 231
actor 221
adder 76
admiral 129
admissible/admissable
  258, 259
admit 24
adventive 166
adventure 48, 127, 128
advertise 226
advice 29, 127, 128, 168
advise 226
after 141
again 141, 170, 245
against 141, 157
aghast 229
air (ayre) 97
aisle 128, 195
allegation 274
allege 274
Allegheny 210
allegory 109
almanac (almanack) 222
almighty (allmectig) 90
although 186, 222
amoeba/ameba 225, 226
ancient 28
and 83, 242, 243, 253
anthem 129
any (anie) 141
apostle 78

apple 24
appoggiatura 21
apprise 226
april 121
archaeology (archeology)
  225, 226
arise 226
arrive 231
artichoke 151
ash-tree 56, 67
ask 67, 77
assembly 168
at 84
attention 111
attraction 111
author 129, 221
authority 136
autochthonous 21
autumn 274
autumnal 274
avenge 141
awake 181
axe 67, 189
ayre (air) 97
azure 216

bad 159
badge 224
bard 95
bare 136
barrel 186
bath 55, 121, 197 (baath),
  271, 272
beagle 21
bear 136
beau 151
Beauchamp 192
Beaulieu 192
because 29, 248, 249
been 179
beggar 167
beige 28, 47
believe 28, 159, 178, 184,

  185
berries 186
betray 29
betrayed 29
big 24
bird 77
biscuit 151, 187
bishop 79
blue 151
boat 179
bone 124, 166
bonfire 166, 167
borough 210
boxes 149
bramble 74
break 107, 158 (breake),
  181
bridge 224
brought 170, 245
build (bild) 222
bury 158
business 176
by 146

Caesar (Cesar) 225, 226
café (caff) 151
caffeine 28
calf 129
can 103
cannibal 186
cannon 157
can't 27, 157, 187
capercailye 107
car 24, 25, 197 (caar)
card 25, 94
cardinal 94
care 231
carrier 29
carry/carried/carrying
  29
castle 24
cat 24, 56
catalogue/catalog 230

296

語句索引

catch 103, 108
catechism (cathecizm) 220
Catherine 252
cattle 108
centenary 275
centennial 275
center/centre 197, 221
centipede 275
century 275
chalk 76, 102, 103
champagne 276
champion 103
chariot 103
chase 108
chastise 226
chattel 108
check 53
cheese 24, 275
cheque 53
cherl (ceorl) 103
cherry 212
chic 77
chief (chiefe) 159
child 70
chimneys (chimnies) 182
chin 103
chips 24
choice 29
choir (quire) 127
choke 151, 165
Cholmondeley 192
choose 276
chord 276
chorus 276
church 56, 70
ciabatta 47, 48, 152
ciao 152
cipher 167
circumcise 221, 226
city 24, 47, 48, 104, 113
clap 271
clause 145
claws 145
client 109
cocks 145
coinage 167
college 178
colo(u)r 49, 197, 221

Colquhoun 192
comb 73
come 113, 114
comparative (comparativ) 231
compare 244
complete 165, 177
compromise 226
compute 149
confirmation 111
confuse 231
connect 222
connection 222
contra 242
conviction 109
cool (kool) 248, 249
coral 185
corps 128
corpse 128
cot 35, 36
could 103, 186
council/counsel 168
count 149
couth 121
cow 102
cox 145
criticise 221
crocuses 187
crumb (crum) 73, 222, 230
crumble 73
cryptic 68
cut 25
cute 25

dachshund 22
Dalziel 107
daughter 101
day 195, 243
deal 179
debatable 222
debit 274
debt 127, 129, 273, 274
deceit 164
deceive (deceiue) 159
deed 179, 212
deep 117
defence/defense 104, 168, 221

defensive 221
definitely (definately) 255, 257
delight 130
demon/dæmon 226
dense 29
desiccate 23, 30
desktop 240
despise 226
despite 131
determine (determin) 220, 222
device 104
devil 167
dew 157
diarrhoea (diarrhea) 225, 226
did 212
digitize 106
discreet/discrete 168, 169
disequilibrium 22
disguise 226
dispatch/despatch 258, 259
distil 165, 222
does 178
dog 24, 47
dominant/dominance 29
done 140
don't 187
Dorset 161
doubt 127, 129, 136, 193, 273, 274
doubtless 187
dough 101
drier/dryer 29
driver 221
drought 164
dry 164
dudes 249
duff 101

earth 95, 107, 157
ease 107
ecology (œcology) 225
economy 128
edge 71
efficient 28

297

eight 28, 136
electric/electrical/
  electricity 274
embarrassment
  (embarrassed) 23, 187
embrace 110
empty 74
enchant 164
enchantment 164
encyclopedia 225
England 121
enough 25, 101, 170, 230,
  233
enquire 110
ensure 110
enterprise 222
entire 164
episcopal 79
epoch 186
equal 128
errand 95
estimate 128
every 121
everyone 242
evident/evidence 29
executor 109
exit 149
exotic 150
exterior 165

face 104
facsimile 150
factotum 150
family 113
fan 72
fancy 164
far 94
fashion 222
fast 271, 272
fat 248
father 195
fault 128
faux pas 151
favo(u)r 182 (favored),
  217, 220, 221
favorite (favourite) 231
fearful (fearfull) 184
feat 179
fellow 152

fetus/foetus 258, 259
fierce 29
fine 105
fire 166
fish 25, 67, 77
flesh 157
flour 169
flower 169
foetus/fetus 258, 259
folio 149
folk 76, 105, 122
food 179, 180
for 83, 161, 241
forehead 48
forever 238, 242
forsake 41
forth 83
fortnight 161
fracas 21
freight 236
friend 107, 230 (frend)
frolic (frorick) 222
fruit 132
fuel 165
fulfil 222
further 161

gainst 158
Gaius 65
game 136
gammon 109
gaol 109, 178
garden 109
gauges 187
gaze 106
gear 24
gentle 24, 136, 194, 215
get 56, 194
Gettysburg 210
ghastly 229
gherkin 229
ghost 143, 229
give 119, 220 (giv)
given 193
gladiolus 21
glass 271
gnat 75
gnaw 75
gnidan 75

go 215
goat 24
gobbledegook/
  gobbledygook 258, 259
god 88, 116, 132 (Godd)
godspel 61
going 249
gold 70
gone 124, 140
good 69, 70, 85, 88, 143
gospel 61
grace 104
grammar 275
grammatical 275
grandeur 15
graphic 236
grass 271, 272
great 181, 238, 250
grieve 159
grocer 167
groove 140
gross 158 (grosse), 167
guages 187
guarantee 108, 109
guardian 108
guerdon 21
guess 141
guest 141, 143, 179
guile 108
gun 166
gymkhana 153
gymnasium 153
gynæcology/gynecology
  225
gypsy (gypsey) 182

had 159
half 76, 129
hall 216
hand 52, 243
hate 24
haughty 131
have 25
he 83
head (hed) 220
health (helth) 230
hear 24, 178
heart 108, 152
heat 107

heaven (heauen) 90, 157
height 164
heir 97
helped 193
helper 221
herb 97
here 97
hers 186
high 100, 164, 195
highest 186
him 83
his 149
historian 97
history 97, 109
hoar 76
hoard 76
hole 76
holy 76
home 76, 124, 140, 178
homeland 243
hono(u)r 97, 217, 220, 221, 230
hood 76
hope 25, 136, 182
horrid 48
horse 67
host 48, 97
hot 76
hotel 28
house 29, 52, 72, 105, 179, 180
how 52
humor 182

I 161
ice 104, 168
ignoramus 149
ignorant 110
immature 150
improvise 226
in 87, 121
incantation 164
incline (inclinen) 110
indubitable 274
induce 15
inflect 222
inflection 222
inquire 110
installment 187

instead 240
instill 165
insure 110
integer 164
intelligible 21
interfered 188
is 116 (iss), 242
island (iland) 128, 222
isle 128, 222
isn't 157
it (itt) 116
its/it's 26, 27, 147, 148, 187, 255
itself 157

jail 109, 178
jam 47
James 212
jest 179
joy 243
judge 202
judg(e)ment 53, 217, 224, 225
Julius 67

Katelyn 252
Katherine 252
Kathryn 252
Keith 28
kin 103
king 56, 70, 157
kissed 231 (kist)
knack 21
knave 214
knight 25, 48, 100, 270, 276
knot 73, 272, 273

labor 221
laborious 221
lamb 25, 73, 193
lands 121
landscape 186
language 127
Laodicean 21
laptop 240
lard 95
later 116
latter 116

laugh 101
lay/laid 29
lead 145, 146
leapfrog 240
legalize 222
length 178
letter 38, 39
liaison 150
licence/license 168
life 137, 140, 179, 180
light 100, 102, 130
like 140
limb 73
lisp 75
live 140
loaf 75
loch 47, 64, 100
logic 222
loose 186
lore 85
love (loue) 105, 106, 114, 137
lunchbox 77

macaroni 187
magister 79
maid 195
Mainwaring 192
make 145, 178
malice 178
man 243
mangetout 77
many 61, 158
map 271
march 121
Marlboro 210
Marlborough 210
mask 222
mass 78
Massachusetts 210
maze 106
measure 202
meat 24, 107, 180, 181
medic/medical/medicine 274
medieval 225
meet 107, 180, 181
Melanee 252
memorise 106

mend 212
Menzies 107
merchandise 71
metrical 221
metre/meter 220, 221
mice 104, 168
Michael 225
Michigan 210
misdeed 240
misfortune 240
Mississippi 210
misspell 240
moccasin 211
molasses 152, 220
monastery 78
monk 78
months 157
mood 180
moralize 222
morrow 30
motion 25
motorway 77
mouse 104
movable 222
much 84, 137
music 144, 220
my 146

name 179, 180
nature 121
need 132
neighbour (nabor) 220
nephew 127
nepotism 127
newt 77
Niagara 210
nice 29, 104
night 100, 102, 130, 193,
    248, 252 (nite)
nightmare (nightmar)
    222
nit 100
no 124
nostril 77
not 216, 272, 273
noticed (notist) 231
number 244
nut 75
nyctophobia 22

oak 95
occasion 185
occasionally 23
occurring (ocurring) 257
o'clock 187
offensive 221
old 95
on 83
once 104
one 35
opossum 210
opponent 110
or 115
other 115
over 84

Pacific 185
paleography 225
pamphlet 177
panel (pannel) 181
parent/parental 275
parlor 182
password 20
patronize 221
pauper 149
pay/paid 29
peaceable 186
people 108
perceive (perceiue) 159
perfect (perfeit) 127
phantom 164
pheasant 141
philosophy 248
phishing 248
phoenix 78, 103
phreak 248
phthisis 235
physics 113
pick (pik) 141
piece 108
pigeonhole 240
pilgrimages 121
pillow 152
Pittsburgh 210
plait 195
play 29, 113
played 29
please 238

pleasure 107, 195
    (pleazure)
plumber 73
plum-duff 101
policies 28
pony (poney) 181, 184
poor 149
possum 211
potato 16-18, 152
powwow 211
practice/practise 167,
    221
prejudge 150
prejudicate 150
privilege 186
proclivity 150
profile 186
pronounce/pronunciation
    274
prophet 117
protein 28
proviso 149
psalm 193
Psmith 192, 193
psychic 193
psychology 68, 113, 193

quality 104
quarrel 186
quay 195
queen 67, 105
quick 105, 141 (quik),
    253 (kwik)
quiet 104
quire (choir) 127
quoth 84

raccoon 210
Rachaell 252
railway station 77
read 24, 146
realise 106
reason 107, 216
recall (recal) 181
receipt 127, 164
receive 28, 159, 257
    (recieve)
reflect 222
reflection 222

語句索引

regard 108
remained 212
repentant 110
reward 108
rhyme 231
rich 178
ring 75, 272, 273
roof 90
rot 36
rough 101
rub 75

sad 159
salmon 127
salvation 215
sane 274
sanity 274
says 195
scale 112
scarce 29
scare 112
sceptic 112
school (skool) 230 (scool),
　249, 250
science 112
scissors (scissours) 127
scope 112
scripture 109
scythe 127
sea 84, 180, 181
seal 106
secrecy 182
secure 149
see 180, 181
seed 84, 146
seen 179
seethe 140
seize 28
sends 187
sententious 275
sentient 275
sentiment 275
separate 23
serrefine 21
shall 49, 116
shame 178
shampoo 152
Shaw 198
she 116

Sheila 28
sherbet 152
ship 24, 84
shires 121
shirt 112
should 71, 116, 186
shyer 29
siege 28
sight 100, 195
sign/signature 260, 273
signal 273
sin 113
sing 25
sir 161
skate 112
skeptic 112, 113
skin 112
skipper 112
skirt 112
sky 112
slumber 74
smell 166
sneeze 74, 140
so 161
soap 165
society 28
solder 236
Solomon 244
Somerset 161
son 105, 113, 114, 137
soon 85
sophisticated 236
sorrow 75
speak 180, 181
specially 121
spider 74, 166
spindle 74
spite 131
standardize 106
star 117
steak 181
Stefani 252
stick (stik) 141
stone 49, 85
stopped (stopt) 231
strength 164
stromuhr 21
strong 164
subpoena 22

subtlety 187
such 76, 98, 141
superman 133
supersede 23, 30, 257
　(supercede)
supervise 226
sure 149
surprise 222, 226
Susquehanna 210
swaggered 161

take 181
Tallahassee 210
tariff 236
tear 24, 158
tease 184
temporary 187
text 238
thanks 24, 68 (thank), 238
that 84, 123
the 121
theatre/theater 220, 221
theatrical 221
their 119
them 119
there 135, 178
these (theze) 195
they 121
thick 135
thickness 84
thimble 74
thin 135
think 71
third 77
this 68
thorn 83
thou 135
though 24, 53, 100, 144,
　170, 184, 186, 198, 230,
　245
thought 170, 245
three 35, 117
through 53, 98, 101, 141,
　144, 184, 186, 230
thumb 73
thunder 74
to 30, 121, 241, 245, 269
toboggan 211
tomato 152

301

tomb 73
tomorrow 17, 18, 30, 238, 240
tongue (tung) 220, 222, 231
tonight 243
too 269
torsion 21
towards 245
town 105, 180
toy 113
traffic (traffick) 222
trap 271
traveled/travelled 220, 222
troglodyte 22
trousers (trowsers) 181
truly 158
tusk 71
two 35, 269

umbrella 187
until 106, 137 (vntil), 186
up 83
uphill 165
upon 141
ursprache 21

van 24
verse 72
very (verie) 137, 141, 158, 187
victuals 127
villain 214
villainous (villanous) 182
vine 105
vision (vizion) 195
voice 39

waistcoat 48
war 108
warden 108
warranty 108, 109
was 84, 116 (waas), 250
watch 103
way 84
whale 75
what 75, 94, 99, 216, 250, 271

when 94, 116, 271
where 75, 116
which 76, 93, 99, 116, 186, 271
whisky/whiskey 188, 189
whole 76
wholesome 15
whore 76
why 94, 99
wife 25, 179
wigwam 211
wile 108
Williamsburg 210
Wisconsin 209
wisdom 216
wise 105, 140, 230
with 121, 123
woe (wo) 222
wolf/wolves 72
woman/women 25, 157
won't 27, 148, 157, 187
worse 29
would 186
wrath 75
wreath 75
write 75
Wyoming 210

yacht 47
yard 70
ye 107
yea 181
year 56, 69, 70, 107, 116
yet 102
yoke 102
you 44, 102, 230 (yu), 241
young (yung) 220
your 186 (yr), 255

zeal 106, 216
zedoary 106
zoo 202
zucchetto 106
zygoma 106

302

スペリングの英語史

2017年 9 月20日　初版印刷
2017年 9 月25日　初版発行

著　者　サイモン・ホロビン
訳　者　堀田隆一
発行者　早川　浩
印刷所　中央精版印刷株式会社
製本所　中央精版印刷株式会社
発行所　株式会社　早川書房
　　　　郵便番号　101-0046
　　　　東京都千代田区神田多町2-2
　　　　電話　03-3252-3111（大代表）
　　　　振替　00160-3-47799
　　　　http://www.hayakawa-online.co.jp

ISBN978-4-15-209704-0 C0082　　乱丁・落丁本は小社制作部宛お送り下さい。
定価はカバーに表示してあります。　送料小社負担にてお取りかえいたします。
Printed and bound in Japan　　　本書のコピー、スキャン、デジタル化等の無断複製は
　　　　　　　　　　　　　　　　著作権法上の例外を除き禁じられています。